Contraste insuffisant

NF Z 43-120-14

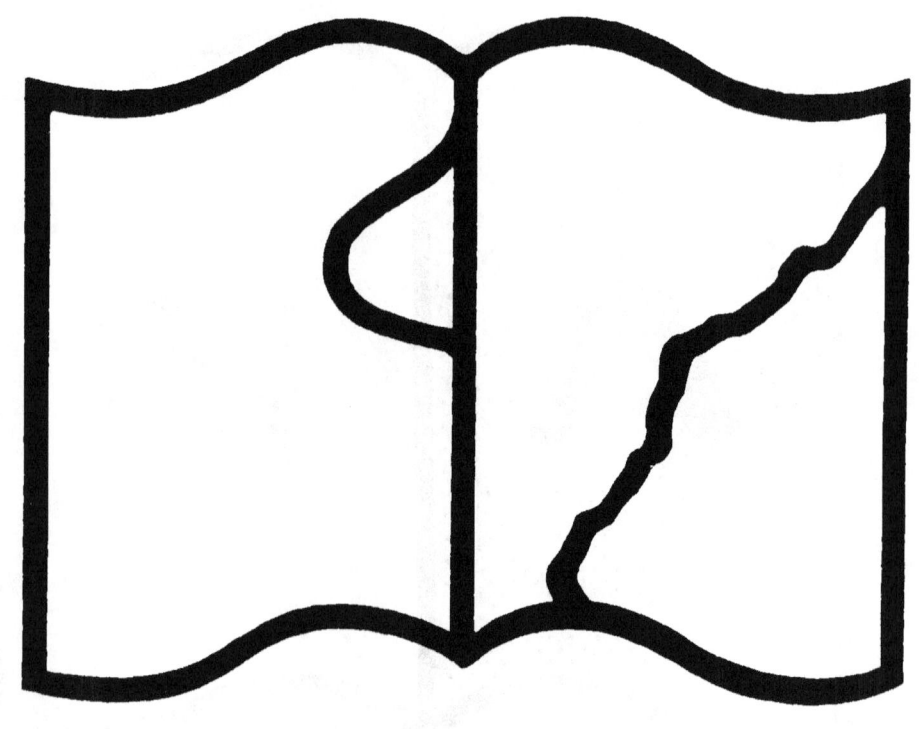

Texte détérioré — reliure défectueuse

NF Z 43-120-11

Première livraison	Douze pages par livraison	Chaque livraison suivante
GRATUITE	(Chaque livraison renferme un chapitre entier.)	10 Centimes

LES ... DE LA ...
PAR RAOUL DE NAVERY

LIBRAIRIE BLERIOT
Henri GAUTIER, Successeur, 55, quai des Grands-Augustins, PARIS

LA SECONDE LIVRAISON SERA MISE EN VENTE LE SAMEDI 2 DÉCEMBRE

Henri GAUTIER, éditeur, 55, quai des Grands-Augustins, PARIS

NOUVELLE BIBLIOTHÈQUE POPULAIRE
A DIX CENTIMES
COLLECTION DES ŒUVRES LES PLUS REMARQUABLES DE TOUTES LES LITTÉRATURES
Il paraît un volume par semaine.

ABONNEMENT : France et Algérie, 7 francs. — Étranger et Colonies, 8 francs.

CONDITIONS DE VENTE :

CHEZ TOUS LES LIBRAIRES
MARCHANDS DE JOURNAUX ET DANS LES GARES
LE VOLUME : DIX CENTIMES

France par la poste, en s'adressant à M. H. GAUTIER, directeur, 55, quai des Grands-Augustins, Paris.
Un volume : 15 centimes ; 2 vol, 25 centimes ; 25 vol, 3 francs.

Il suffit d'indiquer le numéro des volumes qu'on désire, sans donner le titre.

VOLUMES EN VENTE :

1. *Louis XVI.* Lettres.
2. *Hoffmann.* Contes fantastiques.
3. *Dante.* La Divine Comédie.
4. *Mme de Lambert.* Avis d'une Mère.
5. *André Chénier.* Poésies.
6. *Le R. P. Lacordaire.* Le général Drouot. — M. de Tocqueville.
7. *Napoléon Ier.* Harangues et Proclamations.
8. *Chateaubriand.* Dernier des Abencérages.
9. *Fréd. Soulié.* Le Martyre de saint Saturnin.
10. *Shakespeare.* Hamlet.
11. *Edgard Poë.* Histoires mystérieuses.
12. *Charles Nodier.* Contes et Nouvelles.
13. *Hégésippe Moreau.* Contes à ma Sœur.
14. *Gœthe.* Hermann et Dorothée.
15. *Sophocle.* Antigone.
16. *Les Conteurs russes.* Tourguéneff. — Dostoïevski.
17. *Marivaux.* L'Épreuve. — Le Legs.
18. *Sénèque.* Consolations à Helvia. — Maximes.
19. *Les Fabulistes* Chefs-d'œuvre de la Fable.
20. *Ch. Dickens.* Esquisses humoristiques.
21. *Le R. P. Monsabré.* Une Ville héroïque. — Jeanne d'Arc.
22. *Froissard.* Chroniques.
23. *Mgr Dupanloup.* Discours.
2. *Casimir Delavigne.* Les Messéniennes.
25. *Charles Lemb.* Contes de Shakespeare.
26. *La Chanson de Roland.*
27. *Euripide.* Iphigénie en Tauride.
28. *Les Poètes contemporains.* Millevoye — Soumet. — Reboul.
29. *Buscon.* Histoire des Variations.
30. *Fr. Baron de la Motte-Fouqué.* Ondine.
31. *Molière.* Le Malade imaginaire.
32. *Swift.* Voyage de Gulliver à Lilliput.
33. *X. de Maistre.* La Jeune Sibérienne.
34. *Les vieux Poètes français.* — Ronsard, du Bellay. Clément Marot.
35. *Pascal.* Pensées.
36. *Washington Irving.* L'Héritage du More.
37. *Tite-Live.* Rome et Carthage.
38. *A. de Chamisso.* L'homme qui a perdu son ombre.
39. *Mme de Sévigné.* Séviginanas.
40. *Riouffe.* Mémoires d'un détenu sous la Terreur.
41. *Swift.* Voyage de Gulliver à Brobdingnac.
42. *Montaigne.* De l'Éducation des Enfants.
43. *Le Tasse.* La Jérusalem délivrée.
44. *Joinville.* Saint Louis.
45. *Gœthe.* Gœtz de Berlichingen.
46. *Mme de Maintenon.* Lettres. — Avis.
47. *Lord Byron.* Childe Harold. — Le Prisonnier de Chillon.
48. *Picard.* Monsieur Musard. — Les Ricochets.
49. *Auerbach.* La Fille aux pieds nus.
50. *Florian.* Les Maures de Grenade.
51. *Sterne.* Lefèbvre. — Marie. — Tobie.
52. *Fénelon.* Télémaque. — Dialogue de Morts.
53. *Longfellow.* Évangéline.
54. *Amyot.* Vie d'Alexandre.
55. *Cormenin.* Lamartine, Thiers, Guizot.
56. *Gœthe.* Mignon. Sous la Pluie de balles.
57. *Joseph de Maistre.* Du Pape. — Soirées de Saint-Pétersbourg.
58. *Shakespeare.* Macbeth.
59. *Jokaï.* Le Fléau. — Le Chat blanc.
60. *Bret-Harte.* Récits californiens.
61. *Nicolas Gogol.* Le Manteau. — Les Âmes mortes.
62. *J.-J. Cremer.* Intérieurs hollandais.
63. *Cte Léo Tolstoï.* — Scènes de la Vie russe.
64. *Tœpffer.* Le Tour du Lac.
65. *Mme de Staël.* De l'Allemagne. — Dix ans d'exil.
66. *Sedaine.* Le Philosophe sans le savoir.
67. *Henri Heine.* Les Allemands.
68. *Esaïe Tegner* Frithiof.
69. *Aug. Thierry* Récits mérovingiens
70. *Brueys* L'Avocat Patelin.
71. *Les Poètes contemporains d'Allemagne.*
72. *A. Comet* Lettres à mon Voisin.
73. *Carlyle* Les Hommes de la Révolution.
74. *Les Chansonniers français.*
75. *Hoffmann* Mademoiselle de Scudéri.
76. *Tacite.* Vie d'Agricola.
77. *Contes chinois.*
78. *Alfred Tennyson* Idylles et Poèmes.
79. *Mark Twain.* La Grenouille sauteuse. — Le Vol de l'Éléphant blanc.
80. *Dancourt.* Les Bourgeoises de qualité.
81. *Hérodote.* Les Égyptiens.
82. *Ch. Dickens* Pickwick.
83. *Satiriques des xviiie et xixe siècles.*
84. *Thackeray.* Le Livre des Snobs.
85. *Duc de Broglie* Mme Swetchine. — Le Père Lacordaire.
86. *Poèmes de l'Inde.*
87. *Étienne.* Brueys et Palaprat. — La Petite École des Pères.
88. *Andersen* Contes choisis.
89. *Jules Simon.* Opinions et Discours.
90. *X. de Maistre.* Voyage autour de ma chambre.
91. *Fernan Caballero.* Nouvelles andalouses.
92. *Hamilton.* Le Chevalier de Grammont.
93. *Schiller.* Contes et Ballades.
94. *Walter Scott* Contes d'un grand-père.
95. *P.-L. Courier.* Lettres et Pamphlets.
96. *Nath. Hawthorne.* Contes racontés deux fois.
97. *Poètes provençaux contemporains.* Aubanel, Mistral, Roumanille.
98. *Fénelon.* Histoires et Contes.
99. *Virgile.* Épisodes des Géorgiques.
100. *Le Roman du Renard.*
101. *Shelley.* La Sensitive.
102. *Mme de Souza.* Eugène de Rothelin.
103. *Alberdingk Thym* Les Chroniqueurs de la Néerlande.
104. *Les Vieux Fabliaux français.*
105. *Madeleine Thoresen.* Dans les Fiords.
106. *Saint-Simon.* Mémoires.
107. *Lermontoff.* Un héros de notre temps.
108. *Les Vieux Poètes français (2e partie).*
109. *Mlle de Gentlis.* Mlle de Clermont. — Les Dîners du baron d'Holbach
110. *Addison.* Sir Roger de Coverley.
111. *Philippe de Comines.* Louis XI.
112. *Zschokke.* Matinées suisses.
113. *Cervantès.* Nouvelles choisies.
114. *Cantu.* Récits historiques de l'Italie.
115. *Lesage.* Le Diable boiteux.
116. *Hoffmann.* Maître Martin le Tonnelier.
117. *De Retz.* La Fronde et l'Affaire du chapeau.
118. *Lucien.* Dialogues des Morts.
119. *Hamilton.* Histoire de Fleur d'Épine.
120. *J. Gotthelf.* Joggeli à la recherche d'une femme.
121. *Massillon.* Œuvres oratoires.
122. *Marco Polo.* Un Vénitien chez les Chinois.
123. *La Bruyère.* Caractères et Portraits.
124. *Les Satiriques latins* Horace. Juvénal. Perse.
125. *Desforges.* Le Sourd ou l'Auberge pleine.
126. *Vondel.* Lucifer.
127. *Voltaire* Le siècle de Louis XIV. — Charles VII et Pierre le Grand.
128. *Chamfort* Anecdotes. Pensées.
129. *Chaucer.* Contes de Canterbury.
130. *Goldoni.* Le Bourru bienfaisant.
131. *Henri Hertz.* La Fille du roi René.
132. *Montesquieu.* Œuvres choisies.
133. *Bichat.* Une Cause criminelle.
134. *J.-J. Rousseau.* Œuvres choisies
135. *Comte de Ségur.* Petits côtés de l'Histoire.
136. *Les Antivoltairiens.*
137. *Aristophane.* Théâtre.
138. *Prince de Ligne.* Portraits. — Lettres.
139. *Scarron* Virgile travesti. — Le Roman comique.
140. *Franklin.* La Science du bonhomme Richard.
141. *Les Poètes français contemporains.*
142. *Gérard de Nerval.* Voyage en Orient.
143. *Becquer.* Nouvelles espagnoles : Le Bracelet d'or.
144. *Racine.* Lettres à son fils.
145. *Les Orateurs de la Restauration :* Royer-Collard, Berryer, etc.
146. *Le Roman du Renard (2e partie).*
147. *Pestalozzi.* Portraits et Caractères.
148. *Les Vieux Poètes français (3e partie).*
149. *Paul Féval* Contes de Bretagne.
150. *Les Conteurs provençaux.* Roumanille, Mistral, Félix Gras.
151. *Thackeray.* Mémoires de M. de la Peluche-Jaune.
152. *Victor de Laprade.* Poésies.
153. *Les Poètes bretons.*
154. *Milton.* Le Paradis perdu.

(Voir la suite des volumes en vente à l'intérieur de la dernière page de la couverture.)

VOLUMES EN VENTE (suite).

155. *Bernardin de Saint-Pierre.* La Chaumière indienne.
156. *Goldsmith.* Le Village abandonné.
157. *Comte de Falloux.* Œuvres diverses.
158. *Leibniz.* Entretiens familiers et Pensées.
159. *Lord Macaulay.* Portraits littéraires.
160. *Mme A. Tastu.* Poésies.
161. *Chansons du Béarn.*
162. *Sienkiewicz.* Jancko le Musicien.
163. *Bruyas.* Le Grondeur.
164. *Douglas Jerrold.* Sermons du soir de Mme Caudle.
165. *Chateaubriand.* Mémoires d'outre-tombe.
166. *Rivarol.* De l'universalité de la langue française.
167. *Wendel Holmes.* Le Poète et l'Autocrate à table.
168. *Palissot* Le Cercle.
169. *Contes arabes.*
170. *Beaumarchais.* Clavico.
171. *Les Vieux Poètes français.* Esclarmonde.
172. *Mackenzie.* Histoire de Laroche.
173. *Machiavel.* Œuvres choisies.
174. *Legouvé.* Le Mérite des Femmes.
175. *J. Néruda.* Contes tchèques.
176. *Grimm.* Les Salons de Paris sous la Révolution.
177. *Edgeworth.* Contes moraux et populaires.
178. *Napoléon III.* Œuvres choisies.
179. *Les Grandes Épopées.*
180. *Berquin.* Petits Drames.
181. *Voiture.* Epîtres et Ballades.
182. *Ch. Dickens.* La Petite Dorrit.
183. *Contes japonais.*
184. *Sedaine.* La Gageure imprévue.
185. *J.-B. Rousseau* Odes, Cantates.
186. *Les Orateurs parlementaires contemporains.* D'Audiffret-Pasquier, de Mun, Cassagnac, Thiers, Gambetta.
187. *Hildebrand.* Scènes de la Vie néerlandaise.
188. *Cte Léo Tolstoi.* Contes pour le Peuple.
189. *Lesage.* Crispin rival de son Maître.
190. *Frederic Soulié.* Le Tour de France.
191. *Fléchier.* Les Grands Jours d'Auvergne.
192. *L'Arioste.* Roland furieux
193. *Barbey d'Aurevilly.* Les Œuvres et les Hommes.
194. *Frédéric Hohn.* Le Gladiateur de Ravenne.
195. *Borcheux.* La Gastronomie.
196. *Carmen Sylva.* Contes de Roumanie.
197. *Grévey.* Histoires sérieuses et badines
198. *Zorrilla* Contes du Troubadour.
199. *Mme de Staël.* Comédies.
200. *Edgard Poe* La Chute de la Maison Usher
201. *V. Jacquemont.* Lettres de l'Inde.
202. *Charles Lamb* Contes de Shakespeare (2e partie).
203. *Mme Lyce-Lebrun* Souvenirs d'une Artiste.
204. *Napoléon Ier.* Œuvres et Correspondances.
205. *Bilderdijk.* Poèmes néerlandais
206. *Mme de Caylus.* Les Coulisses du grand siècle.
207. *Marryat,* Japhet à la recherche d'un père.
208. *Dufresny* L'esprit de contradiction
209. *Heinz Heine.* Atta Troll. — Histoire d'un ours.
210. *Furetière.* Le Roman bourgeois.
211. *Plaute.* Les Captifs
212. *Mark Twain.* Les Français peints par un innocent.
213. *Lamartine.* A la Constituante.
214. *Schiller.* La Cloche.
215. *Poètes anglais contemporains.*
216. *Arnould* Souvenirs d'un sexagénaire.
217. *Habberton.* Les bébés d'Hélène — Les Enfants des autres.
218. *Fontenelle.* Les Académiciens.
219. *Theuriet.* L'oreille d'ours.
220. *Mgr Lavigerie.* L'Esclavage africain.
221. *Georges Eliot.* Scènes de la Vie cléricale.
222. *François Coppée.* Trois contes en prose.
223. *Talleyrand.* Trois Régimes.
224. *Ferdinand Fabre.* Nouvelles cévenoles.
225. *Wagner.* Parsifal.
226. *Portes eugeuius.*
227. *Pélisson* Le Procès de Fouquet.
228. *De Hacklaender.* La Vie militaire en Prusse — Scènes de garnison.
229. *Vte Henri de Bornier.* Un Cousin de passage. — Comment on devient beau
230. *Parnell.* L'Irlande.
231. *Paul Bourget.* Aline. — Croquis londoniens. — Jules Vallès.
232. *Lord Lytton.* Fables chantées.
233. *Picard.* Les Deux Philibert.
234. *Jules Simon.* Colas, Colasse et Colette.
235. *Paul Heyse.* Nérine.
236. *Regnard.* Voyage en Laponie.
237. *Alphonse Daudet.* L'Arrivée — Mon Tambourinaire, etc.
238. *Wieland.* L'Ombre de l'Ane.
239. *Mgr Freppel.* L'amiral Courbet. — Le général de Sonis, etc.
240. *Mme de Staël-Delaunay.* Antichambres et salons.
241. *Gladstone.* L'Angleterre et la Home rule.
242. *Jean Rameau.* Un Prix de vertu.
243. *Cuvier.* Les Grands Savants français
244. *Diderot.* Les Salons.
245. *Jules Claretie.* Catisson. — Thuyet. — Une course de taureaux
246. *Schopenhauer.* La Volonté.
247. *Mirabeau.* Monarchie et Révolution.
248. *Louis Veuillot.* Prêtre et Soldat. — La Chambre nuptiale.
249. *Alfieri.* Tragédies et Satires.
250. *René Bazin.* La légende de Sainte Béga. — La Fille du jardinier
251. *Molière.* Les Précieuses ridicules.
252. *Fléchier.* Turenne.
253. *De Moltke* La Guerre
254. *Charles Deslys.* Le Zouave — La Montre de Gertrude.
255. *Petits poètes français au xviiie siècle.*
256. *Vte E.-M. de Vogüé* (de l'Académie française). Dostoïevsky.
257. *Washington Irving.* Rip. — La légende du Dormeur.
258. *Mme de Lafayette.* La Cour de France au xviie siècle.
259. *Édouard Drumont.* Gambetta et sa cour, Barons juifs.
260. *Paul Mariéton.* A travers la Provence classique.
261. *Holberg.* Le Potier politicien (comédie en 5 actes, en prose).
262. *La Harpe.* Portraits littéraires du xviiie siècle, Beaumarchais.
263. *Victor Tissot.* Hors de France.
264. *De Bismarck.* Opinions et Discours.
265. *Racine.* Les Plaideurs (comédie en 3 actes, en vers).
266. *Le Père Didon.* Jésus-Christ (extraits).
267. *André Chénier.* Poésie et Prose.
268. *Marivaux.* Le Spectateur français.
269. *Poètes russes.*
270. *Bernardin de Saint-Pierre.* L'Ile-de-France.
271. *Guy de Maupassant.* Trois Contes.
272. *Mgr Perraud* (de l'Académie française). La France et les faux Dieux.
273. *Stanley.* A travers l'Afrique.
274. *Sainte-Beuve.* La Grande Mademoiselle.
275. *Blaise de Monluc.* La Défense de Sienne.
276. *J.-E.-M. Portalis* Le Concordat.
277. *Silvio Pellico.* Mes prisons : Au Spielberg. Le Carcere duro, etc.
278. *Les Vieux Noëls.*
279. *Jules Lemaître.* L'Imagier, Études et Portraits contemporains.
280. *Clément Marot.* Ballades, Épîtres et Chansons.
281. *Conrad Busken Huet.* Portraits du temps. George Sand.
282. *Mme de Matteville.* Une Grande Reine.
283. *Eustache Deschamps.* Ballades historiques.
284. *Philippe Gilles,* Le Vengeur de Phébé. — Poésies. — Victor Hugo.
285. *Chateaubriand,* Talleyrand. — La mort du duc d'Enghien.
286. *Calderon.* Il y a du mieux (comédie en trois journées).
287. *Paul Feval.* Le docteur Rousseau.
288. *Georges Ebers.* La Fille du Pharaon.
289. *Saint François de Sales.* La Vie dévote. Les jugements téméraires
290. *La Fontaine.* Voyage à Limoges.
291. *R. P. Félix.* Christianisme et socialisme.
292. *Vte E.-M. de Vogüé* (de l'Académie française). Voyage en Asie
293. *Rhaugabé* La Vaille.
294. *Jean Michel.* La Passion (Mystère du xve siècle).
295. *Cyrano de Bergerac.* Histoires comiques de la lune et du soleil.
296. *Champfleury.* Contes bourgeois.
297. *Emilio Castelar.* Les Deux Capitales.
298. *Colin d'Harleville.* Monsieur de Crac en son petit castel.
299. *Jules Michelet.* En Italie.
300. *Ronsard.* Odes, Hymnes, Églogues, Sonnets.
301. *Lord Braconsfield* (Disraëli). Cliques et Coteries. Masques et Portraits.
302. *Gérard de Nerval.* La Main enchantée.
303. *Léon Cladel.* Montauban-ta-ne-le-sauras-pas.
304. *Les Grotesques* Saint-Amand, Scudéry, Brébeuf, Lemoine, Cotin, etc.
305. *Ducis.* Jean sans Terre.
306. *Brandis.* Théophile Gautier, Sainte-Beuve
307. *Charles Monselet.* Le Calvaire des gens de lettres
308. *De Saussure* La première ascension au mont Blanc.
309. *Benvenuto Cellini.* Histoires florentines.
310. *Mme du Deffant* La fin de Louis XV.
311. *O'Connell* Le Martyre d'un peuple.
312. *Général Ambert.* La défaite.
313. *Olivier de Serre.* Le Ménage des Champs.
314. *Pétrarque.* Sonnets et Lettres inédites.
315. *Les Quatre Fils Aymon.*
316. *Mme de Choiseul.* Une Grand'maman à la cour de Louis XV.
317. *Ite Walsh.* Les Massacres de Septembre.
318. *Camoens.* Les Lusiades.
319. *Andrieux.* Les Étourdis (comédie en trois actes et en vers).
320. *Buffon* Les Époques de la Nature.
321. *Suétone.* Médaillons d'Empereurs.
322. *Ruthière* Chez les Russes.
323. *Frédéric le Grand.* Mémoires du Philosophe de Sans-Souci.
324. *Xavier Marmier.* Le Danger d'une intervention.
325. *Prescott* Christophe Colomb et la découverte de l'Amérique.
326. *Henri Meilhac* Le Surnuméraire.
327. *Wagner.* Lohengrin.
328. *Cléry* Les derniers jours de Louis XVI.
329. *Saint-Évremont.* La Comédie des Académistes.
330. *Tourguenieff.* Un Nid de Seigneurs.
331. *Jean Ticard.* Les Écrennes du Père Zidore.
332. *Érasme* Ce que les Femmes pensent de leurs Maris.
333. *L.-S. Mercier.* L'An 2240.
334. *Camille Rousset,* La Prise d'Alger.
335. *W. de Humboldt.* Lettres à une Amie.
336. *Michaud.* Le Tableau d'une Auberge.
337. *Chateaubriand,* Voyage en Amérique.
338. *Moncrif.* Les Chats (Chansons du vieux temps).
339. *Mme de Remusat.* Les Confidences d'une Impératrice.
340. *Horace.* Henriette d'Angleterre.
341. *Bossuet.* Henriette d'Angleterre Odes.
342. *Stendhal* (Henri Beyle). Souvenirs d'un Chevau-léger.
343. *Alarcon.* La Vérité suspecte.
344. *Mme E. Adam.* La Patrie hongroise.
345. *Demosthène.* Discours sur la Couronne.
346. *Princesse des Ursins.* Lettres de la Camerera Mayor.
347. *Shakespeare* Richard III.
348. *Pétraque.* Africa.
349. *Delille.* Poésies.
350. *C. Bancroft* La Naissance des États-Unis.
351. *Lesage* Épisodes de Gil Blas.
352. *Jacques de Voragine.* La Légende dorée.
353. *Racine* Port Royal.
354. *Ouida.* Fresques.
355. *Raymond* (De Carbonnières). Les Pyrénées.
356. *Pde Nolhac,* Marie-Antoinette à Trianon.
357. *Cicéron.* Les Catilinaires.

Pour recevoir ces volumes *franco* par la poste ou le chemin de fer, il suffit d'envoyer à M. Henri GAUTIER, éditeur, 55, quai des Grands-Augustins, à Paris, en mandat-poste ou en timbres français, 0 fr 15 pour un volume, 0 fr. 25 pour deux volumes, 3 francs pour vingt-cinq volumes, 10 francs pour cent volumes.

Une livraison chaque samedi. — Une série toutes les 5 semaines
LA SECONDE LIVRAISON PARAITRA

Le Samedi 2 Décembre 1893

10 CENTIMES LA LIVRAISON. — **50** CENTIMES LA SÉRIE
Chez tous les libraires, marchands de journaux et colporteurs.

LES
DRAMES DE LA JUSTICE

PAR
RAOUL DE NAVERY

Superbes illustrations de PARIDE WEBER

Sous le titre général des **Drames de la Justice**, nous commençons aujourd'hui, pour la continuer sans interruption, la publication en livraisons des admirables romans judiciaires qui ont immortalisé le nom de RAOUL DE NAVERY.

Mieux qu'Eugène Sue peut-être, RAOUL DE NAVERY a étudié les bas-fonds de la société. — de la société parisienne surtout, — et il a su, avec un art merveilleux, rendre vivants aux yeux de ses lecteurs les personnages qu'il a observés. Son talent, toutefois, ne réside pas seulement dans l'observation ; RAOUL DE NAVERY est un dramaturge de premier ordre et c'est avec une étonnante dextérité qu'il sait nouer, puis dénouer une intrigue savamment combinée.

Pour s'en rendre compte, il suffira de lire le premier de ses **Drames de la Justice** que nous commençons aujourd'hui sous le titre du *Secret du Prêtre*.

L'action se déroule tour à tour dans le cabaret du vieux père Mathusalem, lieu de rendez-vous de tous les rebuts de la société parisienne, puis dans le superbe hôtel de M. Pomereul, riche industriel dont la fortune deviendra bientôt l'objet des convoitises de Rat-de-Cave et de Fleur-d'Echafaud, principaux affiliés de cette terrible bande d'escarpes qui terrorisa naguère Paris sous le nom des *Chevaliers de la Casquette-Noire*.

A côté de ces sinistres personnages, on verra paraître les figures sympathiques de l'abbé Sulpice, de Sabine Pomereul et de son fiancé Bénédict Fougerais. Nous allions oublier un des principaux personnages, le singe Lipp-Lupp, qui est une des créations les plus originales qui soient sorties de l'imagination du grand romancier.

Au fur et à mesure que les chapitres se dérouleront, on sentira l'émotion augmenter de page en page jusqu'au dénoûment où elle atteint son maximum d'intensité.

Il faut avoir lu le *Secret du Prêtre* pour comprendre jusqu'à quelle hauteur peut s'élever l'âme d'un homme qui veut rester fidèle à son serment, même au prix des catastrophes les plus terribles pour lui et pour les êtres qui lui sont le plus chers.

Nous ne parlerons pas aujourd'hui des autres **Drames de la Justice** qui paraîtront après le *Secret du Prêtre* sous les titres de *La Chambre n° 7*, le *Martyre d'un Père*, le *Contumax*, *l'Accusé*, les *Drames de l'Argent*, *Une Erreur fatale*, *Les Petits*, les *Robinsons de Paris*, etc., etc. Tous sont plus intéressants les uns que les autres et quand on aura lu le *Secret du Prêtre*, on ne résistera certainement pas au désir de lire les beaux romans qui lui feront suite.

Il paraît régulièrement une livraison chaque samedi à partir du 2 decembre.

Sceaux. — Imprimerie Charaire et Cie.

PREMIER ÉPISODE

LE SECRET DU PRÊTRE
PAR RAOUL DE NAVERY

CHAPITRE PREMIER

Les Chevaliers de la Casquette-Noire.

Il existe dans le cœur de Paris, proche des quais, voisine du fleuve, au soleil, au centre d'un quartier aéré, placée enfin dans les conditions les plus satisfaisantes, une rue, ou plutôt une ruelle étroite dont le milieu est occupé par un ruisseau fangeux, et que de hautes murailles noires empêchent de recevoir la lumière indispensable pour l'éclairer. La rue

Gît-le-Cœur, une des plus anciennes du vieux Paris disparu à force d'embellissements, du percement de larges artères, est restée telle que le moyen âge l'avait faite. Un peu plus et l'on tendrait le soir, à chacune de ses extrémités, les chaînes de fer qui, avec le guet, permettaient aux braves gens de Paris de dormir en paix, sans avoir à craindre les escarpes.

Presque à la moitié de cette rue, se trouvait, il y a quelques années, une boutique de sordide aspect, remplie d'objets de rebut, de ferrailles rouillées, de faïences rattachées de laiton, d'habits semblables à des loques, de rideaux tombant en poussière, de passementeries de laine montrant la corde, de casseroles, de bassins de cuivre rendus dangereux par le défaut d'étamage, et d'instruments de toutes les professions que peut ostensiblement exercer un travailleur.

Nous disons ostensiblement, car, dans les coins obscurs de cette boutique, soigneusement cachés sous des montagnes de vieux chiffons, il était possible de découvrir des amas de clefs de toutes les formes, des ciseaux finement trempés, des limes d'une perfection exquise, des pinces, chefs-d'œuvre du genre, et toute une collection d'outils inavouables et souvent inavoués dans une autre langue que celle de l'argot.

Le père Mathusalem, qui devait ce surnom à son âge indéfinissable, était, de mémoire de toute une génération d'hommes, déjà vieux quand il devint propriétaire de la boutique et de ses dépendances.

Ces dernières, commençant par une cour sombre, étroite comme un couloir et triste comme une porte de prison, aboutissaient à un bâtiment pour la construction duquel Mathusalem avait employé les éléments les plus hétérogènes. Le bois et le mortier y entraient pour une bonne part. Les portes et les fenêtres, provenant de démolitions, manquaient de proportions et même d'équilibre. Plus d'une vitre était remplacée par du papier huilé; les gonds grinçaient, les espagnolettes ne jouaient plus; le vieux poêle fumait, et cependant on pouvait lire sur une planche noire, peinte de lettres blanches, et placée au-dessus de l'entrée de la salle : — PENSION BOURGEOISE. — Ces mots écrits dans un tel lieu faisaient rêver. Quelle cuisine pouvait-on perpétrer dans le sous-sol de cette pièce bizarre, quels pouvaient être les clients du propriétaire de cette table d'hôte?

Au milieu de la grande chambre, une table de bois de sapin, tachée par le vin et les sauces grasses, coupée et hachée par le couteau des abonnés, était couverte, au moment où nous pénétrons chez Mathusalem, d'assiettes écornées, flanquées de cuillers de bois et de fourchettes de fer. Les couteaux manquaient, chacun ayant l'habitude d'apporter le sien. Des gobelets d'étain se trouvaient devant les assiettes. De serviettes, il n'était pas question; sans doute les clients de cette *pension bourgeoise* les remplaçaient par les manches de leurs vêtements. Des bancs servaient de siège. Une seule chaise existait dans la salle à manger; elle indiquait la place réservée à Mathusalem.

Une spirale noire, garnie de marches branlantes, conduisait aux profondeurs de la cave transformée en cuisine. Sur un long fourneau et dans des casseroles, vastes comme des chaudières, bouillaient, sur un feu ardent, des choses bizarrement amalgamées et destinées à fournir régulièrement aux habitués l'*olla podrida*, formant invariablement le plat du jour. On trouvait de tout dans cette casserole : du lapin et des os de gigot, des résidus de bœuf, des queues de harengs saurs et des queues de moutons, des débris de tête de veau, des betteraves, des paquets de poireaux et des pattes de homard. Un gros morceau de graisse rousse et bon nombre de gousses d'ail devaient répandre sur le tout l'homogénéité d'une même saveur.

Sur la table en bois de chêne, quelques poulets fins, prêts à mettre à la broche, des grillades de veau, des biftecks, prouvaient que le menu de l'établissement pouvait s'élever jusqu'à la recherche. A côté de la lourde salade de pommes de terre, la fine chicorée, les feuilles rubanées de la barbe de capucin, les touffes de mâches attiraient le regard ; et non loin du fromage livide dont l'odeur *sui generis* trahissait la qualité médiocre, une corbeille de fruits superbes attendait les amateurs disposés à faire une grosse dépense.

Le sous-sol communiquait à un caveau, où la barrique d'eau colorée par le bois de campêche, et rendue brûlante par une addition d'esprit-de-vin, faisait bon voisinage avec des bouteilles de belle mine, couvertes d'une poussière de bon aloi, et dont les bouchons cachetés ne pouvaient être une enseigne menteuse.

Au milieu des fourneaux, des billots et des tables, s'agitait une créature bizarre que l'on eût dite choisie exprès pour ce sinistre milieu. C'était une femme, haute de trois pieds à peine et paraissant âgée de plus de cinquante ans. Sa grosse tête bouffie avait une expression sombre, traversée de temps à autre par un éclair de méchanceté froide. Ses cheveux gris, trop abondants pour rester enserrés sous le mouchoir à carreaux rouges qui tentait de les envelopper, s'améchaient sur son dos ; deux larges oreilles, très écartées de la tête, faisaient tinter une paire de pendeloques ayant dû appartenir à quelque paysanne normande, et descendant jusque sur ses épaules. Le buste de cette créature étrange présentait les proportions habituelles à la taille d'une femme, mais les jambes manquaient d'une façon presque absolue. On eût dit un torse terminé par deux pieds longs, larges et plats. Cette naine, horriblement difforme, était vêtue d'une veste de hussard à brandebourgs, d'une jupe bleu fané, et de chaussures tirées d'une paire de bottes dont un coup de ciseaux avait abattu les tiges.

Comment Mathusalem et la Naine s'étaient-ils rencontrés, comment ces deux êtres semblables par leurs vices vivaient-ils ensemble depuis dix années à peu près ? Personne ne l'aurait pu dire. Si Mathusalem était la tête de la maison, la Naine, cette ignoble servante, en était le bras, et l'influence de la misérable créature était grande sur le sinistre brocanteur.

La Naine était le factotum de Mathusalem. Elle allait aux halles faire chaque matin sa tournée; puis elle se rendait dans les restaurants infimes, acheter à vil prix les restes à demi gâtés. Une boîte de fer-blanc recevait à la fois le poisson, la viande et les légumes; un pot de grès s'emplissait de marc de café, de feuilles de thé ayant subi une première infusion, de croûtes de pain, destinées à préparer les gratins et à faire de la chapelure neuve.

La Naine, une fois ses provisions faites, songeait à la catégorie distinguée de la pension bourgeoise; elle prévoyait les extra, combinait dans son horrible cervelle les imprévus et les en-cas, se souvenait des commandes et rentrait chez elle flanquée de deux paniers, dont le fond touchait presque le pavé.

Elle préparait alors l'*olla podrida* dont le nom lui rappelait l'Espagne, car cette immonde créature avait vu la *puerta del Sol* et l'Escurial; elle avait vu des combats de taureaux à Madrid, et regardé danser au son des castagnettes les filles des guérillas de la montagne. Ses abonnés appelaient son *olla podrida* un *arlequin:* elle haussait alors les épaules et souriait avec un souverain mépris. Puis, si Mathusalem s'absentait pour les affaires de son commerce, elle gardait la boutique et servait les clients. Il en venait de deux sortes : ceux qui avaient besoin d'outils, ceux qui voulaient louer une défroque complète pour une semaine, quelquefois pour une journée, et ceux qui souhaitaient retenir une place ou prendre quelques cachets à la pension bourgeoise. Le cachet coûtait dix sous.

A ce prix, on avait du pain à discrétion, le *plat du jour*, un carafon de vin et une tasse de café. Les dîners à la carte rentraient dans les conditions des restaurants de second ordre. Un repas convenable coûtait facilement de cinq à six francs.

Du reste, la Naine était douée de qualités de flair merveilleuses. Au premier regard jeté sur un client, elle devinait de quoi il pouvait avoir besoin, et le lui présentait avec empressement, lui évitant, de la sorte, des demandes embarrassées. Si méprisable que fût cette femme, elle n'eût pas détourné un centime à l'usurier receleur qui s'appelait Mathusalem, et elle avait coutume de dire :

— Il faut être honnête dans son genre !

Une pendule enrouée, dont le coucou ne daignait plus sortir quand sonnait l'heure, grinça sur ses roues; la Naine compta six coups, et, saisissant une cuillère à pot, de dimensions inusitées, elle la plongea dans la marmite et trempa la soupe des commensaux de la maison. Puis, prenant à deux mains les oreilles de la soupière de terre brune, elle commença à gravir l'escalier en colimaçon avec plus d'agilité qu'on n'en pouvait soupçonner de cet être difforme. Tandis qu'elle entrait dans la salle, la porte donnant sur la cour s'ouvrit, et une douzaine d'hommes, vêtus des costumes les plus divers, et ayant Mathusalem à leur tête, pénétrèrent dans la vaste pièce.

Chacun prit sa place soigneusement indiquée par un carré de cuivre sur lequel se détachait un chiffre enlevé à l'emporte-pièce, et Mathusalem commença à servir.

— Eh bien! les enfants, demanda-t-il avec une sorte d'entrain, les affaires marchent-elles? Avez-vous quelque chose à vendre ou des échanges à opérer? Qu'est-ce qui veut des vieilles ferrailles, du verre cassé et des peaux de lapins?

— Moi, dit un homme à mine féroce, j'ai six couverts d'argent, envoyés par la Providence ; c'est bon le couvert, et ça se vend encore vingt-trois centimes le gramme, quand il y a des filets..., mais c'est compromettant... Souvent les gens qui les oublient sur des tas d'ordures osent les réclamer aux commissaires, et pas de ça! Ce qui est dans la profonde n'en doit sortir que pour remplir le gousset... Si c'est votre obligeance d'en faire des lingots, père Mathusalem, ne vous gênez pas, les couverts sont à votre disposition.

— Avec plaisir, camarade, avec plaisir... Faut vous presser de le fondre, vous qui en avez, et de le vendre surtout... En trouve-t-on des mines de cet argent dans l'Amérique du Sud! On enfonce une pioche dans la terre, crac! on découvre un filon... Aussi le métal baisse sur le marché de Paris...

— Bah! fit Rat-de-Cave, il y a un tarif pour l'argent? Si vous ne le payez pas le prix qu'il vaut, je sais bien où le porter. On n'en fait pas accroire à un vieux renard comme moi.

— Et que oui! il y a un tarif... Mais va donc, mon brave, porter un lingot à la Monnaie, et tu verras quel prix on t'en offre... Bel établissement, du reste, faut pas calomnier son voisinage, mais méticuleux, chercheur, farfouilleur ; on ne peut y porter une once d'or sans qu'il faille prouver dans quelle place on l'a trouvée.

— Combien payez-vous donc l'argent, maintenant, père Mathusalem? continua Rat-de-Cave.

— Soixante-quinze centimes le gramme, et j'y perds ; c'est pour garder ma clientèle.

Rat-de-Cave secoua la tête d'un air peu convaincu.

— Et toi, Pomme-d'Api? reprit le brocanteur, en s'adressant à un garçon qui semblait avoir quatorze ans à peine, et dont les traits fatigués, le teint pâle, trahissaient des vices précoces, as-tu ouvert beaucoup de portières de fiacre, hier soir, et trouvé beaucoup de bouts de cigares, ce matin? Avec l'hiver, les Parisiens sont revenus ; il y a du monde sur le boulevard et tes affaires doivent prospérer.

— J'crois bien, fit Pomme-d'Api avec orgueil, une belle première, allez, que les *Drames de la Misère!* La queue a commencé à trois heures; on se pressait, on se foulait! Personne ne sentait ses poches, quoi! On pouvait faire des voyages d'exploration! Mais le plus joli, ç'a été à la sortie, on s'étouffait, tout le monde voulait des voitures à la fois... J'avais dix de mes hommes, prêts à obéir à mes ordres... Quand l'un d'eux m'avertissait que la calèche était prête, je courais ouvrir la portière, j'aidais la dame à monter, je m'occupais du gros monsieur, et presque toujours il me restait dans les mains un éventail, un mouchoir de dentelle, même un bijou!... La mère Fanfiche a joliment gagné sur moi, mais c'est égal, je ne me plains pas! J'aime les *premières*, moi, autant pour le moins que les gens du monde.

— De sorte que la mère Fanfiche a tout le profit de la vente, et qu'il ne reste rien pour ton vieux père Mathusalem.

— Je vous ai gardé mes acquisitions.

— Que veux-tu donc?

— Un habillement complet, en beau velours anglais, du pantalon à a casquette.

— Tu as donc des intentions, gamin? Voudrais-tu, toi aussi, aller faire le gommeux devant les cafés des boulevards?

— J' veux me produire au bal du Wauxhall, et faut du chic dans l'établissement; on n'y passe pas en contrebande de blouse blanche : c'est le quartier de la douane.

— Dis donc, Pomme-d'Api, fit Rat-de-Cave, d'un air gouailleur, sois galant et emmène la Naine, c'est une chouette compagne et comme ça t'auras une danseuse sous la main.

Les yeux de la Naine flamboyèrent, et elle répliqua aigrement à Rat-de-Cave :

— Apprenez que je n'ai que faire de sa compagnie ni de celle de qui que ce soit... Si je l'avais voulu, je serais depuis longtemps la légitime femme d'un homme qui soulevait quatre poids de cent kilos à bras tendus, et qui vous aurait tous assommés d'un coup de poing. Ce n'est pas quand on a refusé un pareil époux que l'on accepte des gringalets comme vous.

Les convives de Mathusalem éclatèrent de rire.

— Et tu as refusé un mari de ce calibre-là! s'écria Pomme-d'Api. Par ma foi, c'est faire la renchérie; fallait donc que tu attendes le roi de Siam, ou que tu aies le cœur pincé comme une guitare.

— Mes raisons ne te regardent pas, méchant môme, et je te prie de ne pas t'occuper de mes affaires.

— Alors, pourquoi nous fais-tu des confidences, la Naine? Tiens, la vérité, je vais te la dire.

— Assez! fit la Naine, assez!

— Si tu te fâches, je révèle son nom... Ah! j'en sais plus long que tu ne crois sur le roman de ta vie, la Naine, et je l'ai drôlement appris, encore... C'était un soir, pendant une foire au pain d'épice, un saltim-

— Hourrah pour les *Chevaliers de la Casquette-Noire!* fit-il d'une voix vibrante. (Voir page 9.)

banque venait de voir rentrer son pitre ivre-mort... Désespoir du directeur de la baraque... La recette serait perdue si le pitre n'était remplacé sur l'heure. Je vois des sous à gagner, et je m'offre pour remplir l'office de Queue-Rouge. Le saltimbanque me traita bien d'ambitieux, mais il me questionna sur mes aptitudes, et, apprenant que je savais recevoir un coup de pied et une gifle avec grâce, il m'engagea au cachet..., le temps de dégriser le maître d'emploi... Après le spectacle, comme on était enchanté du débutant et de la recette, on m'invita à souper. J'acceptai, et au dessert le maître, il signor Guigolfo, me proposa d'entrer dans sa troupe... Je déclinai cet honneur, et j'appris à Guigolfo que j'exerçais la lucrative industrie d'ouvreur de portières et de marchand de contremarques... Je parlai de la table d'hôte du père Mathusalem, de toi, la Naine, et Guigolfo s'écria :

« — Au portrait que tu en fais, je jure que je l'ai connue.
« — Bah ! m'écriai-je, avec incrédulité.
« — C'est comme je te le dis.
« — Et dans quelles circonstances?
« — Il y a longtemps, déjà, une femme répondant à ce signalement s'engagea dans ma troupe. Elle avait avec elle un enfant de trois ans, délicat, pâle, ayant les cheveux couleur de feu, et dont les vêtements annonçaient l'opulence. On pouvait aisément désosser le môme ; quant à la Naine, il lui suffisait de se montrer pour faire rire... Je l'engageai... Pendant toute la durée de son traité, nous parcourûmes l'Espagne, l'Italie, la France; quand je lui offris de renouveler nos arrangements, elle me répondit que son intention était de faire faire à l'enfant des études suivies... Des études ! une bonne blague ! Je lui en avais appris assez pour gagner sa vie sur toutes les places publiques de l'Europe... Mes observations furent inutiles, elle emmena l'enfant, et je ne la revis plus. Si elle est dans la peine, remets-lui mon adresse... Il y a toujours une place pour elle dans la troupe.

« Je promis à Guigolfo de te conduire à sa voiture, et, mille bouts de cigares ! la Naine, je l'ai toujours oublié... Peut-être jamais le souvenir de cette aventure ne me serait-il revenu à la mémoire si tu n'avais rappelé tes voyages et l'athlète du nord qui te fit l'honneur de te demander en mariage.

Une expression de rage et de douleur bouleversa le visage de la Naine; elle fut sur le point de lancer à la tête de Pomme-d'Api la bouteille de grès qu'elle tenait à la main ; mais Mathusalem, comprenant le danger de cette scène, rappela la Naine aux exigences du service, et Pomme-d'Api à la douceur.

Le souper s'acheva gaiement.

La Naine alluma une lampe de pétrole exhalant une odeur âcre, et, chacun des habitués tirant de sa poche, qui sa pipe, qui son cigare, la salle ne tarda pas à s'emplir de fumée.

On parlait moins ; la Naine s'apprêtait à s'engouffrer dans les noires profondeurs de sa cuisine, quand un jeune homme de vingt ans environ ouvrit la porte de la salle à manger. Il ôta rapidement son chapeau à claque, le plaça sous son bras d'un geste élégant, puis, tirant de sa poche une casquette molle, en soie noire, il la mit crânement sur l'oreille, et s'avança au milieu du groupe des fumeurs.

— Hourrah! pour les Chevaliers de la Casquette-Noire! fit-il d'une voix vibrante.

Ce fut un signal. Chacun des dîneurs se coiffa immédiatement d'une semblable casquette, et, une fois muni de ce signe de ralliement, chacun des abonnés de Mathusalem s'abandonna à une confiance absolue, à une gaieté communicative.

— As-tu dîné, Fleur-d'Échafaud? demanda la Naine au nouveau venu, avec une expression de vive sympathie.

— Non, répondit celui-ci; apporte-moi ce que tu voudras, pourvu que ce soit bon, et sers dans le cabinet à côté... Rat-de-Cave me tiendra compagnie.

— Volontiers, répondit celui-ci.

— De quoi! de quoi! fit Mathusalem, des cachotteries avec le père des Chevaliers de la Casquette-Noire?

— Vous apprendrez tout dans deux jours, vieux! Mais pour l'instant c'est un secret qui doit rester entre Rat-de-Cave et moi.

— Alors, je permets les conciliabules.

Un quart d'heure après, la Naine remontait portant un bifteck cuit à point, un plat de pommes de terre, une salade et du vin. Elle dressa le couvert dans la chambre voisine, et immédiatement Rat-de-Cave et le nouveau venu s'y enfermèrent.

Celui que l'on venait d'appeler du nom de Fleur-d'Échafaud était un garçon de taille bien prise, de figure distinguée, vêtu avec une grande recherche, et dont le regard trahissait une vive intelligence.

Son visage était d'un ovale régulier; de grands yeux bleus, dont les veilles n'avaient pas encore terni l'éclat, rayonnaient sous des sourcils finement arqués. Si sa bouche avait les lèvres trop minces, leur sourire gardait une certaine grâce. Ses cheveux, d'une nuance ardente, faisaient valoir la délicatesse de son teint. Tout en lui trahissait le jeune homme accoutumé à une vie facile, élégante même, et que toutes ses habitudes semblaient devoir éloigner du milieu dans lequel on l'accueillait si affectueusement.

— Eh! petit! je flaire quelque chose! dit le vieux voleur, en s'adressant au jeune homme.

— Et vous ne vous trompez pas, suppôt du diable; il s'agit d'une affaire superbe.

— Ça ira dans les bénéfices de...

— Cent mille francs à partager.

— Et le danger?

— Peu de chose...

— Alors, raconte, petit, la chose en vaut la peine!

La Naine, appuyée dans un angle du cabinet, prêtait une oreille aussi attentive à toutes les paroles de Fleur-d'Échafaud, que Rat-de-Cave, son futur complice.

— Voici, reprit Fleur-d'Échafaud : mon patron, M. Antonin Pomereul, a reçu, l'autre jour, la visite d'André Niçois le banquier, son meilleur ami... Le hasard ayant voulu que je rencontrasse M. Niçois dans l'antichambre, la tristesse de son visage me frappa, j'en conclus qu'elle cachait un secret, et, lorsqu'il fut introduit, j'écoutai religieusement son entretien avec mon maître... Les affaires des autres deviennent si facilement nos propres affaires !... J'appris alors, à ma grande surprise, que le banquier Niçois, ayant fait d'imprudents achats à la Bourse, courait le risque de se trouver à découvert et venait emprunter cent mille francs au fabricant millionnaire .. Il faut que je rende justice à M. Pomereul, c'est la loyauté, la bonté même ! moi, son secrétaire, il me traite avec autant de bienveillance que ses enfants... Je ne fus donc point surpris de l'entendre promettre, quand ils se séparèrent, les cent mille francs à son ami, et je résolus de tirer parti de cette circonstance... Depuis trois ans que j'habite la maison, j'ai eu le temps de prendre les empreintes des serrures, et de faire confectionner les clefs les plus importantes... M. Pomereul a touché l'argent aujourd'hui, à deux heures. Cette nuit, les cent mille francs dormiront tranquillement dans sa caisse ; c'est de là qu'il s'agit de les déloger.

— Mais il te manque sans nul doute la clef de cette caisse ? fit Rat-de-Cave devenu songeur.

— Si je l'avais eue une seule heure dans mes mains, j'en posséderais une semblable, comme bien tu penses, mais le patron ne la quitte jamais un seul instant...

— Le jour, soit ! mais la nuit ?
— La nuit, il la place sous son chevet.
— C'est donc là qu'il faudra la prendre ?
— C'est là !

— Dangereux ! mon jeune ami, extrêmement dangereux, ce jeu-là ! Les portes à ouvrir, les coffres à forcer, ça me connaît, mais fourrer mes doigts sous un traversin me semble toujours plus difficile... Si Pomereul s'éveillait...

— Eh bien ! fit froidement Fleur-d'Échafaud, on le rendormirait, ce n'est pas plus malin que ça.

— Je n'aime pas ce moyen-là ! c'est un jeu trop gros pour une partie douteuse.

— Refuses-tu ?
— Je ne dis pas, mais...
— Cinquante mille francs...
— Cela me tente, cependant...

— Bah ! me ferais-tu croire, vieux singe, qu'il faut t'apprendre à faire la grimace, que tu n'as jamais été embarrassé, surpris, et que dans une heure de convoitise folle, ou de terreur, dans la crainte d'être pincé, tu n'as pas joué du couteau ?

— Jamais ! non, jamais ! répondit Rat-de-Cave. Je suis voleur ! voleur à trois poils, voleur fini ! Je connais tous les genres de vols et au besoin j'en inventerais ; je fais disparaître une voiture et son cheval avec la même facilité qu'une paire de chaussons de lisière. Aucun bénéfice ne me semble à dédaigner... Quand je ne trouve pas une sébile de changeur remplie de pièces d'or, je me contente d'une boîte de cirage chez l'épicier... Je préfère le vol simple au vol qualifié, il rapporte souvent autant, sans être aussi dangereux... Ce qui constitue le filou premier numéro, c'e t l'habileté à risquer la centrale, sans courir la chance de faire un voyage d'agrément à la Nouvelle... Je croyais t'avoir inculqué ces principes...

— Je les suis le plus souvent possible, mais, cette fois, je trouve la tentation si forte que je n'hésite pas ! Crois-tu, vieux Rat-de-Cave, que ce soit la peine d'avoir fondé la plus merveilleuse association de l'époque, pour grignoter si maigres profits ! Je vis bien, soit ! mais je n'ai pas de voiture...

— Ce luxe-là te trahirait.

— Oh ! je serais malin ! Une fois un gros capital dans les mains, je file à Monaco, je risque quelques milliers de francs sur la table de la roulette ; que je gagne ou que je perde, cela importe peu. Je suis passé joueur et connu comme tel, cela suffit ! J'apprends à mes amis que j'ai gagné, je les traite au café Anglais, j'ai soin d'inviter quelques journalistes, et le lendemain trois feuilles matinales racontent que j'ai ébranlé le crédit de la banque de Monaco... A partir de ce moment, je puis impunément avoir des chevaux et un appartement de haut goût, personne ne s'inquiétera de savoir où je prends de l'argent pour les payer... Vous avouez vous-même que j'ai le cerveau fertile en inventions, la main preste, laissez-vous donc aller à la confiance, et promettez-moi votre aide pour ce soir...

— Le fabricant se couche donc de bonne heure ?

— De très bonne heure.

— Ses domestiques ?

— Ses domestiques montent au cinquième étage où se trouvent leurs chambres, dès que M. Pomereul leur a déclaré n'avoir plus besoin de leurs services.

— Et ses enfants ?

— Mlle Sabine se retire chez elle à neuf heures. Il est rare que l'aîné, le prêtre, mange à la table de son père ; quant au cadet, Xavier, c'est un viveur qui ne rentre qu'au petit jour, en sortant du club, où il joue toute la nuit.

— Ainsi, nous serions seuls ?

— Complètement.

— L'unique danger à courir est de trouver M. Pomereul encore debout ou de le déranger dans son sommeil.

— En ce cas, poltron! je m'en charge! dit Fleur-d'Échafaud avec un sourire horrible, et qui dénatura complètement l'expression ordinairement agréable de son visage.

Rat-de-Cave se releva.

— Compte sur moi, dit-il.

— Il faut tout prévoir, ajouta Fleur-d'Échafaud, nous sortirons en costume bourgeois, nous prendrons un fiacre qui nous laissera à l'angle de la rue de la Chaussée-d'Antin; le pardessus que nous tiendrons plié sur notre bras dissimulera une blouse que nous passerons, s'il est besoin de nous travestir... En entrant, nous demandons le fils aîné de M. Pomereul... Il demeure plus haut que son père... Le coup fait, nous descendons paisiblement; le concierge pense que nous avons causé avec le fils, nous reprenons la voiture qui nous mène finir notre soirée à un théâtre quelconque, et le lendemain Jean Mâchu redevient marchand des quatre-saisons, tandis que Fleur-d'Échafaud ou plutôt Marc Mauduit entre comme à l'ordinaire chez M. Pomereul, pour y remplir ses fonctions de fidèle secrétaire.

— Je me risque, dit Rat-de-Cave.

— A ce soir, onze heures précises, passage Choiseul, où nous prendrons la voiture.

Les deux coquins se levèrent; mais, si rapprochés qu'ils fussent par la complicité de leurs crimes, ce fut pourtant avec le sentiment d'un profond dégoût que Fleur-d'Échafaud plaça sa main dans celle de Jean Mâchu, dit Rat-de-Cave.

Au moment où tous deux sortaient du cabinet, la Naine murmura en regardant le jeune homme :

— Il ira loin! bien loin!

La rentrée de Rat-de-Cave et de Fleur-d'Échafaud fut saluée par une acclamation.

— Merci, vous autres! dit Fleur-d'Échafaud.

— Quel sang-froid! quelle audace! quel génie! fit Rat-de-Cave, en montrant le jeune homme à Mathusalem. Si nous avions beaucoup de copins comme celui-là, notre fortune serait vite faite.

— Et quel galbe! ajouta Fleur-d'Échafaud, avec un geste intraduisible d'insolence et de fatuité.

Puis se tournant vers le groupe compact des *Chevaliers de la Casquette-Noire* :

— Sans adieu, il faut que Marc Mauduit, secrétaire du millionnaire M. Pomereul, se montre ce soir sur le boulevard.

Et, ouvrant la porte de la cour, Fleur-d'Échafaud fourra sa casquette dans la poche intérieure de son paletot, remit son chapeau à haute forme, prit à la main une paire de gants neufs, alluma une fine cigarette, et gagna les quais d'un pas alerte.

Jugez donc, s'écria le jeune statuaire, en enlevant la toile. (Voir page 15.)

Chapitre II

LA MAISON DE POMEREUL

Il nous faut maintenant quitter le cabaret de Mathusalem et revenir à quelques jours en arrière, pour présenter au lecteur certains personnages, dont il a été question dans la scène que nous venons de raconter.

Deux hommes, d'âge et d'aspect bien différents, causaient dans un vaste cabinet de travail, au mobilier sévère, renfermant de remarquables reproductions, en bronze, des chefs-d'œuvre de l'art antique. Le plus vieux, Antonin Pomereul, paraissait avoir soixante ans. Sa chevelure blanche, dans laquelle semblait avoir passé un coup de vent, dégageait des tempes puissantes qui indiquaient une vaste intelligence et une profonde entente des affaires. Son teint coloré, sa bouche souriante, son regard franc indiquaient une nature généreuse et simple. Son œil gris avait de la finesse, et les mains, qu'il étalait en ce moment sur la table de son bureau, trahissaient le négociant émérite qui n'hésite pas, quand le besoin s'en fait sentir, à manier lui-même l'outil.

Son interlocuteur, au contraire, comptait vingt-cinq ans à peine. Son front large indiquait un génie concentré, sérieux; le regard avait des profondeurs mystérieuses, dans lesquelles le sentiment de l'ascétisme s'unissait à la rêverie. Sa taille svelte, sa longue chevelure noire, sa peau d'un blanc mat concouraient à former un ensemble plein de séduction. Une voix timbrée et loyale achevait de donner toute confiance dans l'honnêteté de cette nature ardente et fine, inspirée et grave tout ensemble.

— Ainsi, Bénédict, demanda Antonin Pomereul, vous refusez d'enlever devant moi le voile jaloux couvrant la statuette que Cléomène, votre apprenti, vient d'apporter, et dont, vous le constatez, j'ai respecté les plis comme ceux de l'antique Isis; vous refusez de me montrer votre dernier chef-d'œuvre.

— Non, mon cher maître! répondit le jeune homme, en prenant par un mouvement spontané les mains du vieillard, je ne vous refuse rien, et d'ailleurs je n'ai rien à vous refuser, mais si j'ai dit à Cléomène de ne pas découvrir cette statue, c'est que je voulais moi-même voir quelle impression vous produirait cette œuvre, entendre de vos lèvres l'arrêt qui me fera heureux ou triste; puis, interroger votre cœur, en même temps que votre esprit, sur le double jugement que vous allez rendre...

— Diable! fit, en souriant, Antonin Pomereul, ceci devient plus grave que je ne le pensais.

— Il s'agit de toute ma vie..., murmura le jeune homme; votre arrêt décidera de mon sort.

— De ton avenir d'artiste, peut-être! et encore? car on se trompe, mon ami, on se trompe souvent dans l'art; et ce sont les chercheurs qui s'égarent davantage.. Décidés à ne point suivre la route battue, ils demandent des sentiers nouveaux à l'inconnu ; parfois le fil conducteur leur manque... la nuit se fait dans leur esprit... Ils ne peuvent réaliser la grandeur de la conception première... Mais, c'est égal! Bénédict; mieux vaut échouer en essayant de faire mieux que de rester médiocre et banal.

— Jugez donc! s'écria le jeune statuaire, en enlevant avec rapidité la toile dont il avait enveloppé son œuvre. Jugez si ce que j'ai fait est banal, ou si, au contraire, je mérite vos éloges.

Une statuette d'un mètre de haut, en magnifique marbre de Carare, apparut alors aux regards d'Antonin Pomereul, qui ne put retenir un mouvement d'admiration.

Elle représentait une jeune fille, chastement vêtue de la robe collante que portaient les femmes des xiie et xiiie siècles. L'attitude recueillie, les yeux levés au ciel, tenant dans une de ses mains un marteau et un ciseau, elle semblait la personnification de la sculpture de cette époque qui, fille céleste de la prière, vouait ses plus magnifiques œuvres au Dieu qui les inspirait.

Le vieillard comtempla longtemps la statue sans rien dire, puis il s'écria avec une expression convaincue, en tendant les deux mains au jeune homme :

— C'est bien! mon enfant, c'est bien! Je ne saurais dire combien ton œuvre me parait remarquable.

— Ah! vous me comblez de joie, dit Bénédict. Nulle approbation ne pouvait m'être plus précieuse que la vôtre.

— Et cette figure représente?

— La fille de Steinbach, architecte de la cathédrale de Strasbourg; Sabine aida son père dans cette construction grandiose; avec lui elle en dessina les plans; elle exécuta quelques maquettes, et la colonne des Anges est signée de son nom.

— Ah! la fille de Steinbach s'appelait Sabine... comme la mienne, ajouta Pomereul, avec un sourire. Eh bien! te voilà content. Elle est charmante, ta statue! C'est d'un bon style, cela! Tu sais rester penseur, et l'habileté de ta main ne nuit pas à la pureté de ton inspiration! Bravo! oui, sincèrement bravo et courage! car si la figure est de petite dimension, c'est pourtant traité dans la grande manière; tu es vraiment un artiste de haute valeur.

— Ah! maître, vous me rendez confus... Et si je vous connaissais moins, je serais tenté de croire...

— Du tout, je constate; tu ne m'accuseras point d'être un flatteur, je l'espère... Te souviens-tu quand, presque enfant, tu travaillais dans l'atelier de mes sculpteurs, combien je montrais d'exigence. C'était à décourager tout autre que toi! Peut-être me trouvais-tu sévère, dur même... Je m'en défiais et n'en continuais pas moins. C'est à la patience de l'élève que l'on connait la franchise de sa vocation. Ceux qui lâchent pied, rebutés par les difficultés de la tâche et la raideur du maître, ne valent pas un regret. On leur rend service en les gardant ouvriers, au lieu de les élever au rang d'artistes. Toi, tu rougissais moins de dépit que de chagrin de ton impuissance : tu recommençais sans trêve ; chaque jour marquait un progrès, sans que tu en tirasses vanité ; regardant tout ce que tu devais apprendre, tu ne faisais point de cas du talent acquis... et j'ai dû te mettre à la porte de l'atelier, car tu ne voulais pas comprendre que la grande sculpture t'appelait, que tu étais capable de créer des œuvres originales, et que, chez moi, tu n'aurais fait que des modèles pour l'industrie! Tu ne comprenais pas que c'était te rendre service que de t'arracher aux travaux terre-à-terre de mon usine.

— Oui, répondit Bénédict, vous avez raison; il a fallu me chasser de votre maison pour que j'en sorte! Vous vouliez mon bien, je souhaitais garder mon bonheur; vous rêviez pour moi les hauts sommets de l'art, et, dans ce temps, j'aurais tout sacrifié, je crois, pour vous faire des pendules et des candélabres... Vous n'aviez pas tort; mais mon cœur me répète que j'avais raison; je commence à être connu, peut-être deviendrai-je célèbre, peut-être l'État m'achètera-t-il un jour quelqu'une de mes œuvres; mais qui me prouve que j'aurai, comme jadis...

— L'amitié de ton vieux maître? Mais tu es resté de la famille, Bénédict; je t'aime presque autant que mon fils Sulpice, plus que mon fils Xavier, peut-être...

— Vrai?

— Bien vrai!

— Alors, si je vous demandais une grâce?

— Je suis presque sûr que je te l'accorderais.

— Même s'il s'agissait d'une chose bien grave ; même s'il s'agissait du bonheur ou du malheur de toute ma vie?

— Non pas même... surtout!

— Eh bien! dit Bénédict Fougerais, en rassemblant son courage, me permettez-vous d'offrir cette statuette à Mlle Sabine?... C'est demain l'anniversaire de sa naissance... et... vous comprenez... je serais si heureux si elle daignait.....

— Cher et grand enfant! dit le vieillard; tu n'oses achever... Cependant tu as vécu dix ans dans la maison Pomereul! Mes sévérités à ton égard n'ont jamais été que des preuves d'attachement! Quand de grosses larmes roulèrent dans tes yeux, le jour de ton départ, c'est que tu laissais ici la meilleure part de ton passé et les juvéniles ambitions de ton avenir... Mais je voulais cette épreuve. Elle était nécessaire pour tremper ton âme... Couvé par mon affection prévoyante, tu ne connaissais aucun des dangers du monde... Tu pensais que l'on y vit dans la dignité de sa pureté et la force de ses convictions, sans lutte, sans fatigue! Je voulais te voir traverser la fournaise ardente, et en sortir mieux trempé pour le combat de la vie. L'adolescent me disait adieu, le cœur gonflé de sanglots; j'espérais que le jeune homme me reviendrait... Et tu es revenu! Tu n'as point fait de faux pas dans ta route! Ton regard est resté fixé sur une étoile, et ton cœur n'a gardé qu'une tendresse... Ah! cela est bien! cela est beau et rare! Les artistes de ton âge ont d'ordinaire souillé de boue la face auguste de la muse inspiratrice! Toi, tu l'as priée de t'enlever sur ses ailes, et elle t'a soutenu, elle t'a empêché de te heurter aux rudes pierres du chemin... Souvent tu m'as nommé ton bienfaiteur; aujourd'hui encore, tu m'appelles ton maître; il ne te reste plus qu'un titre à me décerner...

— Un titre... Vous me comprenez donc... vous daignez m'accorder la main...

— Embrasse ton père! dit Pomereul, en tendant les bras au jeune homme.

Une longue étreinte les rapprocha tous deux. Si des larmes brillaient dans les yeux de Bénédict, Antonin Pomereul n'était pas moins ému que le sculpteur, et tous deux tressaillirent, avec le sentiment d'un égal regret, quand Baptiste, ouvrant la porte et interrompant ainsi leurs confidences, demanda :

— Monsieur peut-il recevoir M. André Niçois? Il dit qu'il a une importante communication à faire à Monsieur.

— Toujours! répondit Antonin Pomereul en faisant quelques pas vers la porte.

— Ainsi, ma statue...

— Est désormais la propriété de Sabine; et tu ne saurais, j'en suis sûr, lui faire un cadeau de fiançailles qui lui soit plus précieux; oh! tiens, elle ne va pas longtemps attendre cette surprise...

M. Pomereul se tourna vers l'angle le plus obscur de son cabinet et appela :

— Lipp-Lapp!

A ce nom, une créature étrange quitta l'ombre dans laquelle elle était comme ensevelie, et se tenant debout, ferme sur ses larges pieds, mais les bras pendants le long de son corps maigre, elle s'avança vers son maître.

C'était un chinpanzé de la grande espèce, à la face presque humaine, aux yeux doux, à la bouche largement fendue, et qui semblait presque faite pour la parole. Les yeux de Lipp-Lapp pétillaient d'intelligence. Il portait le costume de brocard agrémenté d'or et de perles, que l'on voit aux noirs représentés dans les tableaux des maîtres italiens. Un turban de couleurs vives couvrait sa tête, et il semblait tout fier de la somptuosité de ses habits. Apporté de l'île de Java, à M. Pomereul, par un de ses amis, il s'était vite façonné, comme le font souvent les individus de sa race, à certaines corvées domestiques. Il portait parfaitement un plateau garni de corbeilles de fruits ou de liqueurs et de café, distribuait les courriers, et comprenait la plupart des ordres qu'on lui donnait.

— Lipp-Lapp, lui dit M. Pomereul, prends cette statue, et va la porter dans la chambre de Mlle Sabine ; tu la placeras sur la cheminée ; surtout prends garde de ne pas la casser ; ta maîtresse ne te le pardonnerait pas.

Un large rire montra les dents blanches du chimpanzé ; il saisit, de ses mains robustes et cependant adroites, la figure de marbre, et se dirigea du côté de l'appartement de Mlle Pomereul, en prenant mille précautions pour ne pas heurter la statuette aux meubles qui garnissaient le cabinet de son maître.

— Ma fille est sortie, dit le fabricant ; elle trouvera cette surprise à son retour, et t'en remerciera ce soir... Tu dînes, bien entendu, avec nous, mon enfant !

— Vous êtes mille fois trop bon, cher maître, et je ne sais si je dois accepter...

— Allons, pas de cérémonies entre nous ; laisse ces façons aux étrangers ; toi, n'es-tu pas depuis longtemps, et davantage encore aujourd'hui, de la maison !

Bénédict serra la main de Pomereul, salua M. Niçois qui entrait, et quitta la maison, tout rayonnant de bonheur : son vœu le plus cher venait d'être exaucé.

Le fabricant de bronze remarqua tout de suite la préoccupation empreinte sur le visage du visiteur. Loin de ressembler à ces gens qui, comprenant la détresse d'un ami, commencent l'entretien par l'énumération de leurs propres soucis, afin d'éloigner toute pensée de demande de service, Pomereul s'assit bien en face de Niçois, et lui dit avec rondeur :

— Quelque chose va mal, conte-moi cela... Je vois à ton visage soucieux que tu n'es pas dans tes bons jours.

— Oui, cela va mal ! répondit Niçois... Je suis venu ici pour te le dire, et maintenant, quand je songe que ce que j'ai a te dire est si grave, que le service que j'ai à te demander est si important...

— Maintenant tu hésites, n'est-il pas vrai ? A quoi servent donc les amis, si nous ne nous les employons pas à nous rendre service... Tiens, le digne et charmant garçon qui sort d'ici en a fait autant... Il venait pour m'ouvrir son cœur... Si je ne l'avais aidé, il serait parti sans rien me dire... Il a fallu que je lui offre Sabine en mariage. C'était son plus ardent désir, et il n'osait pas me montrer le fond de son âme... Toi, il te faut de l'argent?

— Qui t'a dit?

— Personne.

— Tu me le jures ? Personne ne t'a parlé de mes embarras ? On ne soupçonne pas à la Bourse ?

— A la Bourse! mais hier on me vantait la solidité de ta maison. Rien ne transpire de ta gêne, si tu es gêné... Mais quelle autre cause qu'un souci d'argent te rendrait si sombre, et pourquoi viendrais tu aujourd'hui, à l'avant-veille d'une fin de mois, si ce n'était pour me dire : Ami Pomereul, ouvre ta caisse toute grande, j'ai besoin d'y puiser des deux mains..; les amis sont faits pour s'entr'aider, je n'en ai pas de meilleur que toi, et c'est sur toi que j'ai compté.

— Eh bien ! oui ! fit André Niçois, ton amitié est clairvoyante autant que généreuse : il me faut de l'argent, une grosse somme d'argent, et il me la faut dans deux jours.

— Fixe-la !

— Cent mille francs ! dit avec inquiétude le banquier ; tu vois que le service que je te demande est grand.

— Je ne les ai point chez moi, dit simplement Pomereul, mais je les ferai rentrer... Après demain tu pourras les venir prendre ici ! Ils seront à ta disposition.

— Tu me sauves la vie ! dit Niçois en tendant les deux mains vers M. Pomereul.

— La vie, c'est beaucoup, c'est trop dire, même... Je te rends un service que, dans semblable occurrence, j'eusse réclamé de toi sans la moindre hésitation... Si l'on n'est ami, je ne dis pas « jusqu'à la bourse, » mais au delà de la bourse, ce n'est point la peine de faire parade de grands sentiments.

— Ah ! toi, Pomereul, tu les as sans en faire parade ! Je ne connais pas d'être meilleur et plus dévoué que toi ! Que n'as-tu pas fait pour tous ceux qui t'entourent, pour tes amis qui, sans cesse, frappent à ta caisse, pour tes domestiques auxquels tu donnes de larges gages, pour tes ouvriers auxquels tu as prodigué le bien-être.

— Je t'arrête ici, André, et je récuse tes éloges, repartit Pomereul. Ce que tu appelles du dévouement, du libéralisme, de la générosité, n'est peut-être qu'une grande entente des affaires... En somme, il me semble que si j'ai fait dans ma vie des avances de fonds et des actes de bonté, ç'a été un placement avantageux : je suis riche, et je jouis de ce bonheur sans égal d'être chéri de tous ceux qui m'entourent, respecté sans être craint, et d'avoir quatre millions, sans me connaître d'ennemis ni d'envieux... Quand je rappelle les souvenirs de mon existence, depuis l'âge de dix ans jusqu'à cette journée, je ne trouve que des occasions de bénir la Providence pour les bienfaits qu'elle n'a cessé de me prodiguer. Il est bien un point noir à cet horizon bleu, mais il disparaîtra, je l'espère... Qu'était mon père ? un forgeron, exerçant un rude métier et gagnant un maigre salaire... Il me prit un jour la pensée d'ajouter quelques sous au prix de la journée paternelle, et j'entrai chez un fabricant de bronze. On m'employa à faire les courses, à balayer l'atelier ; mais on reconnut que je ne flânais pas en chemin, et qu'il ne restait pas un atome de poussière où j'avais passé le balai ou le plumeau.

Dès lors, la confiance s'accrut ; je devins apprenti ; mes progrès surprirent les ouvriers, puis le maître... J'inspirai de l'intérêt ; on m'apprit les secrets du métier, sans me laisser languir sur des pièces faciles. Je voulus tour à tour exercer le montage, la ciselure, la fonte des grandes choses. A vingt ans, peu d'ouvriers m'égalaient. Si mon instruction manquait de bases classiques, elle était, du moins, pratique et solide. A partir de ce jour, ma destinée fut faite. Le propriétaire de la fabrique avait une fille, je l'aimais de toute la force de mon cœur, mais jamais je n'aurais osé aspirer à sa main ; M. Bernard sut lire dans mon âme ; il parla de moi à sa fille ; j'avais eu le bonheur de lui plaire ; peu de mois après je l'épousais. La raison sociale de la maison resta pendant trois ans : *Bernard et Pomereul,* puis je n'eus plus à mettre qu'un seul nom sur les registres et les factures : Bernard était mort et je lui succédais... J'eus trois enfants, et notre bonheur était digne d'envie, quand un chagrin profond m'atteignit. Ma femme mourut... Je crus longtemps qu'il me serait impossible de me consoler ; mais, si je ne l'oubliai point, je sentis avec le temps diminuer l'acuité de la douleur... Mes enfants me restaient, Sulpice, dont la maturité d'esprit devançait l'âge, Xavier, qui rachète par les qualités de son cœur les écarts de son imagination, et Sabine, l'ange et la grâce de cette maison, dont je vais faire l'heureuse épouse du meilleur et du plus intelligent des hommes. N'ai-je pas raison de dire que le ciel m'a comblé de ses faveurs.

— Oui, dit Niçois, tu es un père heureux.

Pomereul laissa échapper un soupir, puis il reprit :

— Ce que l'on avait fait pour moi, pauvre enfant de Paris, sans autre recommandation que son désir de bien faire, je l'ai voulu rendre aux autres. Je suis devenu moins le maître que le père de mes ouvriers. Si je m'acquitte en leur comptant leur salaire, il m'est doux de faire davantage pour la satisfaction de ma conscience... Tu verras quelque jour comment j'ai organisé leur vie à Charenton, près de la fabrique... Chaque famille possède sa maison, simple, mais commode ; elle y trouve l'eau qui désaltère et purifie, le gaz qui échauffe et qui éclaire ; un coin de terrain lui fournit des légumes et des fleurs ; les enfants y peuvent élever des lapins, et la ménagère y faire couver des poules... J'ai là un hospice pour les malades, une crèche pour les nourrissons, un ouvroir pour les filles, une salle d'asile pour le petit monde, une école pour les enfants déjà grands... Ma fabrique renferme une cité tout entière, dont je suis le magistrat.

— Et dont Sulpice, ton fils, est l'apôtre.

— Oui, répliqua Pomereul d'une voix qui s'altéra sous l'empire de l'attendrissement, tu as bien raison de le dire, Sulpice est un apôtre ! Ce que je faisais, moi, dans un but de philanthropie, il l'accomplit simplement par charité ; j'accumulais dans un coin de terre les améliorations, le confortable, les plaisirs de ce monde : il y a fait briller un coin du ciel. Catéchiste des enfants, guide des familles, conseiller des pères, respecté et chéri de tous, il a fait de mes ouvriers des hommes doublement honnêtes dans leur conduite. Point de désaccord entre leurs principes et la pratique. En voyant au milieu d'eux le fils du patron, le millionnaire Sulpice Pomereul, porter de gros souliers et une pauvre soutane, ils n'osent plus mettre en doute la divinité d'une religion qui inspire et soutient de pareils sacrifices... Sulpice! c'est le traducteur en action de l'Évangile ; et il peut dire, avec cette noble fierté de l'Apôtre : Soyez mes imitateurs comme je suis l'imitateur de Jésus-Christ! Certes, j'aime Sulpice, comme la part vivante de mon cœur, mais il est des instants où la vénération que m'inspire son caractère et qu'imposent ses vertus, l'emporte encore sur ma tendresse. Je ne crois pas qu'il soit un plus beau spectacle que de voir un jeune homme comblé de tous les dons de l'esprit et de la fortune, renoncer à ce que tous appellent les privilèges du petit nombre, pour se vouer à l'enseignement des enfants, la consolation des pauvres, le soulagement de toutes les douleurs. Aussi, Sulpice est l'objet d'un culte de la part de tous ceux qui le connaissent. On frappe plus souvent à la modeste chambre qu'il s'est réservée dans les combles de l'hôtel, qu'on ne sonne à la porte d'un riche fabricant, membre du conseil municipal et juge au tribunal de commerce! Chacun ici subit l'influence de sa douceur, de sa piété ; je ne parle pas de Sabine, qui est un petit ange, mais des clients, des amis, des domestiques; tous ici admirent ses vertus et s'appliquent à les imiter, tous, excepté Xavier, dont les débordement sans fin font mon cruel désespoir.

— Tu t'exagères la portée de quelques folies de jeunesse, Pomereul. Xavier, cela est vrai, ne te donne pas toute satisfaction. Tu me l'as dit cent fois, et j'ai compris tes angoisses. Mais ton fils ne sera pas perdu parce qu'il se sera laissé aller à quelques écarts trop bruyants, parce qu'il aura follement gaspillé quelques billets de banque aux courses et sur le tapis vert; tu es assez riche pour payer ses prodigalités. Que diable, il faut que jeunesse se passe; un jour viendra où ton fils sera un homme sérieux comme son frère. Laissez-lui jeter sa gourme... Ensuite tu verras...

— Ces gourmes-là sont des lèpres sans cesse grandissantes chez les jeunes gens, Niçois!

— Eh bien! on guérit plus tôt ou plus tard! Xavier a peut-être manqué d'un ami de son âge, confident sûr et déjà sérieux... Sulpice est bien austère pour ton fils cadet, et puis, sans doute, le caractère religieux dont il est revêtu lui en impose : il croit toujours s'adresser au prêtre et non au frère; la pureté même de Sabine interdit les demandes de conse.' il ne sait à qui ouvrir son âme, et c'est là ce qui, sans aucun doute, fait son malheur.

— Mais moi? demanda Pomereul.

— Toi! eh! pardieu, toi, tu es le père! Un homme bien grave qui a eu de difficiles commencements dans la vie, et dont le caractère défend à Xavier de lui tout dire. Tu as été habitué à vivre à la dure et tu voudrais que tout le monde fît comme toi. Ton fils le sait bien et c'est ce qui arrête ses confidences. Cela changera quand Bénédict sera devenu ton gendre, car tu me l'as dit, tu lui donnes Sabine.

— Avec joie, mon ami! Bénédict est un des jeunes gens qui ont quitté mon atelier, pour devenir des maîtres à leur tour. Car j'ai cette satisfaction intime d'avoir formé, dans ma maison, des hommes dont le pays aura le droit de s'honorer. Une des raisons pour lesquelles j'aime mon industrie, c'est justement parce qu'elle me permet de venir en aide à de sérieuses aptitudes. Dès qu'un enfant se signale à l'attention du professeur de dessin ou de modelage, je le suis avec intérêt; je m'informe de la situation de la famille; si elle est pauvre, je fais une pension à l'enfant pour qu'il puisse continuer ses études sous les ordres de maîtres savants, stipulant, par un traité, qu'il me remboursera plus tard, par annuités, le montant de la somme avancée, afin que le service rendu aide à créer l'avenir d'un autre enfant. J'y trouve ensuite cet autre avantage d'habituer de bonne heure l'adolescent à estimer l'argent à sa valeur, à le regarder non comme une idole, mais comme une force; à comprendre qu'il doit moins servir à nos plaisirs qu'à nos besoins, et qu'il centuple de prix suivant l'usage qu'on en fait. Combien d'artistes me doivent leur avenir? Luc Aubry, le paysagiste dont les amateurs s'arrachent les toiles, Jean Leroux, dont tu achetas un *intérieur* l'an passé; Bénédict Fougerais, qui arrivera au premier rang de nos sculpteurs, si la défaillance ne le prend pas.

— La défaillance, quand il sera le mari de Sabine! C'est son avenir que tu assures, en lui donnant ta fille.

— Je ne parle ni de la défaillance des bras ni de celle de l'intelligence; de ce côté, parbleu, je suis rassuré, Bénédict a fait ses preuves et son avenir matériel est assuré.

— De laquelle donc?

— De la défaillance morale.

— Ce ne sera pas possible, dans un milieu pareil à celui dans lequel il vivra.

— Je l'espère! mais qui peut en répondre? Sais-tu sur quelle pente facile et habilement dissimulée peut glisser un artiste? Bénédict ne comprend que le grand art, pur, religieux, chrétien, ce qui est la nuance attendrie de la religiosité. Il est de l'école des Fra Bartolomeo et des Fra Angelico, qui peignaient à genoux leurs madones. Mais le courant de la mode et du goût n'est pas de ce côté. L'art s'est fait païen! l'art est descendu des hauteurs sacrées; la muse s'est faite bacchante et danse avec les satyres; il semble qu'une statue chaste, une peinture honnête perdent une partie de leurs chances de succès. On dote moins les églises d'œuvres pieuses, en revanche on peuple davantage les boudoirs de figures profanes. Aussi, malheur à l'artiste, si bien doué qu'il soit, qui sacrifie sa puissance d'inspiration pure à la fantaisie légère; qui se dit, non pas : Je vais créer une grande chose! mais : Je vais sculpter, polir un groupe qui se vendra. On veut du succès d'abord, du succès ensuite, du succès bruyant dans les journaux, et qui se traduit en espèces sonnantes! Jusqu'à cette heure, Bénédict s'est gardé de l'écueil, fasse Dieu qu'il l'évite toujours! Qui peut jamais répondre de l'avenir du jeune homme grisé par un premier succès? Il se laisse entraîner, et bien grande est la force de volonté qu'il lui faut pour s'arrêter.

— Sois tranquille! non seulement il résistera, mais il mènera l'enfant prodigue à résipiscence...

— Tu le crois?

— Sincèrement; nous faisions tous des folies à son âge, sauf toi, peut-être...

— Et toi aussi, je l'espère? demanda Pomereul en regardant fixement Niçois.

Un nuage sombre passa sur la physionomie du banquier. Les paroles du riche industriel semblèrent avoir ravivé de tristes souvenirs jusque-là ensevelis au fond de son cœur.

— Mon ami, répondit celui-ci d'une voix troublée, j'ai payé à la folie, au vice, un tribut qui, pour avoir été court, ne m'en a pas moins coûté cher... Nous nous connaissons depuis de longues années, et cependant tu m'as toujours vu des cheveux blancs.

— C'est vrai!

— Ils ont blanchi en une seule nuit.

— A la suite d'un horrible malheur, sans doute?

— Oui, tu l'as dit, d'un horrible malheur...

Puis, voyant l'étonnement profond que causait à Pomereul cette confidence inattendue :

— C'est depuis ce malheur que j'aime l'argent avec rage... Jusqu'à ce jour, il ne m'avait semblé qu'un moyen d'arriver à une situation indépendante; maintenant il m'en faut pour satisfaire à mon orgueil, aux folies de ma femme, pour exciter l'envie des autres, et me jeter au milieu d'un tel tourbillon d'affaires et de plaisirs, que j'oublie, ou que du moins, pour une heure, je perde le souvenir des heures terribles que j'ai passées autrefois.

— Je suis, tu me l'as dit, ton meilleur ami; ne me conteras-tu jamais la cause de cette souffrance?

— Si, répondit Niçois, tu sauras tout. Un jour l'ami viendra s'asseoir à ton foyer et il épanchera dans ton cœur le secret de son cœur ; aujourd'hui le banquier seul t'a raconté ses angoisses.

Niçois se leva pour prendre congé. Pomereul l'accompagna, et, comme ils traversaient le cabinet dans lequel travaillait Marc Mauduit, le secrétaire du grand industriel, qui semblait apporter la plus grande attention à ses occupations, Niçois dit à son ami, en lui serrant la main :

— Tu as eu la bonté de me promettre que l'argent serait après-demain, à ma disposition?

— Après demain, cent mille francs seront pour toi dans ce portefeuille.

Au moment où Niçois pénétrait dans l'antichambre, Lipp-Lapp, stylé comme un domestique de bonne maison, lui présenta respectueusement sa canne et son pardessus.

Pomereul rentra alors dans son cabinet et, en attendant l'heure du dîner, fit écrire, par son secrétaire, la lettre par laquelle il priait son banquier de tenir à sa disposition deux cent mille francs, pour le lendemain dans la matinée.

Le riche industriel ne se doutait pas qu'en dictant cette lettre, c'était peut-être son arrêt de mort qu'il dictait.

C'est vous qui l'aurez voulu !..... le malheur est sur cette maison. (Voir page 36.)

Chapitre III

UN FILS PRODIGUE

Dans la maison Pomereul, l'exactitude s'étendait aux moindres choses de la vie.

Le négociant, appréciant mieux que tout autre la valeur du temps, ne permettait jamais qu'il fût dépensé d'une façon inutile ; or, les retards font perdre, chez beaucoup de gens, une quantité de minutes équivalant, à la fin de la semaine, à un grand nombre d'heures. Les pendules marchaient d'une façon admirable, et le phénomène tant cherché par le grand Charles-Quint se réalisait chez le grand fabricant de bronze : toutes les horloges sonnaient avec un parfait accord.

A six heures, on se mettait régulièrement à table; Pomereul n'attendait jamais, jugeant l'inexactitude un manque de savoir-vivre pour lequel, en général, on se montre trop indulgent. D'ordinaire, si léger qu'il fût, Xavier, lorsqu'il ne devait pas dîner avec son père, avait le soin de le prévenir. Ce jour-là, au moment où le valet de chambre annonça que le dîner était servi, Pomereul, Bénédict, Sabine et Sulpice se trouvaient seuls dans le salon.

Le visage de la jeune fille respirait une douce joie ; elle causait près d'une fenêtre avec son fiancé, et un rayon de soleil, tombant sur sa tête blonde, lui formait une auréole. Pour toute parure, elle avait ajouté à sa modeste toilette une rose blanche, tirée du bouquet que le sculpteur venait de lui offrir.

Pomereul et Sulpice s'entretenaient à voix basse de cet événement de famille, et le jeune prêtre en paraissait heureux.

— Voilà, disait-il à son père, une de ces unions comme il s'en contracte trop peu aujourd'hui... D'un côté, les modestes vertus de la femme, qui lui sont une grâce en restant pour elle une force; de l'autre, l'énergie, l'amour du travail, une ambition légitime. Vous vous êtes informé des aptitudes, de la moralité, des croyances de Bénédict, sans faire un méchant calcul de chiffres, et ma sœur va, confiante, mettre sa main dans la main de cet honnête homme. Ils savent d'avance, tous deux, en dépit des illusions de leur âge, que des épreuves leur sont ménagées dans l'avenir; ils savent aussi que, s'ils en sortent meurtris, ils en resteront victorieux ! Oui, voilà un mariage que le ciel bénira, et dont je serai heureux de consacrer les liens.

— Tu m'y fais penser, dit en souriant M. Pomereul, Bénédict et moi nous n'avons pas parlé de la dot.

— Votre notaire s'en chargera.

— Non pas! Il n'y a de bien fait que ce qu'on fait soi-même.

M. Pomereul se tourna du côté des deux jeunes gens.

— Bénédict, venez ici un moment.

Le jeune homme s'approcha du négociant.

— Or çà, mon gendre, dit Pomereul, vous avez commis aujourd'hui une légèreté qui me donne la plus piètre opinion de votre habileté dans les négociations difficiles.. Comment saurez-vous signer des traités de travaux, si vous ignorez la valeur de l'argent, au point de ne pas même me demander quelle dot je donne à Sabine.

— Une dot à Sabine! s'écria Bénédict; mais je n'en veux pas!

— Tu n'en veux pas?

— Pas du tout! Comment, vous me compteriez une grosse somme pour devenir le mari d'une jeune fille accomplie! Vous, vivant, je vous arracherais des mains une part de votre fortune. Je croirais, en agissant de la sorte, offenser Sabine et m'amoindrir moi-même. J'ai vingt-cinq ans, de la bonne volonté, quelques-uns disent du talent, et je ne pourrais suffire aux dépenses de mon ménage? Non! non! cher père! j'ai trop la conscience de mon devoir pour agir autrement, et je suis sûr d'être approuvé par Sabine.

— Oui, répondit la jeune fille d'une voix émue, cela est bien! très bien!

— Croyez-moi, reprit le sculpteur, en s'adressant à Pomereul, qui secouait la tête d'un air incrédule, il n'est pas bon que les jeunes gens soient riches de trop bonne heure. Combien ont vu leur avenir moins soutenu qu'enrayé par une précoce fortune. L'argent rend paresseux. Je pressens ce danger, plus grand encore, qu'il multiplie autour de nous les flatteurs et les parasites. Tous nous prennent pour le moins notre temps; heureux sommes-nous quand les louanges, données moins à l'artiste qu'à l'homme, ne nous aveuglent pas sur la valeur de nos œuvres.

— C'est vrai, dit Sulpice, en serrant la main de Bénédict.

— Il me semble aussi, ajouta la jeune fille, en rougissant, que c'est enlever à la femme une part de mérite, à laquelle elle a droit, que de la frapper d'inutilité, en la faisant tout de suite opulente. Jamais, d'ailleurs, elle ne se montrera aussi reconnaissante à son père de la grosse dot qu'il aura payée pour elle, qu'elle ne le sera au mari qui soutiendra, par un labeur assidu, sa modeste maison. Riche fiancée, elle semble tout devoir à sa famille, et rien à celui qu'elle prend pour compagnon. Qu'importe! mon père chéri, que la fille du millionnaire Pomereul n'ait ni chevaux ni diamants; vous me prêterez quelquefois votre voiture; quant au reste, Bénédict trouve et prouve que je sais plaire sans cela... Le milieu dans lequel je vais vivre sera modeste! tant mieux! Je change de monde en épousant un artiste, et cependant je veux rester moi! Il ne faut pas qu'une large aisance, rendant presque inutile le travail, m'entraîne à voir le monde, à rivaliser de luxe avec les autres femmes. Nous vivrons de ce que gagnera mon mari, comme ma mère se contenta de votre constant et noble labeur.

Pomereul tendit les bras à Sabine.

— Chère fille! dit-il, cher fils! ajouta-t-il, en attirant à lui Bénédict, je cède, plus ému que je ne le saurais dire, aux raisons de votre sagesse! Vous voilà des pauvres volontaires! Vous ne m'interdirez pourtant pas les surprises?

— Ceci serait vous priver d'un plaisir, reprit le sculpteur, et nous ne nous en reconnaissons pas le droit...

— Bon! fit gaiement Pomereul, en prenant le dessus sur son attendrissement, les surprises, nous les servirons comme les truffes, sous la serviette.

En ce moment, la porte s'ouvrit sous la main adroite de Lipp-Lapp, qui en écarta ensuite les portières, et la voix de Baptiste annonça :

— Monsieur est servi.

La grande pendule de boule sonnait six heures.

Une même pensée traversa l'esprit de Sabine et de Sulpice.

Xavier n'était pas là!

Bénédict comprit ce qui se passait dans le cœur de sa fiancée, et il dit à Pomereul, avec l'accent de la prière :

— Si nous attendions Xavier?

— Non, répondit Pomereul d'une voix ferme; son devoir est d'être exact, et il manque à son devoir.

— Il ignorait que cette journée n'est pas une journée comme les autres...

— Il sait qu'il me doit le respect et la déférence, cela doit lui suffire.. Offre ton bras à Sabine, ne laissons pas refroidir le dîner.

On passa dans la salle à manger.

C'était une vaste pièce carrée, rendue octogone par d'immenses buffets remplis d'une lourde argenterie. La vive lumière des lampes jetait des clartés sur des tableaux de choix; le linge éblouissait de blancheur; des vases de fleurs égayaient le couvert; on se sentait environné d'un confortable de haut goût en s'asseyant à cette table.

En prenant sa serviette, Sabine poussa un cri de surprise : un bracelet de diamants magnifiques en formait le coulant.

— Ah! père! dit la jeune fille, d'un ton de reproche, déjà!

— Il appartenait à ta mère, répondit simplement le négociant.

Sulpice s'assit à la droite de Pomereul, Sabine à côté de son père; Bénédict faisait face à son futur beau-père; une chaise vide attendait Xavier.

Le commencement du repas fut gai, en dépit de l'absence du jeune homme; Pomereul semblait lui-même donner le ton, et, d'ailleurs, un incident burlesque et touchant à la fois y contribua.

Lipp-Lapp était le favori de Xavier; cet honnête chimpanzé tenait à grand honneur de servir son jeune maître à table. Ne le voyant pas ce jour-là occuper sa place ordinaire, il témoigna d'abord une contrariété visible; son regard se fixait sur la porte avec une expression d'inquiétude. Puis, constatant que l'on servait le dîner sans attendre Xavier, il voulut du moins remplir son office avec la même exactitude. Il plaça devant la chaise vide une portion de tous les mets, changeant les assiettes et les couverts avec le même soin que si son maître eût été présent.

A mesure que le temps passait, cependant, Lipp Lapp devenait plus triste, et quand on arriva au dessert, une sorte d'angoisse contracta sa face.

Tout à coup, tandis que l'on prenait le café, le chimpanzé poussa un petit cri de joie et bondit vers la porte de la salle à manger. Il croyait reconnaître les pas de son jeune maître.

Xavier ne parut pas.

Mais Lipp-Lapp n'en avait pas été moins bien servi par son instinct, car le jeune homme venait effectivement de monter l'escalier. Seulement au lieu d'entrer dans la salle à manger, il avait gagné son appartement particulier.

La famille rentra au salon.

Sabine, qui connaissait assez son père pour savoir qu'il devait souffrir, se mit au piano, afin d'essayer de chasser le nuage de tristesse qui planait autour d'elle.

Bénédict s'approcha de sa fiancée, et tourna les feuillets, moins parce qu'elle avait besoin de ce service, car Sabine possédait une merveilleuse mémoire musicale, que pour se donner une contenance, et laisser Sulpice et Pomereul libres de causer.

Le négociant et le jeune prêtre s'assirent à l'autre extrémité de la vaste pièce.

— Mon père, dit Sulpice, vous prenez bien à cœur l'inexactitude de Xavier.

— Cette inexactitude est un manque d'attention d'abord ; ensuite, c'est un pas de plus fait dans la voie qu'il suit depuis cinq ans.

— Il se corrigera ! il est si jeune !

— Il est si jeune ! répéta Pomereul, c'est toi qui dis cela, Sulpice.. Mais cette jeunesse même le condamne... A vingt-trois ans, faire déjà litière de tous les devoirs, n'avoir d'autres plaisirs que les excès d'une folle dépense..., vivre chaque jour entre des hommes inutiles et des êtres vicieux ! Dédaigner cette maison et lui préférer le club et les coulisses des théâtres... Pourquoi le défends-tu, mon fils, tu dois être le premier à le blâmer.

— Je le blâme, mon père ! Seulement, je veux éviter que ses fautes appellent sur lui des sévérités justes, mais excessives... Et puis, ce coupable est mon frère, à moi ! et presque aussi mon enfant ! Vous lui avez donné la vie, j'ai ouvert son cœur aux premières notions de la foi. Il me fait souffrir ! mais je sais que l'enfant prodigue revient de lui-même au foyer de sa maison.

— Qu'ai-je négligé pour cet ingrat ? demanda Pomereul, sans entendre les consolantes paroles de Sulpice ; tout ce qu'il souhaitait, je le lui ai accordé avec joie... Son appartement est plus riche que le mien ; ses voitures sont plus belles que les miennes ; il aime les chevaux, et possède une écurie digne d'un lord ! Il me semblait que chaque sacrifice me le devait attacher davantage ! Et cependant n'aurais-je pas dû constater que si Xavier se montrait affectueux, empressé pendant quelques jours, il profitait de ma satisfaction pour arracher quelques billets de mille francs de plus à la caisse paternelle ! J'avais fixé sa pension d'abord ; eh bien ! il la recevait et ne payait personne... On tirait sur moi à la fin de l'année... Je grondais et j'acquittais les notes... et toujours ainsi ! Eh bien ! je suis las de me faire le banquier d'un jeune homme inutile, dont la plus grave occupation est de discuter l'échancrure d'un gilet et le nœud d'une cravate ! Un peu plus, avec la vie qu'il mène, il oublierait qu'il existe un ange dans cette maison !

— Mon père, dit Sulpice, d'une voix pleine de grave tendresse, je ne combats point vos griefs ; vous citez des faits, il suffit ! et, d'ailleurs, je vois comme vous que Xavier descend la pente d'un abîme... Mais... n'allez pas croire surtout, mon père, que je veuille déverser le moindre tort sur votre conduite... Si votre tendresse a été poussée plus loin que votre prévoyance, ce n'est pas moi qui vous en blâmerai. Seulement, vous vous êtes montré trop généreux...

— Eh ! sans doute ! tu as raison, Sulpice ; j'aurais dû dire à cet enfant de dix-huit ans, qui terminait ses études : — « A ton tour de marteler le fer, de couler, de ciseler le bronze ; apprends un à un les secrets du métier, comme j'ai fait moi-même ; tu me succéderas un jour ; je ne veux pas que la maison Pomereul change de *raison sociale !* » — Non ! j'ai, comme la plupart des pères de famille en France, cédé, moitié par affection, moitié peut-être par vanité, aux désirs de Xavier... Plus d'une fois j'ai souri en voyant ce beau cavalier spirituel, prodigue, un peu fanfaron ; ce fut une grande faute... A peine Xavier eut-il le pied dans les cercles que les cerclesme le prirent. Il devint un cocodès, un petit crevé, un gommeux ! trinité de noms caractérisant le même être personnel, inutile et prodigue, produit d'une société qui s'effondre... Je compris le danger, je voulus enrayer le mal... Il était trop tard... Xavier avait perdu, au milieu de ses compagnons d'orgie, cette fleur de respect de famille, de bon ton et de tendresse qui ne se conservent qu'au foyer paternel... Mes observations le froissaient ; il y répondait avec aigreur et me quittait morose et chagrin... Je l'aimais, et je le rappelais... en le rappelant je lui donnais encore ce qu'il me demandait... Et cela dure depuis cinq ans ! Mais je suis las de solder cette paresse élégante ! je ne me crois plus le droit de subvenir davantage aux dépenses d'un ingrat, qui me prend presque pour sa dupe... A partir d'aujourd'hui la caisse est fermée...

— Soit ! dit Sulpice, mais le père rouvre ses bras ?

— Au fils repentant, certes ! Tu ne comprends peut-être pas, Sulpice, pourquoi je souffre aujourd'hui doublement de la conduite de Xavier ?... C'est que je la compare à celle de Bénédict... Mon vrai fils, c'est cet orphelin qui va m'appeler son père, et qui trouve la jeunesse et le talent un assez beau capital, pour qu'il ne soit pas besoin d'y ajouter des écus... L'absence de Xavier, ce soir, a été la goutte d'eau faisant déborder la coupe d'amertume... A partir de demain, Xavier travaillera et prendra la direction de la fabrique.

— Bien! mon père, je vous approuve de couper court au mal; une heure viendrait où il n'en serait plus temps... Je vous supplie seulement de mettre de la douceur dans vos reproches... Il n'a pas le cœur méchant, ce prodigue! Ses amis l'aiment! Sabine le chérit de toute la puissance de son cœur angélique, et moi aussi, mon père, je porte à Xavier l'amour que ressentent les mères pour leurs fils malades, en danger peut-être! Si je maudis ses fautes, j'espère en effacer les traces! Ne nous le dissimulons pas. Xavier est le Benjamin de la famille... Et s'il se rend, hélas! presque indigne d'une préférence dont nous sommes tous complices, je suis sûr qu'il s'efforcera plus tard de la mériter!

— Dieu t'entende! murmura Pomereul.

— Oui, si vous lui promettez de lui parler doucement.

— Avec fermeté, mais sans colère.

— Tout ira bien, croyez-le... Et pour vous distraire de cet entretien bien lugubre, pour un jour de fiançailles, écoutez la musique de Sabine, de la belle, bonne et grande musique, comme Bénédict fait de la belle et noble sculpture.

En effet, la jeune fille, quittant le piano sur lequel elle venait d'exécuter de brillantes fantaisies, s'était mise à l'harmonium, et jouait une des merveilles de la musique religieuse, l'*O Jesu*, de Haydn. Cette prière si large, si suppliante, était interprétée par Sabine avec un sentiment d'une exquise profondeur. Personne, avant elle, n'avait su détailler ce morceau avec un semblable talent, et Bénédict, en fermant les yeux, pouvait se croire sous les voûtes pleines d'ombres d'une chapelle, écoutant la voix d'un orgue saint. En les rouvrant, il trouva à Sabine une telle expression d'inspiration, qu'il lui dit, d'une voix contenue :

— Restez ainsi une minute encore! l'an prochain j'enverrai une sainte Cécile au *Salon*.

Quand la mélodie religieuse s'éteignit sous les doigts de Sabine, ce fut le signal de l'adieu. Bénédict serra les mains de Pomereul et de Sulpice, prit une fleur que lui tendait sa fiancée, et quitta cette famille que, désormais, il considérait comme la sienne.

— A demain, lui dit Pomereul; ton couvert sera mis tous les jours.

Lorsque le sculpteur se fut éloigné, Sabine souhaita le bonsoir à son père.

— J'espère, lui dit-elle, que vous n'allez pas travailler?

— Une lettre à écrire seulement, chère fille.

— Je comprends,... dit Sulpice, vous voulez attendre Xavier.

— Oui, mon fils ; il apprendra ce soir ma décision.
— Souvenez-vous de ce que vous m'avez promis.
— Sois tranquille, Sulpice ! repose en paix, mon digne fils !

Le jeune prêtre monta au dernier étage de l'hôtel, où sa chambre se trouvait située.

Sabine gagna son petit appartement, placé entre celui de Pomereul et celui de Xavier.

La jeune fille, qui recommandait si bien à son père de ne pas prendre sur le repos de la nuit, s'assit en face d'une petite table et se mit à écrire avec une rapidité due au sentiment d'une joie et d'une inspiration vraies.

Pendant ce temps, Pomereul sonnait Baptiste.
— Vous me préviendrez, dit-il, quand M. Xavier rentrera.
— Mais, M. Xavier est chez lui depuis une heure.
— Alors, priez-le de passer dans mon cabinet.

Un moment après, Xavier se trouvait en face de son père.

Sa physionomie portait les traces de veilles et de chagrins précoces ; l'œil était presque éteint et les lèvres sans couleur. La toilette, d'ordinaire si soignée du jeune homme, était fripée, presque débraillée ; un tremblement nerveux agitait ses mains.

— Pourquoi n'avez-vous pas assisté au dîner de famille ? demanda Pomereul.

Le jeune homme baissa la tête sans répondre.
— Où étiez-vous ? reprit le négociant.
— Au cercle !
— Et vous nous avez préféré la société de vos amis ?
— Je n'ai pas dîné, répliqua Xavier, d'une voix basse.
— Que faisiez-vous donc ?
— Je jouais !
— Vous jouiez ! Et vous avez perdu, n'est-ce pas ?
— J'ai perdu, mon père !
— Une grosse somme ?
— Quarante mille francs !
— Vous possédiez donc une bourse de jeu considérable ?
— Non, mon père... Je jouais sur parole !
— Ah ! il se trouve des gens qui risquent contre vous quarante mille francs sur parole ? Cela fait honneur à leur confiance.
— Cela prouve que si je fais des dettes, je les paie ; que si je contracte un emprunt, je le rembourse.
— Avec quoi ? demanda Pomereul.
— Avec... avec l'argent que vous voulez bien me donner, mon père.
— Allons ! dit le banquier, l'entretien que nous devons avoir sera plus long que je ne pensais... Je voulais vous laisser debout, comme un

coupable reste devant son juge,... mais j'ai pitié de la prostration dans laquelle je vous vois... Prenez un siège et écoutez-moi...

En entendant, pour la première fois, son père lui parler avec cette froideur glaciale, Xavier perdit le peu d'assurance qu'il gardait encore, et tomba lourdement dans un fauteuil.

— Quand j'épousai votre mère, reprit Pomereul, elle était pauvre; je vivais moi-même de mon métier de ciseleur et de monteur, et nous connûmes assez les mauvais jours pour avoir le temps de nous apprécier davantage... Quand la fo. tune vint, elle nous trouva prémunis contre ses dangers... Votre mère resta ce qu'elle était, une sainte et modeste créature, et si elle posséda des écrins, dont le cadeau flattait ma tendresse sans exciter sa vanité, elle ne m'en demanda jamais. Elle vous nourrit tous les trois, sachant rester une mère de famille accomplie et une femme aimable. Elle veilla sur vous, tant que Dieu lui permit de vivre, et un jour elle me laissa seul... Oui, seul! non que je ne vous aimasse point tous les trois ; mais, si vous remplissiez une grande part de mon cœur, il en est une qui resta toujours veuve... Je ne trahis pas le souvenir de la chère morte, et je me vouai à votre éducation. Sulpice et vous, Xavier, vous reçûtes les mêmes leçons, données par les mêmes professeurs... Sans doute Sulpice, qui avait davantage vécu avec sa mère, en garda davantage l'angélique empreinte, car dès qu'il fut en âge de penser, il devint sérieux ; dès qu'il lui fut possible de choisir une carrière, il entra dans le sacerdoce... Le séminaire le prenait, vous seul me restiez ; vous seul deviez vivre de la vie mondaine, et continuer la famille et un nom de braves gens; si cela n'excuse pas mes faiblesses, cela les explique du moins... J'ai cru longtemps que vous cédiez à l'effervescence passagère de la jeunesse; je ne mis point assez tôt votre volonté sous le joug du travail, et chaque jour, je sentis que vous m'échappiez davantage...

— Mon père!

— Ne m'interrompez pas! vous répondrez plus tard... Vos besoins factices grandirent à mesure qu'ils se virent satisfaits... Vous prîtes soin d'exciter un côté dangereux de mon affection et de mon amour-propre paternel, et, depuis ce jour, je n'ai plus été pour vous que le pourvoyeur de vos prodigalités, et presque, par cela même, le complice de vos fautes... Mais on s'arrête quand on veut, fût-ce sur la pente déclive d'une montagne... Je vois l'abîme, je ne veux pas y tomber, et je sens que vous y roulez... J'ai payé vos chevaux, soldé les dettes que vous avez contractées. C'est assez! le banquier n'existe plus! Quant au père, celui-là, vous le retrouverez si vous le voulez, et il ne faut pour cela que changer de vie... Seulement, je ne me contenterai point de promesses; il me faudra des faits.

— Commandez, mon père, dit Xavier, avec abattement.

— Avez-vous fait de nouvelles dettes?
— Oui, mon père.
— Leur total atteint un chiffre de...
— Vingt mille francs, à peu près...
— Ajoutons-en cinq, pour l'à peu près... dit Pomereul, en écrivant ce chiffre sur une feuille de papier.
— J'avais donné ordre à mon tapissier de renouveler mon ameublement...
— Un ameublement qui date de cinq ans... Enfin! je donnerai contre-ordre au tapissier et, s'il y a lieu, je l'indemniserai... Quant au trente mille francs, dus à divers créanciers, la vente de votre écurie suffira pour les payer.
— Vendre mes chevaux! s'écria Xavier.
— Au Tattersal, dans huit jours.
— Mais, on dira que je suis ruiné!
— J'aime mieux cela que de me ruiner moi-même.
— Et la dette d'aujourd'hui? reprit Xavier, anxieux.
— Pour celle-ci, vous prendrez des arrangements.
— Des arrangements, quand il s'agit d'une dette de jeu! Y songez-vous, mon père? Il y va de mon honneur!
— Honneur! répéta M. Pomereul. En vérité, vous parvenez d'une façon singulière à altérer le sens des mots... Pourquoi donc, je vous prie, la dette de jeu est-elle plus sacrée que toute autre dette? Est-ce parce que l'amour du jeu est un vice? Je trouve, moi, monsieur, qu'une dette bien autrement sacrée est celle que l'on contracte envers un marchand, un ouvrier vivant de son gain et de son salaire. En retardant le paiement de votre dette, vous pouvez jeter l'un dans la faillite et l'autre sur le pavé... C'est un peu plus grave que de faire attendre un jeune homme, au col cassé, qui a risqué, sur un coup de cartes, une partie de l'héritage paternel. L'honneur! mais l'honneur, c'est de remplir envers tous les devoirs qui nous sont imposés par la société comme par la conscience... Pour le soldat, c'est de défendre son drapeau, au prix de sa vie; pour le magistrat, de rester intègre; pour l'artiste, littérateur, statuaire ou peintre, d'employer ses talents à la glorification et à la représentation du beau; pour le négociant, de ne jamais laisser protester sa signature; pour le fils, de payer sa dette de reconnaissance, de respect et de travail! L'honneur, j'en puis parler, monsieur, car j'ai gardé le mien! Mais je vous défends de prononcer ce mot, quand il s'agit d'une dette de jeu! Et la loi les regarde si peu comme sacrées, qu'elle ne les reconnaît pas...
— C'est vous, mon père, qui me conseilleriez...
— Je ne conseille rien, je déclare seulement que je ne paierai pas!
— Et comment ferai-je, mon Dieu?

— Vous prendrez des arrangements avec ce créancier, comme, toute votre vie, vous en avez pris avec les autres... Vous demanderez des époques d'échéances fixes, et on vous les accordera... Vous ne savez pas, car vous restez étranger aux choses de la famille, que j'ai fiancé aujourd'hui votre sœur à Bénédict... Je ne me trouve pas le droit de sacrifier sa part et celle de Sulpice à vos folies... Je ne jetterai point leur fortune dans le gouffre que vous creusez... Dès demain vous prendrez la direction de la fabrique, et vous recevrez douze mille francs d'appointements par an. C'est sur cette somme que vous vous libérerez de votre dette de jeu.

— Mon père, dit Xavier, se levant, pâle, livide, et se soutenant mal sur ses jambes, vous ne ferez pas cela, vous ne m'obligerez pas à avouer ma pénurie, à demander des délais... Vous me donnerez ces quarante mille francs, et vous me refuserez après ce que vous voudrez... Il ne faut pas me réduire à cette honte, à ce désespoir... Que sont quarante mille francs pour vous?

— Une pareille somme représente les économies persistantes de plus d'une famille! Quarante mille francs! Combien l'on sauverait de petits marchands de la banqueroute, et de gens du désespoir avec cette somme! Je vous l'ai dit, vous avez dépensé plus que votre part d'héritage, le reste appartient à Sabine et à Sulpice.

— Et quel besoin mon frère a-t-il d'une fortune, lui qui loge dans une mansarde, marcherait volontiers pieds nus, et se contente de pain et d'eau?

— Vous oubliez ses pauvres, monsieur.

— Ah! c'est horrible! atroce! fit le jeune homme. Je veux bien me corriger, renoncer à tout, entrer même à la fabrique, me contenter de douze mille francs de pension, mais soldez ma dette de jeu, soldez-la... Il le faut, mon père, il le faut, voyez-vous... Je veux votre parole, une promesse... Il y a de l'or dans cette caisse... donnez-m'en, que je paie!

— J'ai dit non! répliqua le fabricant, en faisant un effort pour dompter l'impression violente que lui causait la douleur de Xavier.

— Prenez garde, mon père! prenez garde! fit Xavier, en s'approchant, tout égaré, du bureau de son père.

— Misérable! vous me menacez! s'écria Pomereul, en se levant.

Au moment où le père et le fils se trouvaient ainsi face à face, l'un livide de rage, l'autre sous l'empire d'une indignation violente, la porte du cabinet s'ouvrit brusquement, et Sabine, épouvantée, se jeta entre eux.

Xavier la repoussa, et la jeune fille, en pleurs, enlaça de ses deux bras le cou de son père.

Celui-ci ce dégagea doucement de l'étreinte de Sabine.

— Retire-toi, dit-il, chère fille, retire-toi, je t'en prie ; ma discussion avec ton frère est pénible, mais elle ne doit pas t'inquiéter.

— Xavier ! oh ! Xavier ! murmura la charmante créature, en tournant le visage vers le jeune homme, n'attriste pas, par une scène violente, le jour de mes fiançailles; demande pardon à notre père... Tu as, tu dois avoir tort, car il est la bonté même...

Xavier demeura muet et sombre.

— A mon tour de commander, Sabine, ma chérie, reprit gravement Pomereul ; va prendre du repos et viens de bonne heure, j'aurai à te parler...

Sabine adressa une dernière prière à son frère, qui la regarda d'un air farouche; puis, après avoir embrassé son père, s'éloigna.

— Vous me refusez ? répéta Xavier, pour la dernière fois ; vous me refusez ?

— Je refuse !

— Oh ! s'écria le jeune homme, d'un accent désespéré, c'est vous qui l'aurez voulu... le malheur est sur cette maison !

Le fils coupable s'arrêta, saisi de terreur (*Voir page* 43).

Chapitre IV

LE CRIME

Depuis le moment où se passa entre M. Pomereul et son fils la scène terrible que nous avons racontée, Xavier s'était renfermé chez lui. L'idée de rentrer au cercle sans payer sa dette lui semblait insupportable; et il connaissait trop bien ses amis pour espérer trouver, dans leur bourse, la somme dont il avait un impérieux besoin. Seul, dans sa chambre, Xavier s'abandonnait à des accès de rage sourde, se traduisant parfois par des exclamations dans lesquelles il eût été facile de reconnaître des menaces.

L'abbé Sulpice demanda à le voir; Xavier lui fit obstinément refuser sa porte. Il savait bien, cependant, que le jeune prêtre n'ajouterait point à son angoisse, et s'efforcerait, au contraire, de l'adoucir. Mais, au lieu de lui savoir gré de sa mansuétude, il la regardait à cette heure comme un dédain déguisé. Il se révoltait surtout à la pensée que l'abbé Sulpice pouvait avoir de l'argent dans sa caisse, et que cet argent son frère ne le lui donnerait pas, sans comprendre ce que lui avait dit son père, que la pension de Sulpice était le patrimoine des pauvres. Aveuglé par ses passions, troublé par des nécessités impérieuses, il ne comprenait pas qu'il fût au monde d'homme plus malheureux que lui, qu'il existât des situations plus intéressantes que la sienne.

Il se trompait, d'ailleurs; toutes les économies de l'abbé Sulpice avaient été dépensées la semaine précédente pour sauver de la faillite un honnête père de famille. Et puis, si dans son austère équité, le jeune prêtre reconnaissait avec Antonin Pomereul que toute dette, même une dette de jeu, doit être intégralement payée, il eût avec celui-ci trouvé juste que le jeune homme la soldât par annuités. N'avait-il pas employé ce mode pour des paiements autrement sacrés! Sulpice aurait cru commettre une faute et se rendre le complice de Xavier en lui fournissant le moyen d'avancer encore dans une voie mauvaise. On ne pouvait sauver Xavier qu'en laissant s'effondrer sous ses pieds le navire aux planches pourries qui le portait à la dérive. Bien résolu à user de son influence sur son père, pour adoucir plus tard la situation du prodigue, il croyait utile de lui faire, à cette heure, mesurer la profondeur du gouffre dans lequel il était prêt à tomber, et pour cela il lui paraissait bon de le laisser en proie aux inquiétudes qui le torturaient. Il fallait le raisonner, mais non l'aider.

Mais Xavier n'était plus en état d'écouter une parole sensée, de comprendre un avis, de retrouver la vérité et la lumière. Il ne songeait qu'à une chose, à sa dette! Déjà, il croyait voir, sur la haute glace du cercle, son nom tracé comme celui des insolvables, châtiment infligé à tout membre qui n'acquitte pas sa dette de jeu dans un bref délai. Il se disait que la marque du bourreau ne dépassait point cette flétrissure. Elle lui interdirait l'entrée de tous les cercles du *high life;* il ne pourrait plus paraître dans un théâtre sans être montré au doigt; ses amis les plus intimes feindraient dans la rue de ne le point reconnaître. Et, comme il croyait impossible de vivre sans aller au cercle, et sans tutoyer les gommeux du boulevard, il s'abandonnait à une douleur folle et sentait de la haine contre tous ceux que, jusqu'à cette heure, il avait aimés.

La vie qu'il menait depuis cinq années lui avait enlevé la notion du juste et de l'injuste. Une inextinguible soif de plaisirs nouveaux dont chacun laissait une déception et une blessure, le dévorait. Pour lutter contre l'écœurement de distractions toujours semblables, de folies imbéciles, de fantaisies ruineuses, il dépensait son imagination à chercher de l'inédit dans les vieilleries du vice et du libertinage. Sans porter d'intérêt à l'amélioration des races chevalines, il faisait courir; sans aimer la danse, il s'occupait de ballets; sans s'intéresser aux arts, il achetait des tableaux; sans goût pour le théâtre, il assistait à toutes les premières représentations.

De même qu'il avait perdu le sentiment des grandes choses, il en dédaignait le langage. Les mots du club et du boulevard émaillaient sa conversation. Il cherchait l'esprit des mots, si tant est qu'il s'occupât encore de choses de l'esprit. La plupart du temps, il répétait les histoires lues le matin dans les petits journaux. Il ne faut pas croire, du reste, que la langue de ces messieurs du *Jockey* soit d'une difficulté grande, ni que les appréciations qu'ils portent sur les choses se formulent dans des phrases arrondies. Leur jugement sur les livres, les pièces de théâtres, les formes, les attelages se résument dans ces mots : — « du chic! » ou « pas de chic! » — Cela veut tout dire. On a du chic ou l'on en manque, tout est là. Celui qui n'a pas de *chic*, possédât-il les vertus théologales et les vertus cardinales unies au plus beau génie de l'humanité, ne compte pas. Maintenant, il serait difficile d'analyser ce que c'est que l'effet de grâce, d'élégance, rendu par le mot *chic*. Peut-être ne le savent-ils point eux-mêmes. Ce qui est certain c'est que Cornélie, la mère des Gracques, vivant chez elle et filant de la laine, eût manqué de *chic* pour eux, s'ils eussent vécu de son temps ; que les *madones,* peintes par Raphaël, en sont également dépourvues; que les discours de Bossuet, avec l'ampleur sonore de leurs périodes, ne font point naître cette idée. Le plus grand éloge sérieux que l'on puisse faire d'un homme ou d'une chose, est donc, à Paris, par opposition, de trouver que le chic leur fait défaut. Peut-être ne sont-ils pas loin de penser que leurs sœurs et leurs mères l'ignorent. Hélas! dans sa dégradation morale, le plus jeune fils de M. Pomereul en arrivait à cette misère de faire des comparaisons offensantes pour les anges du foyer.

Xavier restait plongé dans un morne abattement, quand la porte de sa chambre s'ouvrit, et Sabine entra.

En l'apercevant, le jeune homme ne put réprimer un mouvement de contrariété.

— Ne gronde pas, Xavier, dit-elle, d'une voix douce ; je sais que tu n'as point voulu recevoir Sulpice, et j'ai forcé la consigne... Quelque indulgent et doux que se montre notre frère, sa robe noire t'a fait peur, tu as redouté ses conseils... Je ne viens pas t'en donner, ce n'est ni mon droit ni mon rôle... Je ne sais point si tu as des torts graves à te reprocher... J'oublie même que je t'ai vu menacer notre père... C'était une démence ! Je veux que tu retrouves le calme, que tu fasses la paix avec tous... Je ne veux pas que mes fiançailles s'attristent de tes regrets... Car, j'étais heureuse, hier, oui, bien heureuse, avant que tes chagrins jetassent une ombre sur ma joie... Il te faut de l'argent, n'est-ce pas ? tiens, voilà ma bourse de jeune fille... elle n'est pas bien lourde... dame ! tu comprends... les quêtes, les aumônes... enfin, il y a deux mille francs... prends-les, tu me les rendras quand tu pourras, quand tu voudras.

— Merci, Sabine, tu es la meilleure des sœurs, mais deux mille francs ne suffisent pas pour m'acquitter envers le comte de Monjoux... Cette somme ne me servirait à rien ; il est donc inutile que je t'en prive.

— Mais, ce n'est pas tout ! reprit la jeune fille en plongeant sa main dans la poche de sa robe, voilà mes bijoux... Engage-les jusqu'au jour où tu auras recouvré l'argent qui te permettra de me les rendre.

Xavier prit fiévreusement la poignée de colliers, de boucles d'oreilles de bagues, que lui tendait sa sœur, et les soupesa, examina les perles et les pierreries qui les ornaient, avec l'attention d'un juif, puis, les jetant dans la robe de Sabine :

— On m'en offrirait dix mille francs, à peine, mieux vaut que tu les gardes.

— Allons, dit résolument Sabine, en détachant le bracelet que la veille, son père lui avait offert, aux grands maux les grands remèdes... Engage ce bijou, Xavier... ne le vends pas, il vient de notre mère... je ferai un mensonge à papa... et il ne se doutera de rien.

— Tu mentiras mal, dit Xavier.

— C'est possible ! répliqua doucement la jeune fille, alors, je dirai tout simplement la vérité... Je serai grondée très fort... pour le principe... Mais notre père ne m'en voudra pas ! Je t'aime tant Xavier... Je souffre aujourd'hui plus que toi-même, crois-le bien... Mais, en agissant comme il fait, il croit te guérir, te sauver, te ramener à nous, et te garder au foyer de la famille où tu viens si rarement... Il ne faut pas lui en vouloir ; il agit pour ton bien ; peut-être se trompe-t-il, mais son intention est bonne.

— Tu m'avais promis de ne point m'adresser de reproches, Sabine...

— Je ne t'en fais pas ! Je plaide ma cause, celle de Sulpice, celle de notre père... Nous souffrons tous de ton absence... Où que tu ailles, personne ne peut te chérir comme nous, crois-le bien... Donc, si tu gardes un peu d'affection pour ta sœur, accepte ce qui te rendrait le calme, vends, engage ces bijoux, acquitte ta dette, et promets-moi seulement de n'en plus faire...

— Tu es une chère créature du bon Dieu, Sabine, et je suis loin de te valoir... Conserve tes bijoux, mon enfant ! j'ai quarante mille francs à payer dans la nuit ; ce que tu possèdes en représente la moitié.

— Ah! si j'avais ma dot! s'écria Sabine, avec quelle joie je la mettrais à ta disposition.

— Quand tu l'auras, ton mari en disposera.

— Lui! tu le connais bien peu! Bénédict a déclaré qu'il me voulait pauvre, très pauvre! hein! c'est flatteur, cela? On ne trouve plus à notre époque beaucoup de jeunes gens qui prennent une femme pour ses beaux yeux.

— C'est encore plus niais que flatteur, ma pauvre enfant, et deux années de ménage l'auront vite guéri de ces douces folies de générosité. Tu verras plus tard si je me trompe.

— Mais comment vas-tu t'acquitter avec ce M. de Monjoux?

— Je n'en sais rien! fit Xavier, mais il n'y a pas de milieu, ou je paie cette nuit, ou je me brûle la cervelle demain... Je ne vivrai pas déshonoré.

— Mourir! mourir, toi... et par un suicide... pour une dette de cette sorte... Tu deviens fou, mon pauvre frère.

— Juger ces cas-là n'est point affaire de petite fille... merci, ma chère enfant... Il me reste douze heures devant moi, c'est plus qu'il ne me faut pour trouver peut-être une idée de salut.

— Tu la trouveras, n'est-ce pas? Oh! dis-moi que tu la trouveras! Je ne veux pas que tu te tues; je ne le veux pas!

— Je la trouverai, dit Xavier, avec impatience, mais pour cela, il faut me laisser la chercher... Si, par hasard, j'avais besoin de toi pour ma combinaison, je te rappellerais tes offres... laisse-moi, chère Sabine! j'ai besoin d'être seul... Je n'ai pas ma tête à moi en ce moment, et il faut que je retrouve toute ma lucidité d'esprit.

La jeune fille hésitait; la sécheresse de ton de son frère l'alarmait... Elle eût souhaité le voir touché de sa tendresse; elle attendait un mot, un élan du cœur, mais le cœur de Xavier était fermé, et le mot attendu ne passa point ses lèvres.

La jeune fille reprit ses bijoux et sa bourse avec une sorte de honte. Elle allait gagner la porte de la chambre de Xavier, quand tout à coup celui-ci la rejoignit, embrassa rapidement son front et répéta :

— Tu es une bonne sœur! une angélique créature, Sabine! Jamais je n'oublierai combien tu as été affectueuse pour moi aujourd'hui.

Les larmes montèrent aux yeux de la jeune fille, et elle s'enfuit.

Quand il se retrouva seul, Xavier rougit presque de cette lueur d'attendrissement. Il cacha son front dans ses mains, et, comme il l'avait dit, il chercha une idée.

Le souvenir d'une parole de sa sœur lui revint :

— Si elle avait sa dot! Oui, mais Bénédict revint-il sur ses chevaleresques appréciations en matières de ménage, le mariage ne se célébrera pas avant un mois... et je ne puis pas attendre... sa dot? Si je me mariais, mon père m'en compterait une aussi ! Cet argent serait à moi, bien à moi ! J'en disposerais à mon gré... Sans doute ! mais je dois rester libre... A quelle chiffre s'élèvera la dot de Sabine ? Il me semble que mon père a parlé de cinq cent mille francs... Oui, c'est cela ! depuis notre majorité, il nous compte, à Sulpice et à moi, vingt-cinq mille livres de rente... le capital viendra plus tard... Donc, Sabine aura un demi-million, et s'il est juste, mon père m'en doit autant... le cinquième de cette somme me sauverait... Je paierais Monjoux, cet envieux idiot, qui jalouse mes chevaux et mes succès ; je ferais acquitter les factures des fournisseurs récalcitrants, et je garderais de l'argent de poche... cent mille francs ! Avec cent mille francs et un peu de chance, je pourrais regagner tout ce que j'ai perdu.

Xavier se mit à marcher dans sa chambre d'une façon saccadée.

— Savoir qu'ils sont là... dans cette maison,.. à deux pas.., et ne pas pouvoir y toucher.

La rougeur lui monta au front pour la pensée qui venait de traverser son esprit, et il retomba sur son siège.

Cependant, il ne la chassa point cette pensée odieuse, il essaya seulement de la masquer.

— Eh bien ! quoi ? reprit-il, ne serait-ce point ce que les notaires appellent une *avance d'hoirie*...

Xavier se dirigea vers sa bibliothèque, et en tira un livre à tranches multicolores.

Il le feuilleta péniblement, longuement, enfin, il trouva ce qu'il cherchait.

— La loi comprend la question, dit-il : il n'y a ni crime ni délit à emprunter de l'argent à son père, soit en faisant appel à son cœur, soit en ouvrant sa caisse... Article 380. « Les soustractions commises par les enfants, au préjudice de leur père et mère, ne pourront donner lieu qu'à des réparations civiles. »

Je ne cours aucun risque ! Mon père se fâche, me maudit peut-être ! Mais les malédictions se retirent, et les colères s'apaisent... D'ailleurs, je n'ai pas le choix des moyens !

Xavier prit une résolution subite, irrévocable.

Lui, tout à l'heure si abattu, il se releva plein d'audace. Mais, si avancé qu'il fût dans une voie fatale, ce qu'il allait faire lui paraissait, en dépit de ses propres sophismes, si audacieux et si coupable, qu'il sentit le besoin de s'étourdir jusqu'au moment de la perpétration de son crime.

Midi venait de sonner, il frappa sur son timbre, Baptiste parut, et Xavier lui commanda de lui servir à déjeuner dans sa chambre, et de prévenir son père qu'il ne descendrait pas ce matin à la salle à manger.

— N'oubliez pas d'apporter de la chartreuse et de la fine champagne, ajouta-t-il.

Un quart d'heure après, il mangeait moins encore qu'il ne buvait.

Son repas terminé, il alluma un cigare et fuma, tout en absorbant plusieurs petits verres de liqueur.

La journée se passa de la sorte.

Il écrivit une lettre au comte de Monjoux, pour s'excuser du retard involontaire, et pour lui promettre de le payer dès le lendemain à la première heure; il fit porter la lettre par son domestique, et fuma encore jusqu'au moment du dîner.

Ensuite, il chercha de nouveau du courage dans l'excitation nerveuse du cognac et de la chartreuse verte.

De sa chambre, Xavier suivait anxieusement les divers bruits de l'intérieur. Dans cette maison paisible, où seul il apportait un élément de désordre, une grande régularité présidait aux moindres détails.

M. Pomereul se couchait de bonne heure.

Leur service fini, les domestiques gagnaient le dernier étage de l'hôtel.

Afin de se trouver plus libre d'exercer à toutes les heures de la nuit son ministère de consolation et de charité, l'abbé Sulpice occupait une chambre meublée comme celle d'un moine, et voisine de celle des serviteurs; de cette façon, on pouvait toujours venir le demander sans déranger sa famille.

A dix heures et demie, il n'y avait donc plus au premier étage qu'Antonin Pomereul et Sabine, plus Lipp-Lapp qui couchait dans un cabinet faisant partie de l'appartement de son maître.

Et quand on demandait au fabricant pourquoi il ne gardait point près de lui son fidèle Baptiste :

— Bah! disait-il, je compte sur Lipp-Lapp, son intelligence et son dévouement suffisent à ma sécurité. Aucun serviteur ne me serait plus fidèle : aucun gardien ne serait plus attentif au moindre bruit.

Les heures se traînèrent pour Xavier avec une lenteur mortelle. Il suivait d'un regard fiévreux les aiguilles de la pendule. Il ne voulait point franchir avant minuit le seuil de la chambre paternelle, dans la crainte que son père veillât en lisant quelques journaux. Mais quand les douze coups tintèrent à l'horloge de Boule, il vida son verre une dernière fois pour se donner du courage, et, marchant pieds nus, il se dirigea vers la chambre de Pomereul.

Il ouvrit la porte avec les plus grandes précautions et pénétra enfin dans l'appartement de son père sans avoir fait le moindre bruit.

Le vieillard reposait, mais une pénible idée hantait sans doute son sommeil.

Des ombres passaient sur sa physionomie, d'habitude si sereine, et le nom de Xavier vint indistinctement à ses lèvres.

Le fils coupable s'arrêta saisi de terreur; il crut que son père venait de le reconnaître...

Non, Pomereul rêvait Sous l'obsession des images qui se succédaient dans son sommeil, il fit un brusque mouvement qui, en dérangeant les oreillers, mit en lumière un petit trousseau de clefs mignonnes, parmi lesquelles se trouvait celle de sa caisse...

L'hésitation de Xavier cessa subitement, il saisit les clefs et s'enfuit à pas de loup.

Pomereul dormait toujours...

Xavier laissa la porte entr'ouverte derrière lui, et gagna le cabinet où se trouvait la caisse du négociant.

Si son père ne lui avait jamais confié la clef du coffre-fort, il connaissait du moins le mot qui en donnait l'accès. Muni d'une petite lanterne d'appartement, il entra dans la pièce sombre où M. Pomereul gardait ses livres et ses valeurs.

Dans la journée, Marc Mauduit, son secrétaire, avait été toucher les cent mille francs destinés à André Niçois; jamais occasion ne fut plus favorable pour un fils descendant jusqu'au vol afin de satisfaire des goûts dispendieux et des passions honteuses.

Xavier posa la lumière sur la table, choisit la clef, fit jouer le secret de la serrure, et le coffre-fort s'ouvrit.

Des liasses de billets de banque s'offrirent à ses regards.

Alors, il se passa en lui un phénomène étrange. Au lieu de saisir avec avidité les valeurs qui devaient, croyait-il, une minute auparavant, lui rendre le repos; au lieu de se souvenir de l'article du code sur lequel il s'appuyait pendant la journée, il se vit ce qu'il était réellement, un voleur...

En face de l'or, des billets, il se jugea et se condamna... La honte lui monta par bouffées au visage... Et comme il s'éloignait de la caisse ouverte avec un mouvement d'horreur, ses yeux se portèrent sur le portrait de sa mère suspendu au-dessus du coffre-fort. Il lui semblait que cette pure image lui reprochait son crime, qu'elle s'animait pour lui interdire de descendre plus bas qu'il n'était. Et, sous l'empire d'une terreur mêlée de remords, Xavier recula, recula encore, l'œil toujours fixé sur le visage de la morte qu'il croyait voir s'animer. Alors, pris d'une folle terreur, il cacha son visage dans ses mains et s'enfuit du cabinet, sans songer à refermer la porte de la caisse, sans arracher les clefs du coffre-fort.

— Demain, j'avouerai tout! dit-il, et quel qu'il soit, j'accepte le châtiment paternel.

Arrivé dans sa chambre, Xavier se jeta sur son lit, sans même ôter ses vêtements, et, brisé de honte, de repentir et d'effroi, se maudissant lui-même et s'accusant sans pitié, il fondit en larmes comme un enfant.

Tandis qu'un remords tardif triomphait enfin de la perversité de Xavier, deux hommes sonnaient à la porte de Pomereul.

Ils prononcèrent le nom de l'abbé Sulpice ; le concierge, encore endormi, et ne se souvenant plus si son maître était rentré, les laissa monter, sans leur demander leur nom.

Au lieu de se rendre au troisième étage, les deux hommes, dans lesquels il était facile de reconnaître Rat-de-Cave et Fleur-d'Échafaud, s'arrêtèrent au premier.

Fleur-d'Échafaud ouvrit la porte avec une dextérité au moins singulière, puis les deux bandits la refermèrent derrière eux...

— Je le disais bien ! fit Fleur-d'Échafaud, personne... Nous voilà maîtres de céans ! tâchons de faire proprement la chose... Visitons d'abord le cabinet de travail de Pomereul, nous verrons ensuite de quelle manière nous devrons opérer.

En un instant, Rat-de-Cave promena la lumière de sa lanterne sourde sur toutes les parties de la pièce ; quand elle tomba sur la caisse de fer, et qu'il la vit entr'ouverte, il s'écria :

— Nous sommes volés ! quelqu'un est venu ici avant nous.

— Explorons toujours, dit Fleur-d'Échafaud.

Les deux voleurs s'agenouillèrent et plongèrent les mains dans le coffre de fer.

— Que me racontais-tu, dit au bout d'un instant le secrétaire du négociant ! tout y est : billets et valeurs ; personne n'est venu. Seulement le patron, prévoyant sans doute notre visite, aura eu l'amabilité de laisser son coffre-fort ouvert pour nous éviter la peine d'aller lui en demander la clef. On n'est pas plus aimable, et te voilà rassuré, mon vieux Rat-de-Cave, tout se passera en douceur.

— Parlons moins et agissons vite ; avec tes bavardages, tu vas réveiller toute la maison.

— Tu as raison, répliqua Fleur-d'Échafaud ; pressons-nous, mais ne touche pas aux valeurs ; ça ne sert qu'à compromettre ;... fourrons les billets dans nos poches, et filons.

Rat-de-Cave et Fleur-d'Échafaud saisirent les liasses de fin papier bleu, et en bourrèrent les vastes poches de leurs paletots.

Ils avaient presque fini leur besogne, quand un bruit léger leur fit tourner la tête.

Tous deux, à la fois, étouffèrent un cri de stupeur.

M. Pomereul, à peine enveloppé dans sa robe de chambre, venait d'entrer dans son cabinet de travail.

Au moment où Xavier, emporté par l'âpre désir de se procurer de l'argent à tout prix, même au prix d'un crime, pénétra dans la chambre de son père, celui-ci dormait d'un sommeil agité, voisin du cauchemar. Il avait, dans son rêve, l'intuition d'un danger. Menacé par des ennemis inconnus, il se défendait, se débattait ; une agression terrible lui causa un tel ébranlement que M. Pomereul s'éveilla tout à coup, hagard, le front mouillé de sueur, les membres agités d'un tremblement nerveux.

Il resta quelque temps incapable de ressaisir ses idées, confondant la réalité des scènes de la veille avec les scènes que venait de lui présenter son rêve. Le nom de Xavier vint malgré lui sur ses lèvres, et un serrement de cœur lui prouva soudain que son mal n'avait point d'autres origines que les fautes, les dures paroles, les menaces de celui-ci.

Les yeux de Pomereul se fixèrent machinalement sur la porte de sa chambre; elle était entre-bâillée, et il se souvenait parfaitement de l'avoir fermée en rentrant chez lui. La pensée que quelqu'un avait pénétré dans sa chambre, pendant son sommeil, lui traversa le cerveau.

Qui pouvait être venu? — Sulpice? Il avait annoncé à son père qu'une course indispensable le conduirait à la Villette, et qu'il rentrerait fort tard.

Sabine? Mais jamais Sabine ne venait le soir chez son père; elle dormait depuis longtemps; M. Pomereul avait un à un distingué le bruit des pas légers de la jeune fille, rangeant autour d'elle de menus objets, puis tout s'était éteint pour la prière et pour le sommeil...

Xavier? si c'était Xavier!

Cette idée, et l'angoisse profonde qui en fut la suite, porta instinctivement M. Pomereul à fouiller sous le traversin, où d'ordinaire il cachait ses clefs.

Il ne les trouva pas.

Il bouleversa les oreillers et les draps: rien!

— Le misérable! murmura-t-il, il m'a volé!

Pomereul sauta à bas de son lit, passa à la hâte sa robe de chambre, et sans prendre une lumière qui l'aurait trahi, il se dirigea à petits pas vers son cabinet de travail.

La porte en était ouverte, Pomereul avança la tête, et vit un homme agenouillé occupé à vider sa caisse.

Plus de doute! c'était Xavier.

Plein d'une juste colère, Pomereul marche rapidement, et, dans sa hâte, mal guidé du reste par la faible lumière de la lanterne de Rat-de-Cave, il renverse un guéridon.

Ce fut à ce moment que les bandits se retournèrent; à ce moment aussi que Pomereul put voir leur visage et comprendre qu'il avait affaire à des malfaiteurs.

D'un regard, Rat-de-Cave et Fleur-d'Échafaud s'entendirent. Il s'agissait avant tout d'empêcher Pomereul d'appeler au secours.

Rat-de-Cave s'élança sur le négociant et enlaça ses doigts osseux autour du cou du malheureux Pomereul.

Un râle étranglé s'échappa de la gorge du vieillard, ses bras battaient l'air, ses yeux roulaient sanglants dans leurs orbites... Il rassembla cependant son énergie, et, par un effort désespéré, il allait parvenir à se débarrasser de l'étreinte de Rat-de-Cave, quand celui-ci lui faisant subitement perdre pied, le renversa pantelant sur le sol.

Tout à coup, un secours providentiel arriva à Pomereul.

On entendit vibrer, dans la pièce obscure à demi, un cri guttural, et un être, dont il fut impossible à Rat-de-Cave et à son complice de définir la nature, se précipita sur Fleur-d'Échafaud, au moment où celui-ci allait se joindre à Rat-de-Cave pour en finir avec sa victime.

C'était le fidèle Lipp-Lapp qui, entendant Pomereul quitter sa chambre à une heure inusitée, s'était senti inquiet, et l'avait suivi, jugeant, avec son instinct merveilleux, que le négociant allait avoir besoin de lui.

D'un bond, dont la force nerveuse suffit pour faire presque entièrement lâcher prise à Rat-de-Cave, le chimpanzé se jeta sur l'assassin, enlaçant ses jambes de ses jambes velues, et de ses longs bras paralysant ses mains.

— Ah! le diable s'en mêle! hurla Rat-de-Cave.

Fleur-d'Échafaud tourna le foyer de lumière de la lanterne du côté de son compagnon.

— Misère, dit-il! c'est le singe! je m'en charge! achève le vieux! c'est le plus pressé.

Si court qu'eût été le moment pendant lequel Pomereul s'était senti à moitié dégagé, il avait suffi pour que le fabricant retrouvât le souffle et rassemblât ses forces expirantes. Tandis que Fleur-d'Échafaud s'apprêtait à lutter de ruse sinon de puissance musculaire avec Lipp-Lapp, Rat-de-Cave sentait lui échapper sa proie.

Mais Fleur-d'Échaufad, tirant de son sein un poignard triangulaire, en frappa le chimpanzé à l'épaule, et détourna sur lui la colère et la vengeance du singe.

Lipp-Lapp se cramponna d'une main à la chevelure rouge de Fleur-d'Échafaud, et l'esprit d'imitation s'emparant de lui avec violence, il serra de l'autre la gorge du bandit.

Fleur-d'Échafaud allait mourir comme Pomereul, que Rat-de Cave venait de terrasser de nouveau, quand le jeune misérable porta, en pleine poitrine, un second coup de son arme terrible à Lipp-Lapp qui lâcha prise, et tomba sur le sol de toute sa hauteur, en poussant un rugissement plaintif.

— C'est fini pour un! dit Fleur-d'Échafaud.

— Le vieux est mort! ajouta Rat-de-Cave.

— Vite, détalons! conclut Fleur-d'Échafaud. M'est avis que, pour demain, nous avons taillé de la besogne aux journaux.

Puis, se défiant de Rat-de-Cave, et craignant que celui-ci eût pris l'agonie pour la mort, le jeune homme se pencha sur le cadavre et en interrogea le cœur sans pulsation.

— Enlevé! fit il, enterrement de première classe... Comme secrétaire intime, je suivrai le convoi!

Les assassins relevèrent très haut le collet de leur vêtement, rabattirent leurs chapeaux à grands bords sus leur visage, éteignirent la lanterne sourde, sortirent, et s'apprêtèrent à descendre tranquillement.

Le bruit que faisait en se fermant la porte cochère leur fit dresser l'oreille.

Quelqu'un rentrait.

Un pas régulier résonna sur les dalles de marbre noir et blanc du vestibule.

Rat-de-Cave et Fleur-d'Échafaud eurent une même pensée :

— Nous sommes perdus!

Il lui sembla que son cœur se brisait dans sa poitrine (*Voir page* 51)

Chapitre V

LE SECRET DE DIEU

Les deux assassins, malgré leur sang-froid habituel, se sentirent pris d'une terreur bien justifiée. Si c'était un domestique qui regagnait tardivement sa chambre, celui-ci ne manquerait point de leur demander ce qui les amenait si tard dans la maison du fabricant. Il ne se contenterait sans doute pas, comme le concierge somnolent, de cette raison qu'ils venaient implorer le secours de l'abbé Sulpice. Le domestique appellerait ses camarades à l'aide, et Rat-de-Cave et Fleur-d'Échafaud se trouveraient pris sur le théâtre même de leur double crime. Assassiner celui qui allait monter, et qui commençait à gravir les marches de l'escalier présentait un terrible danger.

Dans le doute, et pour avoir le temps de voir au moins l'adversaire qui venait vers eux, Fleur-d'Échafaud et son compagnon franchirent la moitié des degrés conduisant au deuxième étage.

Arrivés là, Rat-de-Cave se pencha sur la rampe et regarda.

L'homme qui montait était vêtu d'une longue robe noire.

— L'abbé Sulpice! murmura Rat-de-Cave à l'oreille de son compagnon.

Le voleur émérite tira un énorme foulard de sa poche, s'en entoura le cou pour mieux masquer son visage, puis il ajouta :

— Comprends ce que je vais faire ; dis comme moi et nous sommes sauvés!

Rat-de-Cave descendit alors sans précaution l'escalier, comme un homme qui vient de vaquer à d'honnêtes affaires.

Au bruit qu'il fit, l'abbé Sulpice leva la tête.

Les deux meurtriers continuèrent à descendre.

Il ne se trouvait plus que trois marches entre les misérables et le fils de leur victime, quand Rat-de-Cave demanda d'une voix émue et respectueuse :

— Monsieur l'abbé Pomereul, je crois...?

— En effet, c'est moi, répondit Sulpice ; que souhaitez-vous?...

— Le concierge nous ayant dit que M. l'abbé se trouvait chez lui, nous étions montés afin d'implorer le secours de son ministère...

— Il s'agit d'un cas grave?

— Du salut d'une âme, monsieur l'abbé.

Sulpice se sentait exténué de fatigue. L'esprit et le corps défaillaient à la fois. La prostration s'emparait de ses membres et gagnait son esprit. Il venait de soutenir une de ces luttes effroyables dont les serviteurs de Dieu connaissent seuls le secret. Pendant cinq heures, assis au chevet d'un moribond, il avait disputé cette âme aux ténèbres, à la terreur de la mort. Il avait parlé, prié et pleuré tour à tour, et fait appel à tous les souvenirs de l'enfance pour évoquer dans une conscience devenue aveugle, sourde, muette, les souvenirs de la vie pure et chrétienne auprès d'une mère admirable. Pour amollir ce cœur de pierre, il avait cherché dans les célestes paroles du Christ les promesses les plus rassurantes. Enfin, après avoir usé du surhumain pouvoir des sacrements, il avait lentement et doucement calmé, une à une, les terreurs de l'âme écrasée du souvenir de ses fautes. Il avait fermé les abîmes, changé les menaces des anges en promesses, montré la mort comme le sommeil dont on s'éveille dans le Christ ; et, suivant les palpitations du cœur oppressé, et aux dernières lueurs de l'esprit envahi par les ombres du trépas, il avait doucement pris cet esprit dans ses mains pures et l'avait offert à son Dieu, comme le plus précieux des holocaustes...

Il rentrait donc, le bon travailleur, la journée finie, la gerbe liée, il allait pouvoir se reposer à son tour de fatigues inouïes, qui ne peuvent être comparées à aucunes autres, quand Rat-de-Cave et Fleur-d'Échafaud parurent devant lui pour lui dire :

— Il y va du salut d'une âme.

Sulpice n'hésita pas.

— Allons ! dit-il.

Rat-de-Cave ajouta :

— La course est longue ; nous avons une voiture.

— Bien ! fit doucement l'abbé Pomercul.

Ce fut lui qui frappa à la porte vitrée de la loge du concierge pour lui dire de tirer le cordon.

Les trois hommes se trouvèrent, une seconde après, dans la rue.

— La voiture nous attend à deux pas, dit Rat-de-Cave.

Les événements qui précèdent s'étaient passés avec une telle rapidité que le cocher put croire que ses clients avaient pris simplement le temps d'aller chercher une troisième personne.

Rat-de-Cave monta le dernier, et donna une adresse que Sulpice n'entendit pas.

La voiture se mit en marche.

Les assassins gardaient le silence ; le prêtre murmurait les paroles latines du bréviaire qu'il n'avait pas eu le temps d'achever.

Peu à peu une sorte d'engourdissement s'empara de lui, et il lui devint impossible de se rendre compte des quartiers qu'il traversait et du temps que dura la course.

La voiture s'arrêta ; le cahot qui se produisit alors arracha Sulpice à la demi somnolence qui s'était manifestée. Il se retrouva presque reposé. D'ailleurs le sentiment du devoir à remplir suffisait pour galvaniser ses forces.

Rat-de-Cave paya le cocher ; Fleur-d'Échafaud tira le bouton de cuivre d'une porte d'assez piètre apparence, et les deux misérables entrèrent dans l'allée où le prêtre les suivit.

Quand la porte se fut bruyamment refermée, Rat-de-Cave alluma une bougie placée dans un chandelier de cuivre, et qui semblait disposée pour lui près de la loge du concierge ; puis il commença à gravir l'escalier.

Évidemment, la maison était pauvre, et habitée par de pauvres gens, car les marches de bois manquaient de solidité, la muraille avait des plaques verdâtres, produites par l'humidité, et les paliers étroits se coupaient de portes peintes en brun et de mesquine apparence.

Rat-de-Cave s'arrêta au dernier étage, introduisit une clef dans la serrure et entra.

La chambre qui s'offrit aux regards de Sulpice était si vaste que la maigre clarté de la bougie n'en dissipa point l'obscurité.

Dans le fond, on distinguait vaguement un lit entouré de rideaux sombres.

— C'est ici sans doute que se trouve le malade? demanda l'abbé Sulpice à Fleur-d'Échafaud.

Celui-ci attendit que son complice eût mis dans sa poche la clef de la chambre.

Rat-de-Cave s'approcha alors du prêtre, en ayant soin de se trouver placé de telle sorte qu'il fût impossible à celui-ci de distinguer son visage.

— Je vous ai dit qu'il s'agissait du salut d'une âme, monsieur l'abbé... Je n'ai point parlé de malade...

— Soit, dit doucement l'abbé; un pécheur est un malade pour nous autres médecins spirituels; qu'attendez-vous de mon ministère?

— Que vous m'entendiez au confessionnal.

— Ici! cette nuit?

— Tout à l'heure; ici même.

— Mais, vous semblez vous porter à merveille, mon ami; je ne vois donc pas la nécessité de vous administrer les sacrements dans cette chambre... Pourquoi, ne viendriez-vous pas, demain, à l'église?

— Est-ce qu'il vous appartient de juger quelle heure Dieu s'est réservée pour me toucher le cœur et me donner le repentir?

— Non, certes, dit l'abbé; l'observation que je vous ai faite était motivée par le grand respect que je porte aux choses saintes... Je préfère, hors un cas pressant, les administrer dans le sanctuaire...

Ce que l'abbé Sulpice disait était bien réellement l'expression de sa pensée. Mais en outre, et sans s'en rendre compte, il se sentait envahi par le sinistre pressentiment qui s'empare de nous quand nous sommes sur le point d'apprendre un grand malheur.

Cependant, il surmonta ces mouvements de crainte et, se plaçant en face du devoir à remplir, il dit à Rat-de-Cave :

— Je suis prêt à vous entendre.

Le voleur fit signe à Fleur-d'Échafaud de s'éloigner dans la direction du lit, puis il approcha un siège de l'abbé Sulpice.

— Maintenant, lui dit-il, nous sommes deux hommes, dont l'un possède un pouvoir mystérieux, auquel l'autre fait appel... Tout ce qui, à ce moment, sortirait de mes lèvres serait appris à l'homme... et cet-

homme serait libre de le répéter... A quel moment commence le rôle du prêtre... A quelle minute précise est-il obligé de m'écouter, sans avoir la faculté de se souvenir, ou, tout au moins d'user de mes aveux ?

— Vous allez vous agenouiller, dit l'abbé Sulpice, puis vous ferez le signe de la croix.

Rat-de-Cave s'agenouilla et se signa.

— Récitez le *Confiteor*, maintenant.

— Rat-de-Cave s'en souvenait assez pour ne point oublier un grand nombre de mots.

Il dit rapidement la prière indiquée par le prêtre, puis s'arrêta.

L'abbé Sulpice reprit :

— Il ne vous reste plus qu'à dire : *Mon père, bénissez-moi, parce que j'ai péché !*...

Un frémissement parcourut tout le corps de Rat-de-Cave ; il se remit vite et répéta d'une voix sourde :

— Mon père, bénissez-moi, parce que j'ai péché !

— Parlez, dit le prêtre, d'un accent plein d'onction et de miséricorde ; parlez ! De cette minute suprême, ce n'est plus moi qui vous écoute, mais le Christ, votre juge et le mien... Avouez les fautes qui gonflent votre cœur, déchargez le fardeau de votre conscience... En vous quittant, je ne me souviendrai plus ;... en vous quittant, je vous appellerai mon frère, et vous pourrez compter sur mon silence, comme je compte sur l'éternité de mon Dieu !...

Une seconde fois, l'accent de cette voix si paternelle, si douce, toucha le misérable ; mais il triompha rapidement de cette impression, et reprit d'une façon hachée, saccadée :

— Mon père, à vos pieds... devant Dieu... sous le sceau terrible de la confession, que vous ne pouvez trahir sans être sacrilège..., j'avoue que cette nuit j'ai volé une somme de cent mille francs !

— Ah ! malheureux ! fit le prêtre ; vous restituerez...

— Ce n'est pas tout... L'homme que je dépouillais a entendu du bruit..., il est venu..., j'ai frappé !

— Vous l'avez tué ?

— Je l'ai tué !...

— Mon Dieu ! mon Dieu ! faites miséricorde à cette âme ! fit Sulpice, recevez la victime dans votre sein, Seigneur... Soyez clément pour qui est entré si vite et d'une façon si cruelle dans la mort qu'il n'attendait pas... Pitié ! pitié !

Un sanglot souleva la poitrine du prêtre.

— Il me reste quelque chose à vous apprendre..., reprit Rat-de-Cave, dont la voix devint rauque.

— Quoi donc, encore, mon Dieu ?

— Le nom de l'assassiné.

— Il s'appelle?
— Antonin Pomereul...

La foudre, tombant au pied de l'abbé Sulpice, l'eût moins épouvanté que cette révélation.

Il lui sembla que son cœur se brisait dans sa poitrine.

Un brouillard flotta devant ses yeux. Il se leva, étendit les bras en croix et tomba de toute sa hauteur sur le plancher, la face contre terre.

Rat-de-Cave restait debout et regardait.

Sulpice souffrait son agonie comme le Sauveur endura la sienne. Il restait là couché, aplati en quelque sorte sur le sol, et il se souvint qu'un autre jour, il s'était prosterné de la sorte, à l'heure où il renonçait au monde, à ses passions, à ses convoitises, le jour où il mourait pour revivre, le jour où il prononçait ses vœux.

Il mesura l'étendue de son devoir avec épouvante. Le fils et le prêtre soutinrent un horrible combat.

Le fils savait que l'assassin de son père bien-aimé était là... chargé des dépouilles, couvert du sang de sa victime; le prêtre n'avait plus le droit de se le rappeler, une fois ce seuil franchi.

Quoi! son devoir, son devoir inexorable allait jusqu'à l'empêcher, au sortir de cette maison maudite, de désigner le coupable à la justice, de le traîner, pantelant, sous le glaive de la loi...

Non par esprit de vengeance, mais dans l'intérêt même de la société outragée, il lui était interdit de crier :

— Arrêtez ce monstre!

Oui, tout cela lui était défendu...

Un homme, ajoutant une horrible et sacrilège comédie à un drame épouvantable, venait de s'armer du secret de la confession pour s'assurer de l'impunité, et cette impunité lui était assurée... Sulpice était obligé d'oublier jusqu'à la voix de cet homme, et s'il passait jamais près de lui, de feindre de ne le point connaître.

Pendant plus d'une heure, Sulpice resta demi mort, plongé dans une atonie dont le corps se refusait à sortir.

L'âme seule veillait et, déchirée, saignante, répétait dans son martyre :
« Que votre volonté soit faite et non pas la mienne! »

Pendant ce temps, Fleur-d'Échafaud s'était jeté sur le lit et dormait.

Rat-de-Cave, assis sur la table, sans s'inquiéter désormais d'être reconnu par le prêtre, attendait que celui-ci retrouvât la force de se lever.

L'abbé Sulpice se redressa d'abord sur les genoux pour essayer ses forces, puis, s'appuyant contre la cheminée, il parvint à se tenir debout.

Ce fut alors que la figure de Rat-de-Cave frappa sa vue, éclairée qu'elle était par la bougie.

Rat-de-Cave avait arraché son foulard et quitté son paletot d'emprunt. Il portait alors une blouse bleue ouverte sur la poitrine, et l'expression cruelle et bestiale de son visage ressortait dans toute sa laideur.

L'abbé Sulpice crut se tromper et s'avança de deux pas.

— C'est bien moi, allez! dit l'assassin, moi, Jean Machû, qui vous demandai, une nuit, l'hospitalité, dans les environs de Brest...

— Ah! fit le prêtre; est-ce là ce que tu me promis dans cette soirée terrible! N'avais-je pas acheté ton salut au prix de mon silence, et ne devais-je te retrouver que couvert du sang de mon père.....

L'abbé Sulpice semblait retrouver quelque énergie physique; il ajouta :

— Quoi que tu aies fait! quoi que je sache, tu as droit à ma discrétion... laisse-moi sortir.....

— Pas encore, répondit Rat-de-Cave.

— N'ajoute pas une inutile cruauté à tes crimes,... laisse-moi regagner l'hôtel... Je me dis, je me dis, vois-tu, que la victime palpite peut-être encore... que dans la rapidité du meurtre tu peux t'être trompé et avoir pris l'évanouissement pour la mort... Laisse-moi partir, Jean Machû! il me semble que la voix expirante de mon père m'appelle...

— Il est bien mort! répéta Rat-de-Cave.

— Eh bien! s'il n'est plus, si l'âme a quitté cette enveloppe chérie, ma place est à son chevet, sinon pour le sauver, du moins pour faire la veillée près de son cadavre... Je suis prêtre! je me tairai! Mais je suis homme et je souffre! je suis fils et je pleure! Tu m'as ravi tout ce j'aimais le plus en ce monde, et je te prie... Vois-tu, si misérable que tu sois, tu as eu un père, une mère! tu as aimé quelqu'un... Avant de tuer pour de l'argent, tu as été bon peut-être... Jean Machû, laisse-moi partir...

— Cela ne se peut pas! répondit Rat-de-Cave; si j'y consentais, mon complice s'y opposerait.

L'abbé joignit les mains pour une supplication ardente.

Prière inutile! Il le comprit..... Alors, par un de ces miracles de l'apostolat, que comprendront les cœurs d'apôtres, Sulpice imposa soudain silence à sa douleur; l'homme essuya les larmes baignant son visage, et le prêtre, fort d'une force surhumaine, se retrouva prêt pour une autre lutte.

— Jean, dit-il, si je dois passer avec toi quelques heures de cette nuit terrible, tu me permets du moins de les employer suivant ma volonté ?

L'assassin baissa la tête en signe d'assentiment.

— Je te parlerai du passé, reprit Sulpice, je t'en parlerai sans t'adresser de reproches, et seulement comme on rappelle un lointain souvenir... Il y a sept ans de cela, j'avais fait un pèlerinage en Bretagne, et je me reposais au bord de la mer, dans une cabane de pauvres gens, des fatigues de ma mission, en même temps que je préparais un travail sérieux pour l'hiver suivant... Une nuit, nuit d'orage comme il en survient dans les anses de l'Armorique, hérissées de falaises et envahies par les flots, je veillais et j'écrivais, quand un coup sec fut frappé au volet de ma maison. Je courus ouvrir... Un homme, à peine vêtu d'un pantalon de toile, ruisselant d'eau, se jeta dans la cabane, en ferma la porte avec violence, et se plaça devant, comme s'il redoutait de se voir chassé de ma demeure. Le vent soufflait avec furie, le bruit du tonnerre éclatait sourd et continu ; les vagues, montant affolées à l'assaut des roches, grondaient avec un bruit formidable... En vérité, c'était une horrible nuit...

Jean Machû, dit Rat-de-Cave, serra ses deux poings crispés, puis laissa tomber ses mains sur ses genoux.

— L'homme qui venait de pénétrer chez moi, reprit le prêtre, semblait brisé de fatigue ; je lui donnai du linge, je lui versai du vin, et je lui désignai mon lit pour dormir.

Tout à coup, un bruit sourd, mais d'une autre nature que les roulements du tonnerre, parvint à mon oreille... Ce bruit, je le reconnus...

« — C'est le canon ! dis-je ; c'est bien le canon !

« L'homme frissonnant, pantelant, écoutait.

« — Je reconnais ce signal, repris-je... Un forçat vient de s'évader du bagne... on le poursuit, on le cherche...

« Alors, l'homme tomba à mes pieds.

« Vous pouvez le livrer, me dit-il.

« Je le regardai, une horrible anxiété contractait son visage, ses lèvres tremblaient, ses mains se levaient vers moi.... J'étais placé entre la société qui me disait : — Fais œuvre de citoyen, et renvoie le criminel à la chaîne.... et un malheureux qui me répétait : — Pitié ! pitié ! — Et j'écoutai cette pitié-là ! et je gardai l'hôte de la Providence sous mon toit, sous ma garde... Et tandis qu'il dormait, j'écrivais... j'écrivais, en la paraphrasant, cette parole de l'Evangile : « *Il y a plus de joie dans le Ciel pour un pécheur qui se repent que pour cent justes qui persévèrent.* »

« Au matin, j'allai dans le village, je me procurai des habits de pêcheur, et durant la nuit suivante, Jean Machû, le forçat évadé, quitta tranquillement ma maison. Il la quitta après m'avoir fait le serment de vivre en honnête homme... Et cela lui était facile, car il emportait, avec mes économies, une lettre de recommandation pour un membre de ma famille, possédant des pêcheries en Bretagne, et qui, sur ma demande, le devait employer... Est-ce vrai ? demanda l'abbé Sulpice à Rat-de-Cave.

— C'est vrai, répondit celui-ci.

— Et quand je te retrouve, c'est, non plus comme la première fois châtié pour un vol presque insignifiant et dont tu te défendais même d'être l'auteur, mais chargé de l'or d'un honnête homme, et couvert encore de son sang....

— Ah! fit Jean Machû, le tigre reste tigre; la douceur de l'agneau n'y fait rien!

— Qu'en sais-tu? demanda le prêtre. Eh bien! moi, au nom du Seigneur qui me voit et m'entend, je soutiens le contraire... la douceur de l'agneau triomphe de la lâche férocité du tigre; pour user le rocher, il suffit d'une goutte d'eau, comme pour attendrir le cœur d'un criminel, il suffit d'une larme... Tu m'as appelé ici, Jean, et je suis venu... tu m'as dit : il s'agit d'une âme à sauver, et cette âme, je la réclame! Tu as brisé mon bonheur terrestre, je veux assurer ton éternel salut ! Tu m'as pris mon père, et je te rends mon Dieu!

Rat-de-Cave se pencha vers le prêtre, comme s'il se refusait à croire le témoignage de ses sens.

L'abbé Sulpice poursuivit :

— Tout à l'heure, sacrilège parodie d'un acte mystérieux et sublime, tu t'es agenouillé devant moi, tu as réclamé les bénéfices du chrétien repentant, au profit du coupable persistant dans sa voie damnée! Et j'ai parlé, j'ai promis, j'ai levé la main pour te bénir et te donner la force de tout dire.... A cette heure, je te veux à genoux de nouveau.... non pas pour obtenir ma discrétion, elle t'appartient, mais pour me crier du fond de ton âme et non du bout des lèvres : « — Mon père, j'ai péché! »

Une autorité si souveraine et si sublime régnait dans les paroles du prêtre, que Jean Machû sentait son cœur tout défaillant en lui.

Il ne comprenait pas à quelle source sacrée l'abbé Sulpice puisait sa grandeur et son éloquence, mais il en restait écrasé.

Il balbutia cependant :

— J'ai volé votre père, je vous ai volé...

— Et tu tiens au profit du crime, soit! je te donne les cent mille francs dérobés ce soir... Ils seront déduits sur ma part de fortune...

— Vous me les laissez, sans reproches, comme si je les avais honnêtement gagnés?...

— Ils t'appartiennent désormais; je te le répète, je te les donne... Si la pauvreté te poussait au crime, te voilà à l'abri du besoin... Ce que tu m'as avoué, avec une sorte de forfanterie cruelle, répète-le les genoux en terre et le front baissé... A défaut de ton repentir, prends mes regrets et mes larmes... dis-toi que c'est pourtant bien affreux de disposer d'une vie humaine... d'envoyer dans la mort un être vivant, heureux... de faire des orphelins, de semer le deuil partout autour de soi... Je pleure! resteras-tu les yeux secs? J'ai pitié de ton âme! seras-tu le seul qui ne songe pas à la sauver...? Mon ami, mon frère... pour mon

Dieu qui est mort en croix, je te supplie de confesser ton crime! je te supplie d'en demander pardon!

— Oh! là! là! fit une voix traînante, dirait-on pas que tu vas pleurer comme une femme, Rat-de Cave, demanda Fleur-d'Echafaud, qui s'était éveillé, et prêtait depuis quelque temps l'oreille à l'entretien de Jean Machû et de l'abbé Sulpice. Rengainons ça, ma vieille! ça peut être dangereux! Je rends justice à votre éloquence, monsieur l'abbé; si jamais ma Sorbonne est menacée, vrai, je n'en demanderai pas un autre que vous! Pour le quart d'heure c'est intempestif! Que vous ayez sauvé cette grosse bête de Rat-de-Cave, très bien; que vous oubliiez ce qu'il vous a dit, encore mieux! mais, que son attendrissement aille jusqu'au sacrement, nisco! je m'y oppose! Il n'est pas seul dans l'affaire, et faut partager avec Bibi.

— S'il ne faut que cela!...

— Assez de désintéressement pour un jour...; le soleil va se lever.... Il est temps de quitter ce bouge, mais non de rentrer dans l'hôtel Pomereul... Je vais chercher une voiture: vous y monterez avec Rat-de-Cave... moi qui sais tous les métiers, je conduirai... Pendant quatre heures, nous voyagerons, et seulement à huit heures du matin, je vous ramènerai dans Paris... Inutile de chercher à m'attendrir, moi! j'suis comme le bois vert, je ne flambe pas!

L'intervention de Fleur-d'Echafaud refoula au fond du cœur de Rat-de-Cave l'attendrissement mêlé d'admiration dont il avait un moment ressenti l'influence.

Fleur-d'Échafaud descendit chercher un fiacre, et quoi que tentât l'abbé Sulpice, Jean Machû demeura froid et dur comme un bloc de granit.

Comprenant l'inutilité de ses efforts, Sulpice s'agenouilla dans un angle de la chambre et se mit à prier.

Le roulement d'une voiture avertit Rat-de-Cave du retour de son complice.

Il marcha vers l'abbé Pomereul et lui toucha l'épaule.

— Venez! dit-il.

Tous deux descendirent sans lumière.

Arrivé au bas de l'escalier, le prêtre, qui ne pouvait admettre aucun compromis avec sa conscience, ne chercha point à graver dans sa mémoire le souvenir de cette maison sinistre; quand il se trouva dans la rue, il ne tenta point de lire le numéro... Sans un mot, sans tentative de résistance, il monta dans la voiture que Fleur-d'Echafaud devait conduire.

Si l'abbé Sulpice avait vu la figure de l'ancien forçat, il n'en était pas de même de Fleur-d'Échafaud, dont le chapeau, rabattu comme un sombrero, cachait complètement le visage, et il eût été impossible au fils de M. Pomereul de reconnaître le complice de Rat-de-Cave.

Pendant quatre heures la voiture roula, tantôt sur le pavé, tantôt sur le macadam ; elle s'égarait sans doute dans les environs de Paris, peut-être aussi tournait-elle dans un cercle pour égarer davantage les souvenirs de Sulpice, s'il eût été capable de se rendre compte du chemin parcouru.

Le jour se leva, Rat de-Cave avait baissé les stores, et l'abbé se taisait, priant tout bas, attendant que la volonté des bourreaux de son père s'accomplît.

Quand la montre de Fleur-d'Échafaud marqua huit heures, le misérable se trouvait au Palais-Royal, il prit alors la route de la Chaussée-d'Antin.

Arrivé du côté le plus désert du Nouvel Opéra, le faux cocher descendit, ouvrit la portière et dit à l'abbé Sulpice :

— Descendez, vous voilà près de chez vous.

Sulpice descendit.

— Adieu ! lui dit Rat-de-Cave, d'une voix rauque

— Au revoir ! murmura l'abbé, d'une voix indistincte.

Et, chancelant de telle sorte qu'il fut obligé de s'appuyer contre une muraille, le prêtre prit le chemin de l'hôtel Pomereul.

— C'est égal ! dit Rat-de-Cave, en s'adressant a Fleur-d'Échafaud, nous sommes forts, mais en voilà un qui est plus fort que nous !

Du plus loin que Sulpice aperçut la maison de son père, il remarqua dans la rue de la Chaussée-d'Antin, près de la porte cochère, un grand rassemblement.

La fatale nouvelle du crime s'était rapidement répandue.

Lorsque le valet de chambre descendit, vers six heures du matin, il prit comme d'habitude ses balais, ses plumeaux, pour faire, avant son lever, le cabinet du négociant. Mais à peine eut-il franchi le seuil de la porte qu'un terrifiant spectacle s'offrit à sa vue.

Etendu sur le parquet, la face violacée, les yeux sanglants, le corps de M. Pomereul avait déjà la rigidité cadavérique. Des taches de sang se voyaient sur ses habits et même sur son visage, et l'on entendait, près de lui, pousser des cris inarticulés de douleur. C'était Lipp-Lapp qui, fermant sa plaie béante d'une de ses mains, s'était traîné jusqu'à son maître et le pleurait à sa manière.

Le premier mouvement de Baptiste fut de chercher s'il y avait quelque espoir de rappeler son maître à la vie. Quand il eut acquis la certitude du contraire, il appela le maître-d'hôtel, le concierge et la femme de chambre de Sabine :

— Un horrible malheur est arrivé, dit-il : M. Pomereul a été assassiné cette nuit... Empêchons Mlle Sabine de voir cet affreux spectacle... La justice doit être prévenue tout d'abord ; il faut, s'il se peut, que les constatations légales soient finies avant le réveil de M. Xavier.

VI

ACCUSATION

Le maître-d'hôtel alla chercher le commissaire de police, puis le médecin.

Une heure plus tard, les magistrats étaient réunis sur le théâtre du crime.

— Moi! moi! fit Xavier. (Voir page 72.)

Chapitre VI

ACCUSATION

Le juge d'instruction s'intalla dans le cabinet, puis il dicta à son secrétaire un procès-verbal de l'état dans lequel on avait trouvé le cadavre du négociant.

Les traces du vol étaient manifestes... Le malfaiteur avait vidé la caisse.

Peut-être ne songeait-il point à commettre un assassinat... l'arrivée subite de M. Pomereul avait décidé de son sort.

Quand ce premier travail fut terminé, le médecin se prononça à son tour.

— Monsieur le juge d'instruction, dit-il, en constatant des traces de sang sur le visage et les vêtements de la victime, j'ai pu penser qu'il avait reçu quelque blessure faite avec un instrument contondant, ayant broyé une partie du crâne... Mais, après avoir lavé le sang qui tachait le visage, je n'ai remarqué aucune plaie... à peine une légère ecchymose. La tuméfaction de la face, les traces laissées sur le cou par les mains du meurtrier prouvent d'une façon irréfragable que la victime a succombé à la strangulation.

— Mais, alors, ce sang?...

— Est celui de Lipp Lapp, qui a été atteint de deux coups d'un poignard triangulaire : l'un à l'épaule, l'autre dans la poitrine...

— Et vous en concluez, docteur?

— Je rétablis la scène telle qu'elle a dû se passer... M. Pomereul est accouru sur le théâtre du crime... Le voleur l'a saisi à la gorge, et comme Lipp-Lapp voulait défendre son maître, on l'a assassiné... J'emploie ce mot à dessein, car ce misérable chimpanzé a fait acte d'humanité et d'intelligence... L'assassin, une fois parti, Lipp-Lapp, fermant tant bien que mal sa blessure d'une de ses mains, s'est traîné près de M. Pomereul... Il a cherché la place du cœur pour voir s'il battait encore, il a interrogé le front glacé désormais, et voilà pourquoi nous trouvons des marques sanglantes sur les habits et la tête de la victime.

— Vous voudrez bien, docteur, écrire votre procès-verbal.

— J'ai pansé les blessures de Lipp-Lapp, reprit le médecin.. Je suis de ceux qui croient que l'instinct des bêtes atteint souvent très haut... Rien n'est à dédaigner dans une cause grave... Or, une chose m'a vivement frappé...

— Quoi donc? demanda le juge d'instruction...

— Ceci, répondit le docteur, en plaçant une touffe rougeâtre, couverte de caillots de sang, devant le magistrat.

— Et c'est?

— Ce sont des cheveux... Une touffe de cheveux d'un rouge ardent, que Lipp-Lapp tenait dans sa main crispée. L'excès de la douleur ne les lui avait pas fait lâcher... Seulement, en appuyant sa main sur sa poitrine, dont le sang coulait en abondance, cette touffe de cheveux, d'une nuance étrange et rare, s'est teinte du sang du chimpanzé... C'est peut-être à cette bourre, qui a fermé la plaie, que Lipp-Lapp doit de n'avoir pas succombé.

La mèche de cheveux rouges fut étiquetée comme tout ce qui devait servir de pièces à conviction.

Le juge d'instruction, par égard pour les enfants de M. Pomereul, commanda qu'on ne les éveillât point.

Il était à peine sept heures, Sabine et Xavier dormaient; quant à l'abbé Sulpice, il n'était pas encore rentré.

L'interrogatoire des domestiques fut des plus sommaires. Aucun d'eux n'avait connaissance du crime, et ne pouvait, par conséquent, éclairer la justice.

Le concierge seul pouvait donner des indications précises.

Mais nous avons dit qu'au moment où Rat-de-Cave et Fleur-d'Échafaud tirèrent le cordon, le fonctionnaire de la loge, plongé dans un sommeil profond, avait vaguement entendu prononcer le nom de l'abbé Sulpice.

Aussi, questionné par le juge d'instruction, se borna-t-il à répondre :

— Monsieur le magistrat, on a sonné... J'ai ouvert... Une voix m'a demandé M. l'abbé Pomereul... Je le croyais rentré, j'ai répondu : montez... Presque aussitôt, M. l'abbé a sonné à son tour... Il a sans nul doute rencontré dans l'escalier les hommes qui réclamaient son ministère, car ils sont sortis ensemble...

— M. l'abbé Pomereul est chez lui? demanda le magistrat.

— Non, monsieur.

— Quand il rentrera, vous nous préviendrez... Vous pouvez vous retirer...

Baptiste fut mandé. De même que les autres domestiques, couchant au dernier étage de la maison, il ignorait complètement les détails de cette nuit fatale. Il avait trouvé, en descendant, la porte fermée comme d'habitude et la serrure ne présentait aucune trace d'effraction.

On écrivit sa déposition, puis le magistrat ajouta :

— Vous êtes depuis longtemps au service de la famille... Votre jeune maître ne peut tarder à rentrer... Révélez-lui toute la vérité... et que lui-même prépare M. Pomereul fils et sa sœur à nous voir remplir notre mandat.

Le juge d'instruction et le commissaire de police reprirent leur place au bureau, sur lequel se trouvaient étiquetés :

1° Le trousseau de clefs du négociant ;

2° La touffe de cheveux ensanglantés trouvés dans la main de Lipp-Lapp ;

3° Un morceau de toile fine, déchiré violemment et qui avait été ramassé près de la porte en fer de la caisse.

Le juge d'instruction, M. Gaubert, approchait de cinquante ans. Il avait la taille haute, sèche plutôt que maigre, le front bombé, dégarni de cheveux ; un nez mince, aux narines mobiles, la bouche pâle, le teint presque blafard. Ses yeux, d'une profondeur peu ordinaire, dardaient un regard acéré, une flamme intense. Ce regard faisait plus qu'interroger, il fouillait.

M. Gaubert exerçait sa profession avec un zèle infatigable et possédaient dans la mission difficile qui lui était confiée par la justice, d'éminentes qualités. L'intégrité la plus austère dictait ses arrêts Rien n'était capable de l'influencer ni de le fléchir. Seulement, et c'était à peine si on pouvait lui en faire un reproche, l'habitude de voir les criminels avait éteint en lui la confiance, l'abandon. Il se tenait toujours et partout sur ses gardes ; il voyait l'humanité par ses côtés pervers et malsains. Le crime ne l'étonnait plus ; la vertu seule le surprenait ; il l'admirait comme une sorte de phénomène.

Le commissaire de police, M. Obry, était tout autre. Jeune encore, jurisconsulte de talent, esprit fin, littérateur pendant ses loisirs, il gardait, malgré son énergie et son habileté, des côtés humains spontanés. Il voyait moins de coupables, et découvrait plus de malheureux. Accoutumé au spectacle de beaucoup de misères, il dégageait souvent de ce sinistre milieu des tableaux touchants, des figures presque héroïques. Il gardait un cœur aimant, sous sa cuirasse de magistrat.

Pendant que M. Obry et M. Gaubert remplissaient les devoirs de leur charge, Sulpice Pomcreul regagnait l'hôtel en chancelant, et montait péniblement l'escalier.

Arrivé enfin sur le palier, il tira le cordon de la sonnette avec une agitation fébrile, et Baptiste vint lui ouvrir.

A peine l'abbé Sulpice se trouva-t-il dans l'antichambre, que le digne serviteur tomba à ses pieds, en sanglotant.

— Mon maître, mon cher maître, dit-il, du courage....
— Mon père ? balbutia Sulpice.
— Venez ! venez le voir, venez prier...

Baptiste entraîna le prêtre dans la chambre de Pomcreul.

Le corps de la victime était étendu sur son lit, une main pieuse avait jeté un mouchoir sur la face tuméfiée. Sulpice leva ce voile et s'inclina

A genoux, les mains jointes devant ce cadavre, le cœur broyé, les yeux brûlants, il ne trouva d'abord que des sanglots ... Puis la prière monta de son cœur à ses lèvres, et, peu à peu, une sorte d'apaisement succéda à la tempête de cette grande douleur. Quand Sulpice se sentit assez fort pour soutenir les autres, il demanda à Baptiste :

— Et Sabine ?
— Mademoiselle n'a pas quitté sa chambre.

Une seconde après, Sulpice entrait chez sa sœur.

L'appartement de la jeune fille, séparé de celui de son père par un salon, la salle à manger et un boudoir, était assez éloigné pour que Sabine n'eût entendu aucun bruit, ni durant la nuit, ni pendant les premières heures de la matinée. Il se faisait d'ailleurs un tel mouvement à l'hôtel Pomereul que quelques allées et venues de plus ou de moins ne l'auraient pas surprise.

Elle venait d'achever une toilette très simple quand Sulpice fut introduit chez elle.

Sabine poussa un cri en voyant des traces de larmes sur son visage.

— Qu'y a-t-il? grand Dieu! demanda-t-elle.

Puis, se souvenant des paroles prononcées la veille par son frère, elle ajouta, en fixant un regard plein d'angoisse sur Sulpice :

— Xavier?

— Il ne sait rien encore!

— Tu pleures.... Xavier ne sait rien, dis-tu.... Il est arrivé un malheur dans cette maison.... Et ce malheur.... Ah! fit-elle avec un cri, mon père!

— Ma sœur, ma Sabine bien-aimée, dit Sulpice, en soutenant la malheureuse enfant, à demi évanouie, Dieu est le maître.... Dieu nous l'avait donné.... il nous l'a repris .... Il n'y a plus d'espérance.

— Plus d'espérance! Oh! mon Dieu! C'est affreux.... Mon père, mon pauvre père bien-aimé! Mais enfin de quoi est-il donc mort? Est-ce la foudre qui l'a frappé?

— Cette foudre qui s'abat parfois sur ceux qui la redoutent le moins..... le crime....

— Mon père, assassiné?

— Assassiné!

— Pourquoi? mais pourquoi? Il était si bon! et par qui? mon Dieu! il n'avait pas d'ennemis!

— Ceci, Sabine, ma pauvre désolée, la justice le cherche, et va te demander tout à l'heure si tu peux lui aider dans son œuvre.

— Lui aider! mais que sais-je? Je dormais, moi... je dormais tandis qu'on égorgeait mon père... je dormais et il m'appelait peut-être... et un secret pressentiment ne m'a point avertie... je dormais et je disais l'aimer....

— Ne t'adresse point de reproches, Sabine; pendant cet acte monstrueux j'étais loin, et Xavier lui-même n'a rien entendu. Comme je te l'ai dit, il ne sait rien encore, et il faut que j'accomplisse cette seconde partie de ma tâche... Aide-moi, Sabine... le fardeau que je porte est lourd... je succombe presque sous son poids. La fille est désespérée, la chrétienne doit se relever... Garde la dignité de ta douleur... souffre et prie, mais sans cris et, si tu le peux, sans larmes... Promets-moi de ne point chercher maintenant à voir la dépouille de notre père... plus tard, quand les magistrats auront quitté cette maison, nous la garderons, nous la veillerons ensemble.... Me donnes-tu ta parole?

— Je te la donne, Sulpice; va vers Xavier, va...

Sabine courut à son prie-Dieu, embrassa les pieds de son crucifix et les baigna de ses pleurs.

Comme le jeune prêtre allait se rendre auprès de son frère, on le prévint que le juge d'instruction l'attendait.

Sulpice rassembla toutes ses forces : celles de son cœur pour ne pas faillir, celles de son esprit pour ne trahir, ni par un mot ni par un geste, le secret qui était le secret de Dieu.

Au moment où il franchissait le seuil du cabinet de son père, où l'attendaient les magistrats, Xavier, quittant brusquement son appartement, interrogeait Baptiste sur ce qui se passait.

— Monsieur l'abbé, dit le juge d'instruction, d'une voix pleine de déférence, veuillez prendre un siège... Je vous demande pardon de remplir mon mandat dans un moment semblable... mais la justice ne saurait attendre...

— Je suis prêt à vous répondre, monsieur, dit Sulpice Pomereul.

M. Gaubert fit signe au secrétaire, et celui-ci se tint prêt à écrire.

— Vous êtes sorti de bonne heure de l'hôtel, hier soir?

— Vers huit heures, monsieur; on m'appelait auprès d'un malade.

— Vous êtes rentré?

— Avant minuit et demie... Comme je gravissais l'escalier, deux hommes le descendaient; l'un deux m'a dit :

« — Monsieur l'abbé, nous réclamons le secours de votre ministère; il y va du salut d'une âme ! » Je suis allé où l'on m'appelait... j'ai rempli ma tâche... et en rentrant...

— Vous n'avez rien de plus à révéler à la justice?

— Non, monsieur.

— Vous pouvez vous retirer... Le témoignage de Mlle Pomereul nous est indispensable aussi, et nous l'attendons.

— Je vais chercher ma sœur, répondit Sulpice.

Une minute après, Sabine, soutenue par son frère, entrait à son tour dans le cabinet.

L'expression de son visage était touchante. On voyait qu'essayant de suivre l'exemple de son frère, elle faisait d'héroïques efforts pour contenir sa douleur.

— Mademoiselle, demanda le juge d'instruction, vous avez passé seule avec votre père cette dernière nuit dans le vaste appartement du premier étage?

— Seule? Monsieur... je n'en suis pas sûre... peut-être mon frère Xavier est-il resté durant la soirée à la maison...

— Je croyais que monsieur votre frère dépensait ses soirées et même ses nuits au cercle.

— D'habitude, oui, monsieur... Du reste, il vous l'apprendra lui-même.

— Vous n'avez entendu aucun bruit insolite?

— Non, monsieur; j'ai quitté mon pauvre père à neuf heures et demie... Je l'ai laissé là... où vous êtes, monsieur; je suis rentrée dans ma chambre... Pendant une heure, j'ai écrit sur mon *Mémorial* les faits intéressants de la vie de famille... comme je fais chaque jour... Je me suis couchée... Sulpice vient de tout m'apprendre...

— Vous ne connaissez point d'ennemis à M. Pomereul ?

— Il avait fait des ingrats, monsieur... Il ne comptait point d'ennemis.

— Ainsi, aucun souvenir ne vous frappe ?... Aucune lueur ne vous éclaire ?... Personne dans votre entourage ne souffrait de la gêne, ne gardait rancune du refus d'un service ?

— Mon père ne refusait jamais les services qu'il pouvait rendre... Je sais qu'avant-hier son ami, M. André Niçois, lui avait demandé cent mille francs pour la fin du mois... Mon père les avait envoyés chercher.. On le trouvait toujours prêt à obliger, toujours disposé à répandre l'aumône.

— Vous pouvez vous retirer, mademoiselle... Si plus tard j'ai besoin de vous interroger encore, vous voudrez bien vous tenir à notre disposition.

Sabine gagna lentement la porte et quitta le cabinet. Elle traversait le corridor quand une explosion de larmes, de cris, de paroles entrecoupées, parvint à son oreille.

Xavier, à qui Baptiste avait dû tout révéler, s'était, malgré les efforts du fidèle serviteur, précipité dans la chambre mortuaire. Puis, se jetant sur le cadavre de Pomereul, l'étreignant sur sa poitrine, il lui parlait avec une éloquence désespérée, il l'adjurait de lui répondre, il se répandait en prières, en supplications; le mot de pardon revenait sans cesse sur ses lèvres, et l'accès de sa douleur touchait presque à la folie.

Baptiste le prévint vainement que les magistrats l'attendaient, il ne quitta pas sa place. Que lui faisait la justice? Ses formalités lui rendraient-elles son père? La justice agirait plus tard, et il lui restait si peu d'heures, à lui, pour garder dans ses bras, sur son cœur, cette chère dépouille, qu'une autre loi lui viendrait enlever!

Baptiste alla exposer à M. Gaubert l'inutilité de ses efforts.

Celui-ci se leva et dit au commissaire de police :

— Allons le trouver, et questionnons-le là où il est.

Les magistrats se dirigèrent vers la chambre et s'arrêtèrent sur le seuil...

Le tableau qui s'offrit à leurs yeux était réellement navrant: ce cadavre défiguré, ce jeune homme, insensé de désespoir, auraient ému les âmes les plus rigides.

— Quelle douleur! dit M. Obry au juge d'instruction.

— Un peu bruyante, répondit celui-ci.

— Ah! par humanité, laissons-la s'épancher, monsieur le magistrat.

Xavier tenait une des mains de son père et, s'adressant au cadavre raidi :

— Père! disait-il, père, c'est donc fini... tu ne me regarderas plus jamais... tes lèvres ne s'ouvriront plus pour m'appeler ton fils... tu es perdu pour moi, sans ressource, sans appel... perdu, muet, mort! C'est horrible! horrible! et me dire que lorsque tes yeux se sont fixés sur moi pour la dernière fois, tes regards exprimaient la colère... et que ta bouche, au lieu de m'adresser d'affectueuses paroles, m'a chassé... m'a presque maudit...

Le commissaire de police allait s'approcher de Xavier, quand M. Gaubert le retint brusquement :

— Ecoutez! écoutez! fit-il avec autorité.

— Ah! j'ai été méchant et ingrat! j'ai payé tes bontés par des chagrins! j'ai répondu à ta tendresse par l'indifférence! Mes fautes ont affligé ta vie, et mon crime...

Xavier n'acheva pas, des sanglots convulsifs le secouaient.

M. Gaubert laissa passer cet orage et serra d'une façon significative la main du commissaire de police.

Xavier reprit :

— Pour de l'argent! cet argent maudit que je dépensais en folies, en débauches, j'ai troublé ton bonheur! L'argent! il m'en fallait pour mes soupers, pour mes chevaux! Il m'en fallait pour le jeu!... Le jeu!.. Pardon! pardon! je me repens, je t'implore! Pardon, mon père, ou je meurs à tes pieds... Quoi! tu ne me feras jamais comprendre que ta bonté oublie tout, au sein de l'éternité, tout, jusqu'à... Oh! je suis bien réellement perdu, bien réellement maudit!...

Le juge murmura à l'oreille de M. Obry :

— Sortons sans bruit.

A peine M. Gaubert se trouvait-il de nouveau dans le cabinet qu'il frappa sur un timbre.

Baptiste parut.

— J'aurais de nouveaux éclaircissements à demander à Mlle Sabine ; priez-la de venir ici...

Puis, quand Baptiste se fut éloigné :

— Monsieur Obry, dit le juge d'instruction, notre mission se simplifie beaucoup, ce me semble...

— Vous croiriez?...

— Que pensez-vous donc vous-même?

— Moi? Rien, je vous jure, rien!

— Vous vous trompez! L'idée qui m'obsède depuis un instant a traversé votre esprit.

— C'est impossible! fit Obry.

— Tout est possible! Vous êtes jeune encore! vous arriverez au même dégré de scepticisme que moi!

Sabine entrait, le magistrat se tut.

— Mademoiselle, reprit M. Gaubert, dans une semblable affaire, tout concourt à éclairer la justice... Il faut que nous connaissions parfaitement l'intérieur de cette maison, ses habitudes, pour nous guider dans nos recherches et nos poursuites... Ne craignez rien, mais ne dissimulez rien! Votre devoir est de dire la vérité tout entière, vous devez être la première à souhaiter le châtiment du coupable.

— Ma douleur est trop grande, monsieur, pour que je songe à la vengeance.

— Dans quelle disposition d'esprit était monsieur votre père quand vous le vîtes pour la dernière fois... N'avait-il point éprouvé un chagrin?

— En effet, monsieur, mais un chagrin passager... Il s'agissait de peu de chose... mon père était bon...

— Il s'agissait, n'est-ce pas, d'une demande d'argent adressée par monsieur votre frère?

— En effet...

— M. Pomereul refusait de subvenir encore à ses folles dépenses?...

— Oui, monsieur, mais il eût cédé... J'avais offert à Xavier mes bijoux et mes économies; il m'avait refusée... donc il comptait toujours sur l'affection et la générosité de notre père...

— Peut-être aussi le chiffre de sa dette dépassait-il celui des ressources dont vous pouviez disposer?

— Cela se peut, monsieur.

— N'avez-vous été témoin d'aucune scène violente entre M. Pomereul et votre frère?

Sabine hésita.

— Votre devoir est de parler, mademoiselle, dit le magistrat, d'une façon presque sévère.

La jeune fille leva sur M. Gaubert des yeux voilés de larmes; celui-ci ne parut point s'apercevoir de la souffrance de Sabine; M. Obry seul lui jeta un regard de compassion.

— Avant hier soir, reprit Sabine avec effort, mon père eut avec Xavier une longue conversation... J'ignore ce qu'ils se dirent... seulement, l'éclat de leurs voix étant parvenu jusqu'à moi, j'eus peur... Dans le désir de me rendre médiatrice entre eux je quittai ma chambre, je vins ici.. Mon père semblait irrité, Xavier hors de lui-même... Ah! certes, car sans cela, il n'eût jamais dit ce qu'il osa dire... Xavier est léger, prodigue : il n'est pas méchant.

— Et que dit-il, mademoiselle?

— Il s'écria : « Vous me refusez! il y aura un malheur dans cette maison! »

Sabine articula à peine ces dernières paroles; l'effort qu'elle venait de faire acheva de la briser: elle tomba évanouie.

M. Obry s'élança vers elle.

— Oh! vous l'avez mise à la torture, monsieur!

— Oui, mais de cette torture a jailli la vérité.

M. Gaubert fit mander la femme de chambre de Sabine.

— Portez votre maîtresse sur son lit, dit-il ; le docteur Arnal n'a pas encore quitté l'hôtel, il lui donnera ses soins.

Puis, se tournant vers le commissaire de police :

— Nous tenons l'affaire, dit-il.

Le secrétaire reçut ordre d'aller arracher Xavier de la chambre mortuaire, et de l'amener devant les magistrats, en dépit de sa résistance.

Xavier ne se rendit point tout d'abord à la prière de M. Gaubert, transmise par le secrétaire, avec une exquise politesse : il dut obéir à une adjonction formulée d'une façon impérative.

Quand il parut dans le cabinet, livide, les vêtements en désordre, le corps agité par un tremblement convulsif, et sous l'influence d'une exaltation farouche, il refusa de s'asseoir et, s'avançant vers le bureau, auquel il se cramponna des deux mains, il dit, d'une voix altérée, à M. Gaubert :

— Ne pourrez-vous, monsieur, me laisser pleurer encore mon père? et la justice ne saurait-elle passer après la tendresse filiale?

— Monsieur, répondit le magistrat, avec une froideur compassée, l'abbé Pomereul et votre sœur ont respecté en nous les représentants de la loi ; veuillez les imiter...

— Que voulez-vous que je vous apprenne sur ce crime, monsieur? Je ne sais rien! rien! je ne soupçonne même pas... Il faudra que ce lâche assassinat soit vengé pourtant... et je vous y aiderai de toutes mes forces... Mais, en ce moment, laissez-moi pleurer, laissez-moi près du cadavre de celui qui fut mon père...

— Vous l'aimiez beaucoup? demanda M. Gaubert.

— Oui, beaucoup, monsieur.

— Cependant vous lui causiez de violents chagrins.

— J'ai commis des fautes, monsieur, des fautes graves, c'est vrai... leur souvenir m'accable assez à cette heure pour que vous ne me les reprochiez pas.

— Vous aviez des dettes?

— Oui, monsieur.

— Provenant d'achats imprudents ou de suites du jeu?

— Des deux sortes.

— Dernièrement, surtout, vous avez perdu une grosse somme?

— Il y a deux jours ; il s'agissait de quarante mille francs.

— Vous les aviez perdus sur parole?

— Sur parole.

— Et votre père refusait de solder cette dette?
— Il le refusait.
— Ce refus n'occasionna-t-il point une scène violente?
— Je me le reproche amèrement.
— Vous vous êtes alors emporté jusqu'à la menace?
— Non, monsieur, mon chagrin a pris seulement les proportions du désespoir. Je me voyais déshonoré et je songeai...
— A commettre un crime?
— Oui, monsieur, dit Xavier d'une voix étouffée.

M. Obry regarda Xavier avec l'expression de la stupeur.

M. Gaubert poursuivit son interrogatoire :

— Les habitudes de votre père étaient régulières. Vous saviez qu'il se couchait de bonne heure, et vous avez attendu qu'il fût endormi pour pénétrer dans son appartement. Est-ce vrai?

— C'est vrai, balbutia Xavier, écrasé par ses souvenirs.

— Marchant pieds nus, vous avez gagné la chambre où il reposait; puis, dérobant son trousseau de clefs, vous êtes venu ici pour ouvrir la caisse et y prendre la somme dont vous aviez besoin?

Le jeune homme cacha son front dans ses mains.

— Rien d'étonnant à ce qu'un fils connaisse le secret de la caisse paternelle, poursuivit le juge d'instruction, en appuyant sur les mots et en faisant sentir leur portée par des silences ; vous ouvrez le coffre-fort... Il est rempli de valeurs, et contient entre autres les cent mille francs destinés à M. André Niçois. La vue de l'or, des billets de banque vous trouble, vous fascine, vous rend fou.

— C'est cela, mon Dieu! c'est cela! fit Xavier, éperdu.

— Vous vous baissez, vous enfoncez vos mains dans l'or, dans les billets et, chargé de ces dépouilles...

Xavier heurta la table du poing.

— Ce n'est plus cela! fit-il, avec éclat. J'ai été tenté, j'ai pris les clefs, j'ai ouvert la caisse, mais je n'ai pas volé! non, sur mon âme, je n'ai pas volé!

Il prononça ces mots avec un accent de vérité qui remua puissamment M. Obry.

Le juge d'instruction reprit, d'une voix impassible :

— Vous étiez venu pour cela, cependant?

— C'est vrai; je l'avoue, je le confesse... Je me disais qu'en somme, la fortune de mon père me reviendrait en partie, que j'escomptais simplement son héritage. Sa colère m'effrayait moins que la pensée d'être affiché au club. Pendant toute la soirée je me payai de dangereux sophismes, j'écoutai mes passions, j'imposai silence à ma conscience. Je ne fus pas même ému par le sommeil de mon père. Mais au moment de prendre l'argent dont j'avais besoin, à l'heure de me libérer d'une dette par un crime, mes yeux épouvantés se fixèrent sur le portrait de ma sainte mère : mon courage, si l'on peut appeler cela du courage, tomba brusquement. Je vis ce qu'était l'acte que j'allais commettre, et je m'enfuis, épouvanté de moi-même.

— Et cependant, l'argent a disparu et votre père est mort.

— Monsieur! mais, monsieur! demanda Xavier, en fixant un regard épouvanté sur le magistrat, si vous m'accusez d'avoir volé mon père, vous m'accusez donc aussi de l'avoir assassiné?

— Depuis une heure, j'en ai la conviction, répondit M. Gaubert.

— Moi! moi! son fils! l'assassin de cet homme qui fut le meilleur des pères...

— Oui, le meilleur des pères, pour un fils dénaturé.

Et se levant, avec toute la rigidité de sa nature et l'autorité de son mandat, M. Gaubert ajouta :

— Vous aurez à répondre devant la justice de l'accusation de parricide!

— Moi! moi! fit Xavier.

— A partir de cette heure, vous êtes sous le coup de la loi.

Les yeux de Xavier s'agrandirent d'horreur, la pensée vacilla dans sa tête, et il tomba sur un siège, en proie à une violente crise nerveuse.

— Du courage! je ne vous abandonnerai pas, moi, fit le commissaire de police.
(Voir page 77.)

Chapitre VII

L'ÉPREUVE

Pendant que le médecin donnait à Xavier des soins intelligents et qui, cependant, triomphaient lentement de la crise terrible dans laquelle il se débattait, M. Gaubert et M. Obry restèrent seuls dans le cabinet.

Le juge d'instruction paraissait calme, comme un homme qui vient de trouver un dénouement prévu. Il classait les papiers, les numérotait et les étiquetait. M. Obry, au contraire, semblait en proie à une vive préoccupation. Des pâleurs subites envahissaient son visage brusquement empourpré. Enfin il quitta sa place et marcha avec agitation. Le juge d'instruction, en levant les yeux, demeura frappé de l'altération de sa physionomie, et lui demanda avec bienveillance :

— Souffrez-vous, monsieur Obry?

— Oui, monsieur le magistrat, répondit le commissaire de police, d'une voix dont les vibrations trahissaient son angoisse intérieure, je souffre d'un mal qui, je le vois, ne vous oppresse point à cette heure, et qui m'étouffe ; ce mal s'appelle le doute.

— Vous doutez de la culpabilité de ce jeune homme?

— Oui, monsieur.

— Mais, vous niez l'évidence!

— Je ressens une impression, je cède à l'impérieuse voix de ma conscience, je subis un pressentiment, soit! mais ce pressentiment ne me trompe pas. La douleur de ce jeune homme est sincère. Son épouvante, sa révolte, en s'entendant accuser d'un crime odieux, n'étaient pas feintes.

— C'est une comédie habilement jouée, j'en conviens, mais qui ne devrait pas avoir pour dupe un homme de votre expérience.

— Soit, monsieur ; mais il reste autre chose.

— Quoi?

— Ceci, fit le commissaire de police, en désignant la touffe de cheveux rouges, couverte du sang de Lipp-Lapp.

— Vous comprenez, monsieur, dit le juge d'instruction, que l'on ne saurait attacher une grande importance à cette découverte. Lipp-Lapp allait et venait dans la maison ; il sortait même parfois ; qui pourrait expliquer les fantaisies de cette bête fantasque ; je ne me rends pas compte de la présence d'une touffe de cheveux semblables dans la main du chimpanzé, mais ce détail n'exerce aucune influence sur ma conviction. Voyons, monsieur Obry, discutons, ou plutôt établissons les faits ; je serais désolé que l'ombre d'un doute vous restât, car je vous connais, ce doute vous serait une torture. Les habitudes de luxe, de prodigalités, de débauches et de folies de Xavier Pomereul vous sont connues. Il avoue ses embarras d'argent, et une dette de jeu sur parole dont le montant est de quarante mille livres, somme énorme, en dépit de la fortune de son père, si énorme que celui-ci refuse de la payer.

— Je sais cela, monsieur.

— Xavier insiste pour avoir cet argent, il prie, supplie, menace. Il menace, entendez-vous bien ? Sa sœur l'entend ; lui-même l'avoue...

— C'est exact.

— Refusé par son père, Xavier s'enferme chez lui, n'osant rentrer au cercle avant d'avoir payé le comte de Monjoux. Il cherche le moyen d'y parvenir en dépit de tout, en dépit de la loyauté et de l'honneur. Dans la perquisition faite par nous, durant le premier moment de crise de M. Pomereul, nous avons trouvé sur la table de sa chambre un Code pénal, marqué à la page où se trouve l'article 380. Ce fait explique la préméditation du vol. Puis une lettre adressée à M. de Monjoux, le prévenant que le lendemain la somme qui lui est due lui sera remise. La lettre est écrite pendant la soirée. Dans l'esprit de Xavier l'heure du crime est fixée; ce crime, il le commet sans crainte, avec la certitude de l'impunité; le Code vient de lui apprendre que, dans cette circonstance, la loi cède devant l'autorité du chef de famille.

Le malheureux avoue tout cela.

— Il attend que son père soit endormi, dérobe les clefs sous son chevet, ouvre la caisse, en arrache les valeurs, et tout à coup son père se dresse devant lui en l'appelant voleur. La folie monte à son cerveau, son père lui fait peur. Il veut garder l'argent; une lutte criminelle et terrible s'engage, le fils devient parricide et s'enfuit. Toute prudence l'abandonnant, il oublie de fermer la caisse du coffre-fort, laisse à terre un lambeau du poignet de sa chemise, se jette sur son lit sans se déshabiller et, chose horrible! ce meurtrier s'endort.

— Mon Dieu, monsieur, ce que vous dites est logique comme enchaînement des faits. Vous devez forcément déduire ces conséquences des faits avoués et prouvés. Beaucoup d'hommes penseront comme vous, et cependant, pourquoi, comme il le dit, cet égaré n'aurait-il point subitement été pris de terreur et de remords? L'intention ne saurait être ici réputée pour le fait. Il a dérobé les clefs et ouvert la caisse, puis il a reculé devant son crime et s'est enfui.

— S'il s'est enfui, qui a volé les cent mille francs? qui a étranglé M. Pomereul?

— Voilà ce que je ne sais pas! ce que je ne devine pas! ce qu'il faudrait chercher.

— Tout au plus pourrait-on admettre la présence d'un complice, et c'est ce que peut-être nous révèlera un nouvel interrogatoire. Autant que vous, je le crois, monsieur, j'ai le respect de ma mission; ma vie tout entière en est la preuve; ma conviction est faite, et cependant je mettrai tout mon zèle à jeter plus de lumière encore sur cette sinistre affaire, qui ne manquera point de passionner l'opinion publique. Et si vos démarches apportent quelques preuves à l'appui de vos pressentiments, je vous serai reconnaissant de me les communiquer.

— Vous m'autorisez pleinement, monsieur, à poursuivre une enquête?

— C'est votre devoir de le faire, le mien de vous y engager.

En ce moment, le docteur reparut, soutenant Xavier.

Le jeune homme tomba dans un fauteuil, accablé, brisé, anéanti.

— Monsieur, dit-il au juge d'instruction, je suis innocent, je le jure! Je comprends aussi, avec une juste épouvante, que beaucoup de charges s'élèvent contre moi. Cependant, si faible, si léger que j'aie été, se peut-il que ma conduite donne prise à une telle accusation. J'aimais mon père, monsieur! oh! oui, je l'aimais!

— Avez-vous des complices? demanda le juge d'instruction, froidement.

— Des complices? Mais je vous répète que je suis innocent!

— Vous le devrez prouver à la justice, monsieur. Souhaitez-vous dire adieu à votre frère, à votre sœur?

— Vous allez donc m'emmener?

— Vous serez conduit à la Conciergerie.

— Oh! je suis perdu! perdu! fit Xavier.

Dans l'accent lamentable avec lequel Xavier dit ces mots, M. Gaubert trouva le cri de la conscience bourrelée du criminel vaincu par l'évidence. Certes, un jeune homme de mœurs pures, de conduite régulière, accusé d'un parricide commis dans de telles conditions se fût révolté contre l'accusation avec plus de vigueur et d'éloquence. Xavier sentait peser sur lui la pensée du vol, son commencement d'exécution. Ses aveux, les dépositions de Sabine, celles de Sulpice concouraient à le charger. Oui, il se sentait perdu; le châtiment, pour s'être fait attendre, tombait sur lui de tout son poids. Cette nature, écrasée par les veilles, amoindrie au moral, ce corps usé prématurément, cet esprit affaibli manquaient de toutes les énergies nécessaires pour la lutte qu'il aurait fallu soutenir. Xavier ne trouva rien de vivant, de persuasif, de vainqueur, il était évanoui comme une femme, il s'abandonnait comme un enfant.

— Monsieur, dit-il enfin au juge d'instruction, je souhaite épargner à Sulpice et à Sabine l'émotion de semblables adieux. Ils auront le droit de me venir voir, sans doute?

— Quand vous ne serez plus au secret.

— Partons donc! partons vite! Par humanité, envoyez chercher une voiture et faites, s'il se peut, disperser la foule, dont j'entends d'ici les murmures.

— Le juge d'instruction donna un ordre à son secrétaire, qui sortit.

Xavier écrivit quelques mots, adressés à son frère, et laissa la lettre ouverte sur la table.

Un moment après, tandis que Sulpice et le docteur entouraient Sabine, et que Baptiste, en pleurs, baisait la main de son jeune maître, M. Gaubert descendit, suivi par le commissaire de police.

Celui-ci dit bas et rapidement à Xavier :

— Du courage ! je ne vous abandonnerai pas.

Le malheureux leva un regard plein de reconnaissance sur M. Obry.

Deux voitures avaient été amenées ; l'une destinée au juge d'instruction et à son secrétaire, l'autre au commissaire de police et aux agents chargés de conduire Xavier à la Conciergerie.

Pendant le trajet, la présence des agents rendit le fonctionnaire silencieux ; mais le jeune homme savait qu'il pouvait le considérer comme un ami.

Tandis que Xavier était conduit à la première étape de la douloureuse voie qu'il devait suivre, le médecin et le jeune prêtre rappelaient Sabine de son long évanouissement. Le premier mot qu'elle prononça fut le nom de Xavier.

Sulpice lui promit qu'elle le verrait bientôt, et sortit pour s'informer auprès des magistrats, s'il était possible que les trois malheureux orphelins se réunissent près du cadavre de leur père.

Alors seulement l'abbé Pomereul apprit que Xavier avait été emmené par ordre du juge d'instruction.

Il ne comprit pas d'abord, il ne voulut pas comprendre. Le billet laissé par Xavier lui révéla l'horrible accusation pesant sur son frère !

— Mais, il est innocent ! s'écria-t-il, il est innocent ! Je vais parler aux magistrats, leur dire de me rendre mon frère ! mon pauvre frère.

Et, courant à Sabine, l'embrassant avec une douloureuse tendresse, l'abbé Sulpice lui dit :

— Prie, en attendant, Sabine ! l'épreuve est encore plus rude que je ne le croyais.

Sulpice courut au parquet ; il parla avec une éloquence convaincue, il défendit Xavier en répondant de lui âme pour âme, honneur pour honneur. Chacun témoigna au jeune prêtre une vive sympathie, un profond respect ; mais on ne lui répondit au sujet de Xavier que des phrases évasives.

— Hélas ! monsieur l'abbé, dit le magistrat, à qui s'adressait le jeune prêtre, pour sauver votre frère, il faudrait trouver un autre coupable !

— Mais, alors,... fit Sulpice.

Il n'acheva pas ; le coupable, il le connaissait. Il avait vu son visage, il avait son nom. D'un mot il pouvait prouver l'innocence de Xavier et attirer le châtiment sur la tête de l'assassin. S'il avait eu le courage de pardonner au meurtrier de son père, devait-il laisser accuser son frère d'une action monstrueuse ? Son devoir l'obligeait-il à sacrifier Xavier pour laisser impuni Jean Machu, le forçat libéré ? Le secret de la confession était-il tellement absolu que, placé entre l'honneur et la vie d'un des siens, l'abbé Sulpice dût voir sa famille deshonorée et la tête de son frère rouler sur l'échafaud, plutôt que de trahir le secret d'un misérable? Encore, si ce voleur, cet homme couvert de sang, eût été pris de repentir, et en se prosternant devant le prêtre, se fût abîmé dans la miséricorde divine! Mais Jean Machu avait joué une ignoble comédie. La vertu de Sulpice avait été le moyen dont il s'était servi pour lui tendre un piège. Envers un tel homme, qui s'était fait un jouet d'un sacrement, une arme du secret imposé au prêtre, se trouvait-on lié comme à l'égard d'un pénitent ordinaire, sincère, repentant?

Sulpice se demanda tout cela pendant une minute rapide.

Son cœur bondissait dans sa poitrine, sa tête brûlait. Un horrible combat se livrait dans son âme. D'un mot il sauvait son frère; un mot aussi le rendait infidèle à son serment, parjure à Dieu comme aux hommes.

Le jeune prêtre essuya la sueur froide qui mouillait ses tempes, et murmura, d'une voix éteinte :

— Je suis sûr de l'innocence de Xavier, mais en fournir la preuve n'est pas en mon pouvoir. Tout ce que je demande maintenant est d'aller le consoler.

— Dans deux jours, monsieur l'abbé, le secret sera levé, et les portes de la Conciergerie vous seront ouvertes.

Un moment après, Sulpice remontait dans la voiture qui l'avait amené et reprenait le chemin de l'hôtel Pomereul.

Il trouva Sabine dans la chambre mortuaire. Par son ordre, les préparatifs funèbres avaient été faits; des cierges brûlaient aux quatre coins du lit, un vase d'argent rempli d'eau bénite se trouvait au pied; un crucifix reposait sur la poitrine du mort, et l'ombre des grands rideaux tombait sur son visage, hélas! méconnaissable. Quelques vases de fleurs répandaient leurs parfums dans cette chambre, dont l'atmosphère semblait déjà lourde et presque irrespirable.

La jeune fille pleurait. En voyant Sulpice, elle se leva et répéta la même question :

— Et Xavier?

— Je t'ai dit de prier, je t'ai suppliée d'avoir du courage. Que la sœur croie le frère, que la chrétienne se résigne... Il est des malheurs qui dépassent les forces de l'homme, et pour les soutenir il nous faut demander au Seigneur que lui-même porte avec nous notre croix. Ne m'interroge pas! Je ne puis rien dire. Ne me dis pas d'agir. Je reste impuissant, mais Dieu est là, et Dieu sait!

Sabine éclata en sanglots.

Une heure se passa de la sorte.

La jeune fille continuait à gémir, et Sulpice demandait un miracle au

Ciel, quand la porte de la chambre s'ouvrit sans bruit, et Bénédict Fougerais, pâle et tremblant, vint s'agenouiller entre les orphelins.

Adopté la veille par M. Pomereul, il venait réclamer sa part du deuil de la famille.

Sabine leva vers lui des yeux voilés, Sulpice se rangea pour lui faire place; pas un mot ne fut prononcé.

Tous trois restèrent ainsi perdus dans une douleur dont nul ne saurait donner la mesure. De temps en temps Sulpice récitait un psaume, laissant tomber goutte à goutte les grandes espérances de la foi dans ces cœurs navrés. La clameur de son âme montait vers Dieu avec les cris du Roi-Prophète, puis un sanglot, dans lequel se confondaient des regrets déchirants, retentissait dans la chambre.

Pendant ce temps, une scène presque aussi pénible se passait dans le salon de l'hôtel, dans la salle à manger, car toutes les pièces se trouvaient successivement et progressivement envahies.

Vers onze heures, peu après que la justice eut rempli son mandat, le secrétaire particulier de M. Pomereul, Marc Mauduit, vint pour remplir son devoir quotidien. Il s'agissait du dépouillement de la correspondance, de recouvrements de fonds, de la mise en ordre d'une partie intime de la comptabilité.

M. Pomereul faisait grand cas de Marc Mauduit, dont il vantait l'exactitude, la réserve et la bonne tenue. En effet, ce jeune homme, correctement vêtu, dont la voix était douce, le regard intelligent, inspirait la sympathie. Peut-être, cependant, certains signes, qui ne trompent guère les physionomistes, eussent-ils porté ceux-ci à en rabattre quelque peu sur la grande estime qu'en faisait le négociant. La bouche était mince et le regard n'était point exempt de ruse. Mais, nous l'avons dit, ces détails se fondaient et disparaissaient dans l'ensemble.

Marc Mauduit, svelte, et d'une taille bien prise, portait avec aisance une toilette recherchée, sans affectation. Il aimait le beau linge et les parfums de choix. On le raillait parfois du soin qu'il mettait à sa coiffure, mais il répondait, en riant, qu'il devait s'en occuper plus que personne, afin de racheter l'indécision de la couleur par la grâce de la frisure et la correction de la raie.

Les domestiques, sans l'aimer beaucoup, lui témoignaient une grande déférence.

Xavier seul ressentait pour Marc Mauduit une sorte de haine, facile à attribuer peut-être à la comparaison souvent établie par Pomereul des défauts de prodigalité et de désordre de son fils avec la régularité de vie de son secrétaire.

Lorsque Marc Mauduit passa devant la loge du concierge, celui-ci ouvrit la porte et lui demanda, d'une voix troublée :

— Vous ne savez donc rien, monsieur Mauduit?

— Quoi ! J'arrive ; que s'est-il passé ?
— M. Pomereul a été assassiné cette nuit.
— Assassiné, lui, par qui ?
— Par qui ? On ne sait pas. Mais, vous connaissez la justice, il faut toujours qu'elle arrête quelqu'un, quitte à relâcher ceux qu'elle a pris, et on a emmené M. Xavier.
— Ah ! fit Marc Mauduit.

Il n'ajouta rien et parut en proie à une vive émotion.

— Ça vous étonne ; quoique ça, j'en reste surpris. On peut aimer le jeu, les chevaux, le diable et son train, sans être capable d'un crime pareil. Ne le pensez-vous pas ?
— Moi ! mais je répondrais de l'innocence de M. Xavier.
— Et vous avez raison, monsieur Marc ; ça vous fait honneur.
— Mais, reprit le secrétaire, quand un semblable malheur frappe une famille, en dépit de la douleur, il faut s'occuper de mille détails. Songe-t-on aux funérailles ?
— On ne songe à rien, monsieur ; tout le monde est ahuri de chagrin.
— Je ne troublerai point celui des enfants, reprit Marc Mauduit, je vais seulement m'entendre avec Baptiste et savoir de lui en quoi je puis être utile.

Marc Mauduit gravit les marches de l'escalier, et trouva le valet de chambre dans la salle à manger.

— Mon pauvre Baptiste, lui dit-il, je ne puis rien qu'épargner à M. Sulpice la tristesse des démarches obligatoires. Où il y a un cadavre, il faut des billets de faire part, une bière, un convoi ; je crois remplir un devoir en remplissant les formalités légales à la mairie, en prévenant les ouvriers de la fabrique de Charenton. Je perds un protecteur, un second père, dans la personne de M. Pomereul ; il verra, de là-haut, que je tiens à honorer pieusement sa mémoire.

Baptiste approuva le dévouement du jeune secrétaire, et celui-ci se rendit à la mairie, puis aux pompes funèbres, de là à l'usine de Charenton.

Quand les ouvriers apprirent la mort terrible de M. Pomereul, ce fut parmi eux une désolation générale. Ces pauvres gens se demandaient ce qu'ils allaient devenir, privés de celui qui leur avait faite si douce leur vie de labeur, si honorable et si précieuse la vie de famille.

Les vieillards, qui l'avaient connu jeune, et dont les cheveux étaient devenus blancs en même temps que les siens, essuyaient de grosses larmes. Chacun rappelait un trait de bienfaisance, un acte de générosité de cet homme excellent.

Encore s'il s'était éteint doucement, s'il était mort à la suite d'une longue maladie, mais mort assassiné, lui ! Un cri de haine contre le meurtrier succéda au premier cri de stupeur et de regret, et quand le nom de Xavier fut prononcé, il y eut dans l'atelier une formidable explosion d'anathèmes.

— Ce n'est pas possible! dit un jeune ouvrier, dont le costume trahissait certaine recherche, on est noceur, on est joueur, on aime les bons diners et le spectacle, on gaspille l'argent, c'est entendu, mais ça ne mène pas à tout, quoi!

— Ça y mène! répliqua un vieux ciseleur, lentement, et sans qu'on s'en doute... la fainéantise conduit à l'ivrognerie... On dépense d'abord l'argent qu'on gagne, puis celui qu'on emprunte, enfin celui qu'on vole! Je ne dis pas cela pour M. Xavier, je l'ai vu tout blondin, et il me faisait plaisir avec sa jolie mine rose, mais pour toi, qui veux des paletots à la mode, et qui dédaignes la blouse; pour toi qui lis des journaux plus rouges que bleus et qui joues au billard dans les cafés *rups;* ça ne vaut rien, mon garçon! avec ce train-là, qu'un mauvais coup survienne dans vos environs on vous le laisse pour compte... M. Xavier n'a certes pas, j'en répondrais, assassiné son pauvre père, mais il avait une mauvaise conduite... On rassemble des charges, presque des preuves, et Dieu sait s'il s'en tirera!

— Oui, répéta Marc Mauduit, Dieu sait s'il s'en tirera !

— En attendant, reprit Blanc-Cadet, le ciseleur, nous avons une double tâche à remplir, rendre les derniers honneurs au patron, et, s'il se peut, venir en aide à son fils... Nous ne sommes que des ouvriers, mais le Fils de Dieu a daigné être charpentier pour nous apprendre la valeur du travail... Nous avons nos cœurs, nos âmes, nos bras, notre intelligence, mettons tout cela au service des orphelins. Ça va-t-il, vous autres?

— Oui, père Blanc-Cadet.

Le vieux ciseleur s'approcha de Marc.

— En vous remerciant de nous avoir prévenus, M. Mauduit... cette après-midi, une députation d'entre nous ira rendre ses devoirs au pauvre mort, et demain toute la fabrique suivra le convoi!

Le secrétaire remonta en voiture et partit au galop de deux excellents chevaux.

Les ouvriers étaient plongés dans une sincère et profonde douleur. Jamais ils n'avaient compris, autant que maintenant, la bonté persistante de Pomereul. A cette heure, quand ils regardaient la salle d'asile, l'ouvroir, l'hospice, toutes les fondations de cet honnête homme, de ce patron modèle, de ce capitaliste généreux et délicat dans ses générosités, ils se répétaient que personne ne le remplacerait pour eux, et que, au même degré que les enfants Pomereul, ils allaient se trouver orphelins.

Chacun voulait se rendre rue de la Chaussée-d'Antin, prier devant la mortelle dépouille de la victime; tous voulaient montrer leur dévouement, il fut enfin décidé que les chefs seuls des ateliers rempliraient ce devoir au nom de leurs camarades.

Deux heures plus tard ils arrivaient, l'air triste et abattu, à l'hôtel Pomereul.

Sulpice, prévenu de leur arrivée, alla lui-même ouvrir toutes grandes les portes de la chambre, transformée en chapelle ardente, et quand il les vit prosternés, recueillis, étouffant leurs larmes, abîmés dans leur profonde douleur, il lui sembla qu'une rosée rafraîchissante tombait sur son cœur.

— Dieu bon, dit-il, en élevant la voix, Dieu de miséricorde et de clémence, reçois dans la paix de ton éternité, celui que tu nous as repris si vite... Le souvenir de ses bienfaits, de ses vertus, resté si vivant en nous, suffit-il à ta justice? J'ose le croire, Seigneur! mais s'il manquait quelque chose à cet homme qui passa en faisant le bien, si l'aumône tant de fois prodiguée par ses mains ne te fut pas assez offerte; s'il oublia de faire toujours remonter vers toi le mobile qui le pressait de soulager les pauvres et d'aider ses frères, mon Dieu, écoute la voix de ceux qui le pleurent, prends nos larmes et nos prières pour laver les imperfections de sa vie, et que le martyre de son heure suprême lui fasse trouver grâce devant toi...

Tous les cœurs se brisèrent, de tous les yeux jaillirent des pleurs brûlants, et toutes les mains s'étendirent vers le corps rigide comme pour une bénédiction suprême.

Sulpice engagea vainement les braves gens à se retirer, ils insistèrent pour veiller leur maître, leur bienfaiteur, avec la famille, et les orphelins se retirèrent, trop touchés de cette marque de respect et de douleur, pour insister davantage.

Toute la nuit se passa dans la chambre mortuaire. Sulpice priait à voix haute, les hommes répondaient.

Sabine, malgré sa faiblesse immense, avait voulu rester près du lit de Pomereul. Affaissée sur ses genoux, les mains jointes sur les couvertures, le regard extasié, elle se sentait perdue dans un complet anéantissement.

Des ordres avaient été donnés pour que l'enterrement eût lieu de grand matin. Mais, en dépit de l'heure inusitée, une foule compacte encombrait la rue de la Chaussée-d'Antin et couvrait la place de la Trinité.

Selon leur promesse, tous les ouvriers de la fabrique de bronze de Charenton étaient accourus avec leurs femmes et leurs enfants.

On tenta d'épargner à Sulpice la tâche de célébrer la messe et de donner l'absoute.

Mais, héroïque jusqu'au bout, le jeune prêtre ne voulut point qu'un autre que lui prononçât, au nom de l'Église, les suprêmes adieux sur cette chère dépouille.

A peine la bière fut-elle placée dans le char funèbre, que les enfants des ouvriers s'avancèrent. Chacun d'eux tenait une superbe couronne, on les plaça pieusement sur ' cercueil, et le cortège se dirigea vers le cimetière du Père-Lachaise, où la famille Pomereul avait une chapelle.

Il ne fut point prononcé de discours sur cette tombe. Non parce que le haut commerce et le conseil municipal, dont le négociant faisait partie, se fussent abstenus d'accompagner son convoi, mais en raison des préventions pesant sur Xavier. Rappeler la mort, c'était presque nommer celui que beaucoup appelaient déjà le meurtrier et agrandir dans le cœur de Sulpice une horrible blessure.

Chacun des assistants lui vint serrer la main, il embrassa le plus jeune des enfants, et prit place avec Bénédict dans la voiture d'André Niçois.

Le banquier était au désespoir.

— Ah! monsieur, dit-il, avec un accent pénétré, il me semble que je suis la cause de la mort de mon malheureux ami... Si je ne lui avais point demandé cent mille francs, on n'aurait peut-être pas eu la pensée de voler...

— Vous aviez raison de vous adresser à un ami, monsieur Niçois, répliqua Sulpice, et je regarde comme un devoir de vous rendre le service que mon père vous avait promis... Cette somme dont vous avez besoin, je la ferai prendre à la banque, et vous pourrez, demain, l'envoyer chercher; acceptez-la de mes mains, comme vous l'acceptiez d'Antonin Pomereul...

— Dans de semblables circonstances?

— Notre malheur n'apaiserait point vos inquiétudes, monsieur.. l'amitié de mon père pour vous doit survivre, car nous en héritons... De quelque façon que vous souffriez jamais, monsieur, croyez que vous me trouverez disposé à compatir à vos chagrins et n'hésitez jamais à frapper à notre porte.

Le banquier ne demanda point à voir Sabine, mais Bénédict rentra avec Sulpice dans l'hôtel Pomereul.

— Mon ami, dit-il au jeune prêtre, pensez-vous que votre malheureux frère ait fait choix d'un avocat?

— Lui! il le dédaignera, mon cher Bénédict.

— Me permettez-vous d'aller voir M. Renaut de votre part? c'est un jeune homme d'un grand talent, d'un grand savoir, et en qui j'ai toute confiance.

— Faites, mon frère, répondit douloureusement Sulpice, en tendant la main au sculpteur.

— Ne me donnerez-vous point la vôtre aussi? demanda Bénédict en s'adressant à Sabine.

La jeune fille hésita; mais elle lut un si grand chagrin dans le regard du sculpteur, qu'elle n'osa refuser.

— Un frère peut bien serrer la main de sa sœur, répondit-elle, presque bas.

Bénédict fit un mouvement de douloureuse surprise; Sulpice s'en aperçut :

— Elle souffre tant! dit il, pardonnez-lui d'être découragée.

Bénédict s'éloigna, et Sabine se jeta dans les bras de son frère avec une explosion de désespoir :

— Je n'en puis plus! dit-elle. C'est trop, mon Dieu, pour une faible créature; tu es un saint, toi, Sulpice... mais moi, je ne suis qu'une femme, et mes forces sont à bout...

Le prêtre s'enfuit, poursuivi par ce cri terrible : — Caïn ! Caïn ! (Voir page 96.)

Chapitre VIII

LE SECRET INVIOLABLE

Quelque brisé que se sentît l'abbé Pomereul, il n'en voulut pas moins s'occuper dans tous leurs détails des affaires nombreuses que la mort de son père laissait en suspens.

Sa première démarche importante fut de se rendre à Charenton, afin de sauvegarder les intérêts de la population ouvrière, et ceux de Sabine et de Xavier.

Sulpice manda le contre-maître de la fonderie, les chefs d'atelier de ciseleurs, de monteurs, et leur dit avec une franche bonté :

— Mes amis, votre prospérité comme la nôtre repose dans vos mains. Si j'ai pu vous guider dans la droite voie, enseigner à vos enfants l'Evangile, et vous faire aimer toutes les choses de Dieu, je reste impuissant à porter le fardeau de la fabrique. Si nous cédons la suite de nos affaires, dans les circonstances actuelles, il est plus que probable que nous le ferons dans des conditions désastreuses. Des bruits de guerre circulent; les hostilités avec la Prusse peuvent commencer d'un jour à l'autre, le commerce souffrira forcément, fatalement. Le plus sage est donc de continuer ce que mon digne père réalisait si bien, grâce à votre honnêteté et à votre dévouement. A partir de ce jour, vous ne serez plus seulement les employés, les ouvriers de la maison Pomereul, mais ses associés. Notre fortune commerciale devient la vôtre. Seuls vous réglementerez les travailleurs placés sous vos ordres. Si leur conduite a été exemplaire jusqu'ici, aidez-moi à l'améliorer encore. Des soins nombreux, difficiles, réclameront désormais une partie de mes heures; suppléez à ce que je ne pourrai faire ; accordez-moi cette allégresse à la douleur qui m'oppresse, de me dire : « Les travailleurs, les femmes, les enfants sont dans le chemin de la vertu, et rien ne les fera dévier. »

— Bien, je vous le jure, monsieur l'abbé, au nom de tous mes camarades, répondit Blanc-Cadet. Pour ce qui est de l'association aux bénéfices, comme il s'agit de l'avenir de nos familles, nous acceptons avec reconnaissance... Dieu veuille, et nous l'en prions tous, que la perte de votre digne père soit le dernier de vos chagrins!

— Est-ce que vous ne viendrez plus officier à notre chapelle, monsieur l'abbé? dit le chef des modeleurs.

— Je vous consacrerai la journée du dimanche, mes amis; le plus grand allégement que je puisse trouver à mes peines est de vivre au milieu de vous. Adieu ; au revoir, plutôt; je suis tranquille désormais.

Il se passa une scène touchante, entre l'abbé Pomereul et les ouvriers de la fabrique; tous avaient des larmes dans les yeux, et Sulpice se défendait mal contre son émotion croissante.

Quand il quitta Charenton, il se sentait cependant plus tranquille. Les intérêts de son frère, de sa sœur, se trouvaient préservés, et les braves gens qu'il considérait comme faisant partie de la famille n'auraient point à souffrir.

Rentré à l'hôtel Pomereul, l'abbé Sulpice passa dans l'appartement de Xavier. Le plus grand désordre y régnait. Les domestiques, par une sorte de crainte superstitieuse, n'avaient point osé y pénétrer, depuis que la justice y avait fait les perquisitions légales.

Sulpice ouvrit le secrétaire. Il regorgeait de papiers de toutes couleurs, bleus, blancs, roses, à têtes imprimées. C'étaient les factures des fournisseurs.

Le jeune prêtre les classa par dates, les catalogua, puis en additionna le total.

Malgré l'énorme chiffre qu'il donna, Sulpice fit prévenir les créanciers qu'ils eussent à en venir toucher le montant le lendemain. En même temps, il envoya au comte de Monjoux les quarante mille francs perdus par son frère, en faisant présenter les excuses de celui-ci pour le léger retard mis dans ce paiement.

Il sembla ensuite à Sulpice qu'il respirait plus à l'aise.

Un moment il se demanda s'il vendrait les chevaux et les voitures de Xavier.

— Non! dit-il, ce serait jeter sur lui un blâme, et rien ne doit ajouter au danger de sa situation.

Il venait de terminer ces comptes, de prendre ces arrangements, quand, en sortant de l'appartement de Xavier, il rencontra le docteur.

— Vous êtes venu prendre des nouvelles de Sabine, monsieur Morvan, lui dit Sulpice, et je vous en remercie. La chère créature est bien faible, bien brisée.

— Elle ne court néanmoins aucun danger. C'est une enfant héroïque et chrétienne qui cherche sa force en haut. Je m'inquiète moins d'elle que de son malheureux frère. M. Xavier a perdu cette belle vitalité de la jeunesse qui est un de ses apanages. Si le désespoir s'empare de lui, je crains pour sa raison.

— Docteur, que dites-vous là?

— Une vérité terrible, monsieur l'abbé. Les veilles, l'abus des plaisirs ont usé cette organisation; il ne faut pour l'abattre d'une façon absolue qu'un coup violent, décisif; alors je ne répondrai de rien! heureusement Xavier est seulement sous le coup de la prévention, et peut être relâché promptement... Ma conviction est bien faite à son égard, il est innocent, mais réussira-t-il à le prouver...

— Ah! vous le croyez, vous!

— Moi, j'en suis sûr, et M. Obry partage cet avis... Malheureusement M. Gaubert accumule les charges, et le seul témoin du meurtre est un être qui, doué d'intelligence à un degré supérieur, n'a pas reçu le don de la parole...

— Lipp-Lapp? demanda le prêtre.

— Oui... la pauvre créature semble comprendre que l'on aura besoin d'elle... parfois ses yeux paraissent m'interroger, ses lèvres s'agitent...

Lipp-Lapp pousse alors un cri douloureux et de grosses larmes roulent dans ses yeux... Soyez tranquille, je guérirai Lipp-Lapp, et je le lancerai ensuite à la piste des coupables, sûr qu'il les découvrira plus vite qu'un limier de la police, si fin qu'il soit.

— Vous avez raison! dit Sulpice, après avoir un moment gardé le silence... cet être infime sera peut-être le moyen dont Dieu se servira pour révéler la vérité, ce la vérité qui échappe aux magistrats et qu'il n'est pas en mon pouvoir de faire luire.

En ce moment une plainte douloureuse s'éleva dans la chambre voisine, et le docteur dit à l'abbé Pomercul :

— Lipp-Lapp a reconnu votre voix, il vous appelle.

Le docteur ouvrit la porte et Sulpice entra.

En apercevant son jeune maître, le chimpanzé se souleva et tendit un de ses bras vers lui. Son regard abattu par la souffrance pétilla de joie, puis, vaincu par la faiblesse, il retomba en arrière.

— Tu vois, dit le docteur Morvan, en s'adressant au chimpanzé, ton maître t'aime, il ne t'oublie pas.

Lipp-Lapp agita sa tête sur les oreillers, puis faisant un nouvel effort, il porta vivement la main à son front, en faisant le geste d'en arracher les cheveux, puis à sa poitrine.

— Voyez! dit le docteur; Lipp-Lapp raconte à sa manière... c'est bien lui qui arracha une touffe de cheveux à l'un des assassins; c'est celui-là qui blessa le pauvre chimpanzé, c'est celui-là qu'il faudrait retrouver.

— Oui, pensa Sulpice, car celui-là n'est point Jean Machu, mais son complice à qui je n'ai rien promis, rien!

Lipp-Lapp voyant que son maître allait s'éloigner, lui tendit sa longue main poilue, que Sulpice serra, en se souvenant qu'elle avait défendu Pomercul.

Depuis la veille, Sulpice n'avait pas vu Sabine; il la trouva dans sa petite chambre, regardant, à travers ses pleurs, une photographie qui avait été faite par les soins de Bénédict Fougerais, quelques heures après la mort du malheureux négociant. Certes, cette représentation de la mort violente était épouvantable, et cependant la jeune fille ne pouvait en détacher ses regards. Elle montrait Antonin Pomercul tel que le laissèrent les assassins, le cou dénudé, le visage convulsé, les yeux fixes, agrandis par l'épouvante, la bouche ouverte par un suprême appel. Cela était horrible, mais palpitant; et la malheureuse fille repaissait sa douleur de cette figure livide, de ces traits bouleversés, qu'elle avait vus si reposés, si souriants, si beaux.

— Sabine, je t'en prie! dit l'abbé Sulpice à sa sœur, donne-moi cette image épouvantable... Oublie que tu as vu notre père au sortir des atroces convulsions de son agonie... rappelle-toi le cher visage que la veille nous couvrions de baisers.

— Je m'en souviens, Sulpice, et cependant, malgré moi, mes yeux s'attachent à cette photographie, comme si elle devait me révéler le secret de la mort de notre père, et m'apprendre le nom du meurtrier...

— Dieu, s'il lui plaît, le fera connaître, Sabine; jusque-là, demande pour nous deux le courage, pour Xavier la résignation.

— Eh! peut-il se résigner, le malheureux? ne doit-il pas maudire la société comme la justice? Qui sait s'il ne me maudit pas moi-même... quand je pense que mes réponses au juge d'instruction ont aidé à faire planer sur lui des soupçons odieux. Si j'avais gardé le silence sur la scène qui se passa entre lui et notre père, peut-être ces soupçons ne l'auraient il point flétri?

— Si Dieu l'a permis, soumettons-nous à sa volonté sainte, Sabine; ne t'accuse point, ma sœur, tu as fait ton devoir.

— Et quand pourrons-nous visiter Xavier?

— A partir de demain, je l'espère.

— Me mèneras-tu avec toi?

— Je ne me sens pas le courage de t'avoir à mes côtés pour cette première entrevue, Sabine,... laisse-moi affronter seul d'abord l'explosion de son désespoir... tu viendras ensuite, comme un ange consolateur, adoucir ce que ce pauvre cœur gardera d'amertume. Hélas! si tu ne ressens pas une plus horrible douleur en songeant à la situation de Xavier, tu as bien plus que moi le droit de le consoler.

— Mais tu me promets du moins que je t'accompagnerai lors des autres entrevues?

— Oui, je te le promets.

— Allons! dit la jeune fille, il faut que j'essuie mes larmes; si Xavier nous voit trop bouleversés, trop attendris, il croira sa cause perdue... Je vais suivre ton conseil, en renfermant ce portrait, dont la vue renouvelle mon désespoir...

Sulpice quitta sa sœur pour courir chez M. Renaut; l'avocat, prévenu par Bénédict, venait de mettre son éloquence et son cœur au service du malheureux Xavier. Il n'avait encore pu parvenir jusqu'au prévenu, et attendait que le secret fût levé. En arrivant à la conciergerie, Xavier fut comme cela arrive quand il s'agit d'un homme occupant une situation exceptionnelle, reçu par le directeur de la prison. On introduisit Xavier dans un salon, dont l'architecture rappelait celle d'une chapelle, et les premières formalités légales furent entourées d'égards dont le malheureux jeune homme remercia le directeur avec effusion. Celui-ci, sur un mot du commissaire de police, promit de s'occuper activement de Xavier Pomereul, et de lui épargner, autant qu'il serait en son pouvoir, les froissements et les dégoûts de la prison. On donna au prévenu une cellule claire, dont les murs étaient depuis peu blanchis à la chaux.

Une mince couchette, une table, une chaise, composaient tout l'ameublement. Sur sa demande, on lui apporta ce qu'il fallait pour écrire.

Xavier, dès qu'il fut seul, commença une longue lettre adressée à Sulpice. Quand elle fut achevée, il la relut, puis resta profondément absorbé dans ses pensées, les coudes appuyés sur la table, et la tête plongée dans ses mains.

Un guichetier, pénétrant dans sa cellule, l'arracha brusquement à ses méditations.

— Hein! que voulez-vous? demanda Xavier, je n'ai pas appelé!

— On n'appelle jamais ici, répondit le gardien; voici le repas du soir...

— Je n'ai pas faim, répondit Xavier.

— A votre volonté, monsieur; mais M. le juge d'instruction va peut-être vous faire subir un nouvel interrogatoire, et mieux vaut, dans ce cas, se ménager des forces.

— Quoi! le juge d'instruction me questionnera de nouveau?

— C'est probable.

— Et combien de fois se renouvellera cette torture?

— Jusqu'à ce que son opinion soit arrêtée et sa conscience de magistrat tranquille.

Le gardien sortit. Xavier ne toucha à aucun des mets grossiers que l'on venait de lui apporter; il s'étendit sur sa couchette, et sans parvenir à trouver le sommeil, il resta immobile, cherchant dans son cerveau fatigué un moyen victorieux, une preuve sans réplique pour convaincre les juges de son innocence.

Mais lui-même n'en trouva pas. Son passé le condamnait à l'avance. Il ne trouvait aucune issue pour échapper à cette accusation formidable. Pas un acte de vertu, de dévouement ne plaidait pour lui pendant les années de sa jeunesse inutile. L'emploi de ses heures était le même depuis cinq années, futile quand il n'était pas dangereux.

Il comptait des compagnons de jeu, de soupers, de folies, mais il ne s'appuyait pas sur un ami.

Bénédict seul se montrait bon, moins par estime pour Xavier que par égard pour Mlle Pomereul.

Que pensait-elle de lui, Sabine? que pensait Sulpice? Il se le demandait avec angoisse : ses fautes passées leur sembleraient-elles suffisantes pour le charger d'un crime? Que lui importait l'opinion de la foule, si Sulpice et Sabine ne le croyaient pas parricide?

Le directeur vint voir Xavier; celui-ci le pria de faire parvenir à son frère la lettre qu'il venait d'écrire.

— Vous êtes au secret, lui répondit le directeur; mais aussitôt que je le pourrai, je m'empresserai de l'expédier.

Le médecin vint à son tour s'informer de l'état de Xavier. Il lui conseilla de manger, de ménager ses forces ; le directeur envoya de sa table un plat léger, et le prisonnier suivit l'avis du docteur.

Il en reconnut l'utilité dans la soirée, car le juge d'instruction donna l'ordre d'amener Xavier au greffe pour lui faire subir un nouvel interrogatoire.

A cette nouvelle, le prisonnier trembla de tous ses membres ; depuis la veille, de si terribles émotions le saisissaient tour à tour et l'étreignaient sans relâche, qu'il ne se sentait plus le courage d'en affronter de nouvelles.

Le gardien dut réitérer l'ordre du magistrat ; Xavier se leva alors péniblement et le suivit en silence.

Quand le malheureux jeune homme se trouva en présence de M Gaubert, il n'attendit point que celui-ci lui adressât la parole, il lui dit d'une voix altérée :

— Monsieur, je suis innocent. Vous refusez de le croire, vous accumulez, pour me perdre, un échafaudage monstrueux de prévisions, de faits, dans lesquels vous voulez trouver la preuve de ma culpabilité. Je vous le répète, à vous, monsieur, comme je le répéterai à la justice, comme je le crierai au monde entier, je n'ai pas assassiné mon père ! Vos questions me sont une horrible torture ; je suis libre de m'y soustraire et quoi que vous me demandiez, je ne vous répondrai plus désormais.

— Prenez garde ! fit sévèrement le magistrat.

— Et que puis-je craindre de plus redoutable que ce qui m'arrive, monsieur ? Je vous ai parlé tout d'abord avec une entière franchise, j'ai avoué mes folies, mes dettes, la tentative coupable de dérober à mon père la somme qu'il me refusait. Je n'ai rien dissimulé, rien caché. Vous avez fait chez moi des perquisitions, ont-elles amené la découverte de l'argent que vous m'accusez d'avoir pris ?

— Votre complice l'a emporté, cet argent !

— Mais je n'ai pas plus de complice que je ne suis criminel moi-même.

— Voyons, reprit M. Gaubert, seul vous avez dérobé les clefs, et ouvert la caisse. Pendant que vous enleviez les valeurs, votre père, réveillé par le bruit, est entré dans son cabinet. Vous, le fils, vous avez reculé, accablé de stupeur, écrasé de remords. Votre complice, au contraire, croyant s'assurer l'impunité par un nouveau crime, s'est précipité sur M. Pomereul. Une lutte terrible a eu lieu, lutte à laquelle vous n'avez pas pris part, je le concède. Un troisième acteur survient : c'est Lipp-Lapp, qui défend son maître et tombe frappé à son tour. Votre complice s'évade, et vous courez, effrayé, vous enfermer dans votre chambre. Eh bien ! j'admets que vous ayez été spectateur impassible du meurtre. Ce meurtre a été commis ; qui a frappé, si ce n'est vous ? Nommez l'assassin, si vous voulez que l'accusation ne retombe pas sur votre tête.

— Monsieur, dit Xavier, ma raison s'égare, ma pensée flotte dans les ténèbres. Je ne me reconnais plus, je doute presque de moi-même à vous entendre démontrer, avec une lucidité terrible, des faits que vous voyez, que vous rendez visibles, tangibles, et qui m'effarent et m'oppressent comme un cauchemar. Je ne vous répondrai plus, car je vous comprends à peine ; je ne vous répondrai plus, car je me sens devenir fou !

— Je ne saurais vous y contraindre, mais je déplore, dans votre intérêt, une telle attitude, et je ne dois pas vous dissimuler que votre refus exercera une fâcheuse influence sur l'esprit de vos juges.

— Monsieur, reprit Xavier, chaque fois que j'ai entendu prononcer votre nom, ç'a été comme celui d'un homme honnête, incorruptible, joignant l'habileté à un grand sens. Si vous m'accusez, les autres juges m'accuseront. Je m'y dois résigner, sinon sans douleur, du moins sans lâcheté. Il est des malheurs que l'on ne saurait prévoir et sous lesquels on tombe fatalement écrasé.

Le juge d'instruction appela le gardien-chef :

— Reconduisez, dit-il, M. Pomereul dans sa cellule.

Puis il ajouta en se tournant vers Xavier :

— A partir de cette heure, vous n'êtes plus au secret.

— Il me sera permis de communiquer avec ma famille ?

— Dès aujourd'hui, autant que les règlements le permettent.

— J'ai écrit une lettre, puis-je la faire parvenir ?

— Après que le directeur en aura pris connaissance.

— Et vous me disiez, monsieur, que je n'étais plus au secret ! Qu'y a-t-il donc de plus sacré que la lettre dans laquelle on montre sans honte, sans crainte, à ceux qui nous sont chers, son cœur saignant et déchiré.

— C'est le règlement, répéta le magistrat.

Xavier se leva et suivit le gardien.

Rentré dans sa cellule, il déchira la longue lettre préparée pour Sulpice, et se contenta d'écrire : « Viens, je t'attends ! »

Le malheureux passa une nuit sans sommeil. Il compta les heures que lui mesurait la grosse horloge dont il entendait la sonnerie. Le temps lui semblait d'une interminable longueur. Il marche dans sa cellule étroite, s'arrête, écoute si le pas qui retentit dans le corridor n'est pas celui du guichetier, lui annonçant la visite de son frère. Enfin un gardien se présente.

— On vous demande au parloir ! dit-il.

Xavier étouffe un cri de joie, traverse les couloirs et arrive dans une grande pièce. Il cherche Sulpice et ne le voit point. Alors le guichetier lui montre son frère immobile contre un treillis de fer, séparé par la largeur d'un mètre environ d'une barrière semblable. Xavier ne pourra se jeter dans les bras de Sulpice, l'étreindre sur son cœur; il ne pourra pas même serrer sa main dans les siennes .. Malgré le sentiment d'amère tristesse causé par cette déception, il s'approche du treillage et répète d'une voix tremblante :

— Sulpice, mon cher Sulpice! c'est toi, enfin! toi! n'est ce pas que tu ne m'accuses point dans le fond de ton âme? que Sabine me croit innocent?

— Nous te plaignons tous les deux, et ton épreuve te rend plus cher à notre tendresse... Tu fus un prodigue, un fou; tu n'es point un misérable...

— Quel bien tu me fais, Sulpice, oh! si d'autres que moi pouvaient l'entendre...

— Dieu permettra bien que la lumière se fasse, Xavier.

— Si faible, si criminel même que j'aie été, Sulpice, il ne me semble pas avoir mérité du ciel un châtiment semblable à celui qui m'écrase... Je suis innocent! mais comment en convaincre la foule? comment le prouver au juge qui hier au soir m'interrogeait encore et trouvait contre moi tant d'arguments accusateurs... Tout ce qui arrive est préparé, machiné avec une habileté si infernale et un concours si fatal de circonstances, que, juge, ayant en face de moi l'accusé que je suis, je crois que je le condamnerais, comme M. Gaubert m'accuse et me condamne?

— Ah! malheureux! fit l'abbé Sulpice.

— Il a raison, cet homme, ce juge .. le crime est commis et je suis seul... seul... Il l'a dit, il faut trouver l'autre...

— L'autre, oui, l'autre! répéta l'abbé Sulpice en pâlissant.

— Ce misérable qu'il nomme mon complice, je l'appelle, moi, le vrai, le seul, l'unique meurtrier. Mais je suis en prison, je ne puis chercher, courir, guider la justice! Il me semble que si j'étais libre, je le reconnaîtrais sans l'avoir vu jamais, tant son crime a dû laisser de stupeur et de remords sur sa face. Ah! cet homme, ce damné, qui l'amènera devant le juge, le tribunal, avouer sa honte et me rendre mon honneur.

— Moi! moi! dit Sulpice entraîné, je le trouverai dans ce Paris, si grand qu'il soit, je reconnaîtrai la maison... Je me jetterai aux pieds de cet homme, je lui dirai: Relevez-moi de mon serment! Je ne m'appelle pas Caïn! Je ne puis pas tuer mon frère.

Xavier poussa un cri :

— Tu le connais! fit-il, tu le connais?

Mais déjà l'abbé Sulpice était revenu de la minute d'égarement pendant laquelle il avait laissé deviner qu'il possédait le secret du drame de la maison Pomereul, et pâle, chancelant, il s'attachait des deux mains à la grille qui le séparait de son frère.

— Mais alors je suis sauvé, dit Xavier : tu vas aller trouver M. Gaubert, tu lui livreras l'assassin, et je me trouverai lavé de l'horrible accusation qui pèse sur moi... et le misérable subira dans toute sa rigueur la peine de son crime.

— Je ne puis faire cela..., murmura Sulpice.

— Oui, reprit le prisonnier, tu es prêtre, tu pardonnes, même à l'assassin du meilleur des pères ; ... tu pardonnerais à tes propres bourreaux ; ... tu feras ce que ta conscience t'ordonnera, ... tu appelleras sur ce monstre la miséricorde qu'il n'eut pas pour sa victime...

— Je ne pourrai pas même cela, mon frère, car il ne m'est pas permis d'aller dire aux magistrats : Je sais le nom de cet homme et je vais vous l'apprendre...

— Oublies-tu qu'il s'agit de notre honneur, Sulpice?

— Je ne l'oublie pas...

— Que ma tête est menacée?

— Je le sais.

— Et tu hésites, entre ton frère innocent et le misérable.

— Je pleure sur mon frere, mais je n'hésite pas.

— Je ne comprends plus! je deviens fou! dit Xavier... Tu as surpris le meurtrier et tu ne peux le dénoncer?

— Je ne l'ai point surpris, il m'a tout avoué.

— Et qu'importe le serment du silence, si tu l'as prêté à un assassin, et si ce même serment peut entraîner ma perte! quel est le pouvoir qui t'en délierait! l'archevêque, le Souverain-Pontife lui-même, te diraient Parlez!

— Il ne s'agit pas seulement d'une promesse faite à un coupable, Xavier, mais d'un serment prêté à Dieu, serment solennel, dont nul ne me déliera, pas même les pouvoirs dont tu parles... Oui, je sais le nom du meurtrier de notre père, et je me tais... Un mot de ma bouche te rendrait libre et je me tais encore... Je te crie merci et pitié, mon frère, parce que, dusses-tu mourir, je ne pourrais démasquer le visage ni dire le nom de l'assassin... Tu veux savoir ce qui m'étreint et m'écrase... c'est cette chose sublime et terrible qui s'appelle le secret de la confession...

— Ah! s'écria Xavier, il ne t'oblige point à un silence qui me tue. Ce secret, je le respecte, quand il sert seulement à garantir l'inviolabilité de l'aveu d'un pénitent ; mais, cette fois, il y va de ma tête! Tu ne la feras pas tomber pour rester fidèle à ton vœu? Quand tu fis le serment de garder le secret sur les aveux reçus par toi au tribunal de la pénitence, tu ne pouvais prévoir te trouver jamais placé entre ton frère et un meurtrier! Si tu te taisais, Sulpice, ce ne serait plus la loi qui me frapperait, ce serait toi! Je n'accuserais plus les juges ; je te maudirais seul!

— Ah! fit le prêtre, ce que tu me demandes est impossible.
— Tu me laisseras accuser, juger?
— Oui...
— Tu me verras passer en cour d'assises plutôt que de révéler la vérité?
— Je donnerais ma vie pour te sauver, Xavier; je ne puis trahir mes devoirs.
— Mais ce devoir te rendra fratricide!
— Mon Dieu! mon Dieu! dit Sulpice, en tombant à genoux, cette épreuve est trop rude.

Xavier crut avoir ébranlé la résolution de son frère, et poursuivit :
— Je sais combien le mot devoir est sacré. Je ne respecte nul homme, nul prêtre comme toi, Sulpice ; pourtant si tu t'obstinais dans ce cruel silence, ce ne serait plus de la vénération que tu m'inspireras, mais de l'horreur!
— Xavier, dit l'abbé Pomereul, d'une voix brisée, te souviens-tu d'avoir lu, quand tu étais enfant, des livres racontant les actes des martyrs? Pour les pousser à l'apostasie, on envoyait dans leur prison une mère, une sœur, une compagne. Elles se jetaient aux genoux du nouveau chrétien, elles le suppliaient de brûler de l'encens devant les idoles et de renier le Crucifié. Et les lui disaient ce que tu me dis à cette heure : Vends ton âme, par amour pour nous!
— Oui! dit Xavier, oui, Sulpice, vends ton âme, renie ton Dieu, fausse ton serment de prêtre, encours la damnation éternelle, s'il le faut, pour me sauver, mais sauve-moi!
— Ah! malheureux! malheureux! tu as perdu la foi!
— Je foulerais aux pieds l'image de ton Dieu, s'il t'obligeait à me condamner. C'est un maître cruel que celui qui frappe par ton impitoyable honneur de prêtre. Si tu persistais, Sulpice, je crierais à la foule, aux jurés, à la justice : Il sait le nom du coupable et ne le révèle pas! Et la justice te le ferait dire.
— Tu te trompes, Xavier ; elle comprendra la loi de rigueur qui scelle mes lèvres.
— Et moi qui ne la comprends pas, je te maudirai quand les témoignages accusateurs s'accumuleront contre moi! Je te maudirai quand je m'entendrai flétrir par l'organe du ministère public, quand le chef du jury apportera la décision de ses collègues! Je te maudirai quand le président des assises lira l'arrêt qui me condamne à la peine de mort, et mon dernier mot, sur l'échafaud, sera pour te maudire!...
— *Miserere mei, Deus!* balbutia le prêtre.

Son visage était livide ; ses yeux obscurcis ; la voix de son frère lui brisait le cœur!

Quant à Xavier, les doigts crispés aux treillages de fer, l'œil convulsé, les lèvres couvertes d'une écume rougeâtre, il semblait insensé de désespoir.

La vertu de Sulpice exaltait sa douleur jusqu'à la rage. Incapable de comprendre le martyre du malheureux prêtre, il le centuplait par ses cuisants reproches et ses paroles amères.

Enfin, ne pouvant supporter la vue de celui qui, à cette heure, suppliait Dieu de prendre sa vie en échange de celle de Xavier, le prisonnier lui cria, en ébranlant avec force la grille de fer à laquelle il se cramponnait :

— Va-t'en ! Va-t'en !

— Me laisseras-tu revenir ? demanda Sulpice.

— Non ! répondit Xavier, ta vue me fait horreur ! Sois maudit ! Caïn ! Caïn !

Et le prêtre s'enfuit poursuivi par ce cri terrible :

— Caïn ! Caïn !

— Voyez, messieurs et mesdames, je verse une fiole d'huile... comme cela...
(Voir page 104.)

Chapitre IX

NOUVEAU MALHEUR

L'abbé Sulpice se trouvait dans le cabinet de son père, et compulsait de nombreux papiers, quand Mlle Pomereul entra.

La jeune fille, vêtue de noir, et portant plus encore dans son cœur que sur son visage le double deuil de son père et de son bonheur, resta un moment immobile et sans parler devant son frère. Elle le contemplait avec un sentiment de compassion mêlé d'une admiration profonde; et cependant, il semblait que la grande tendresse qu'il lui inspirait jadis s'était amoindrie dans son âme. Elle le jugeait désormais trop grand.

Sabine revenait de la Conciergerie.

Elle y était allée accompagnée par Baptiste, qui l'avait attendue dans la salle du greffe, et elle avait appris, de la bouche de Xavier, la scène qui s'était passée la veille entre les deux frères.

Le premier sentiment qu'elle ressentit fut celui de la stupeur, le second une sorte d'effroi causé par la vertu de Sulpice qui, au point de vue humain, semblait si près de la cruauté.

A partir de ce moment, tout l'élan de son cœur se tourna vers le prisonnier. Elle ne vit plus que lui de malheureux, elle le plaignit seul.

Cette âme chrétienne pourtant, chaste et douce, eut une heure de défaillance. Sabine n'aurait point conseillé à Sulpice de trahir l'inviolable secret de la confession, mais s'il l'eût fait pour sauver son frère, le courage lui aurait manqué pour l'en blâmer.

Le malheur de Xavier lui semblait si complet, si épouvantable, qu'elle ne songeait plus au martyre de Sulpice.

Hélas! dans ces heures d'horribles souffrances, durant cette épreuve à laquelle ne se fût soumis aucun homme, Sulpice, au contraire, aurait eu besoin d'entendre une voix amie et consolatrice. Jamais la tendresse affectueuse de Sabine ne lui parut plus désirable qu'à l'heure où elle lui faisait défaut. Il ne l'accusait pas cependant. Pouvait-il exiger de cette enfant la force surhumaine qu'il devait à son sacerdoce? Était-il en droit de vouloir que Sabine s'élevât à la même hauteur que lui?

Quand Sulpice se rendit compte ce qui se passait dans l'âme de sa sœur, il sentit quel serait son abandon, son délaissement.

Il comprit qu'il serait lapidé par les hommes, maudit par Xavier, que ses frères en sacerdoce l'approuveraient seuls, et qu'il n'appartiendrait qu'à Dieu de lui envoyer la consolation.

Ces pensées traversèrent son esprit, tandis que Sabine, silencieuse, le regardait avec une fixité pénible.

— Tu l'as vu? demanda Sulpice.

— Je l'ai vu. Il attendait son avocat.

— Et t'a-t-il parlé de moi?

Sabine hésita.

— Oh! tu peux tout dire! fit le jeune prêtre; une douleur de plus ne brisera pas davantage mon cœur.

— Je ne comprends pas, dit Sabine, en secouant la tête.

Et elle ajouta, d'une voix plus basse, et comme si elle eût rougi des paroles qu'elle prononçait:

— Je ne me comprends pas moi-même. Je me croyais élevée par toi à l'école de tous les dévouements, et il me semblait jadis que, si dure que fût une vertu, elle me trouverait prête au sacrifice. Eh bien! cela n'est pas! Non, cela n'est pas, Sulpice! Moi, ta sœur, ton élève, ta fille spirituelle, je ne saurais plus te suivre dans les routes désolées où il plaît à Dieu de te conduire. Toute ma compassion reste là-bas. Je ne te trahis point, je ne t'accuse pas, et je le sens, avec une sorte d'horreur, je te délaisse et je le préfère...

Sulpice prit la main de sa sœur.

— Ne t'accuse pas, dit-il, et va vers lui. Console-le, puisque la consolation jaillit de ton cœur et coule de tes lèvres. Pendant ce temps, si le prêtre garde sa bouche scellée, l'homme agira sans repos et sans trêve. Il est un être que je dois chercher, trouver, attendrir, qui peut me relever de mon serment, et dont j'achèterai peut-être l'aveu au prix d'une fortune. Cet homme, il faut que le ciel le replace sur ma route, et j'en garde l'espérance. A chacun sa part, Sabine. Si je dois succomber sous le fardeau d'une douleur inconnue peut-être aux hommes, ne me plains pas de ce martyre! Dieu m'en tiendra compte! Mais pleure sur Xavier, dévoue-toi à ce malheureux enfant. Fais descendre dans son âme la résignation. Nous nous verrons peu durant les jours qui vont suivre, l'œuvre de la justice se poursuit dans l'ombre, et je dois lutter contre elle.

— Me pardonnes-tu de ne pas t'égaler? demanda Sabine.

— Hélas! ma sœur, répondit l'abbé Pomereul, si j'étais abandonné à mes propres forces, je sais trop jusqu'où descendrait ma faiblesse.

Ils se serrèrent les mains longuement; leurs lèvres tremblaient, leurs yeux se voilaient de larmes; enfin ils répétèrent un adieu étouffé, et Sabine rentra chez elle.

Tandis que le prêtre poursuivait sa tâche, et que la jeune fille traçait, sur le *Mémorial* de la famille, les douloureuses impressions de cette journée, Léon Rameau se rendait à la Conciergerie, pour avoir une première entrevue avec Xavier.

Léon Rameau était âgé de vingt-huit ans. Né dans le Midi, il avait, sous son chaud soleil, en face de la mer, puisé le goût des grandes choses, des ambitions juvéniles, de la poésie et de l'éloquence. Il apprenait avec une facilité prodigieuse. Ses examens, comme élève de l'Ecole de droit, furent des triomphes, et son début émerveilla les vétérans de l'Ordre.

Rameau possédait un rare talent d'inspiration. Médiocre avocat consultant, peu fait aux subtilités de la chicane, et dédaignant l'argutie, il se prenait de passion pour une cause embrouillée, difficile, dramatique, y portait soudain la clarté, en faisait jaillir la lumière; puis, s'emparant du côté humain de la cause, il en tirait le double parti d'un romancier et d'un avocat.

Tout conspirait pour assurer des succès dont il était joyeux sans vanité. Il avait une belle tête, régulière de traits, pâle de ton ; ses grands yeux noirs lançaient des flammes, sa voix, puissamment timbrée, possédait ces cordes qui remuent. Il trouvait des mots imprévus, des effets spontanés. S'il n'entraînait pas toujours les juges, il exerçait du moins une influence incontestable sur les jurés, et le ministère public redoutait fort un semblable adversaire.

Quand Bénédict Fougerais vint offrir à Léon Rameau de se charger de la défense de Xavier Pomereul, le jeune avocat tendit les deux mains au sculpteur.

— Sois tranquille ! lui dit-il, ce n'est pas de l'art qu'il faut déployer ici, mais du cœur et, grâce à Dieu, j'en ai dans la poitrine. Certes, la cause semble presque désespérée, et ce malheureux se débat dans les mailles d'un filet qui l'enserre de tous côtés ; mais nous trouverons bien le moyen de briser le filet et de délivrer ce pauvre garçon ! Quand je songe combien je l'ai vu gai, heureux, insouciant ! Comme il jetait sa vie aux quatre vents du plaisir ! Quelle jeunesse prodigue ! quel entrain endiablé ! Le beau joueur et l'aimable convive ! Tout cela pour aboutir à une accusation entraînant la peine capitale. Aujourd'hui même je le verrai et, je te le jure, Bénédict, si Dieu m'a donné quelque génie, je l'emploierai pour le défendre.

— Merci, dit Bénédict, merci ; Xavier n'est pas seulement pour moi un compagnon de mes jeunes années, le fils de mon bienfaiteur, il est presque mon frère.

— Tu épouses Sabine Pomereul ?

— Son père nous fiança la veille de sa mort. Mais depuis, j'ignore ce qui s'est passé dans l'esprit de Sabine, elle s'éloigne de moi ; hier, elle a refusé de me recevoir, elle m'a fait dire que son deuil la condamnait à la solitude. Son deuil ! n'en ai-je point ma part ? Garde-t-elle le droit de me priver de la consoler, quand elle a placé sa main dans la mienne en me disant :

« — Je serai votre femme ! »

— Il faut que tu sauves Xavier Pomereul, pour me rendre en même temps mes espérances d'avenir.

— Je comprends ce que Mlle Sabine n'ose te dire encore, Bénédict. Riche, jeune, honorée, elle pouvait unir sa vie à ta vie ; si une condamnation frappait Xavier, la malheureuse fille garderait toute sa vie le double deuil de l'honneur de sa famille et de sa tendresse pour toi.

— Oui, oui, tu as raison, Léon ! il faut acquitter le frère pour que la sœur me soit rendue !

Les deux jeunes gens ne se quittèrent qu'à la porte de la Conciergerie.

Bénédict rentra dans son atelier, et le jeune avocat fut introduit près de son client.

Il le trouva complètement abattu. Tout concourait depuis deux jours à le briser sans relâche. Le corps et l'esprit succombaient à la fois. Sa crise de colère passée, quand il en vint à se souvenir des paroles de Sulpice, à se répéter que le meutrier de son père habitait Paris, qu'il suffisait d'un mot pour que la justice s'en emparât et lui rendît la liberté, il demeura comme écrasé! Deux jours avant, il luttait contre l'accusation et protestait de son innocence; à cette heure, il n'en avait plus le courage...

A quoi bon! la partie n'était-elle pas perdue d'avance?

La vue de son avocat le réveilla soudainement de son atonie.

Ce beau et vaillant jeune homme, qui se déclarait son champion, lui prit subitement le cœur. Devant l'avocat convaincu de son innocence, il rougit de sa faiblesse.

Pour la première fois, il parla à cœur ouvert, étala ses blessures, raconta les moindres épisodes de ce drame encore incompréhensible pour lui, chercha de quel côté pouvait jaillir la lumière. A mesure que Léon Rameau classait les faits, prenait des notes, il devenait de plus en plus convaincu que jamais son client n'avait même effleuré du doigt les billets de banque que dans une heure de délire il avait songé à s'approprier.

Mais en même temps surgissaient des difficultés graves. Sa conviction suffirait-elle aux jurés? En présence des faits accusateurs, de quel poids seraient ses présomptions en faveur de Xavier? Certes, il s'agissait de jouer une partie difficile, plus rude qu'aucune bataille livrée encore par le jeune avocat.

L'opinion publique se montrait complètement défavorable à Xavier. Depuis près d'une année, les fils de famille donnaient de terribles exemples. Xavier venait clore une longue liste de viveurs émérites, terminant par le crime une précoce jeunesse dépensée en folles orgies.

Il fallait un exemple à ces jeunes gens.

Il devenait nécessaire d'apprendre aux pères de famille qui ne contenaient plus leurs fils dans la route du devoir, que ces misérables enfants leur feraient un jour payer cher une faiblesse plus coupable que tendre. On criait depuis longtemps que la nouvelle génération était pourrie, il s'agissait d'en retrancher un membre gangrené.

Rameau connaissait le diapason de l'opinion, et trouvait plus difficile de lutter contre elle que d'entraîner les membres du jury.

Il ne dissimula point la vérité à Xavier, mais il se servit des difficultés mêmes présentées par la tâche pour l'aider à retrouver son courage.

— Seul, je ne puis rien, lui dit-il; avec vous, je suis fort. Votre attitude à l'audience, vos réponses me viendront grandement en aide. En attendant le grand jour de la lutte, rassemblez vos souvenirs, notez tout ce que vous croirez me pouvoir être utile... D'ici à quelques jours je verrai l'abbé Sulpice...

— Vous n'en obtiendrez rien ! rien ! fit Xavier.

— Vous vous trompez : j'obtiendrai de l'homme, du frère, ce qu'il a le droit de révéler à la justice... Or, voici ce qu'il peut dire sans mentir à son caractère... deux hommes se trouvaient dans l'escalier de l'hôtel au moment où il rentrait... ces deux hommes l'ont emmené... c'est pendant qu'il se trouvait avec eux, qu'à l'aide d'une comédie monstrueuse, on a tiré parti de son devoir de prêtre pour l'obliger au silence.

— Et qui vous dit qu'on croira à cet acte mystérieux d'un drame qui semble être fait à plaisir ?

— On le croira, parce que votre frère viendra l'affirmer... Sa réputation de dévouement, de sainteté, ne permettra à personne de mettre sa parole en doute. Si bref que soit ce témoignage, il me suffira. Le président des assises, les jurés, les juges, devineront la vérité qu'il est interdit au ministre de Dieu de révéler. Ils sauront déjà que le vrai coupable existe, et il ne leur restera plus qu'à rendre la liberté à un malheureux !

— Vous avez raison, monsieur, et je m'attache à cette espérance.

— Allons ! dit Rameau, bon courage ! D'ici la bataille, je viendrai tous les jours !

Pendant que Sabine portait au prisonnier ses consolations, que Léon Rameau pâlissait sur le dossier de Xavier, que le malheureux jeune homme s'abandonnait tour à tour à l'espérance et au désespoir, l'abbé Sulpice cherchait dans Paris le forçat évadé qui tenait dans ses mains la destinée de sa famille.

Chaque jour il sortait, allant dans les rues au hasard, ayant devant lui un but unique. Il visitait les prisons, traversait les quartiers immondes, fouillait du regard les groupes, interrogeait le soir les figures sombres, suivait des hommes dont l'allure lui rappelait Jean Machû.

La fièvre ne le quittait plus. Ses nerfs lui semblaient tendus douloureusement, comme les cordes d'un instrument, qu'une torsion de plus ferait rompre.

Il rentrait tard, brisé de fatigue, la tête en feu, les pieds endoloris.

La prière lui semblait alors un rafraîchissement ineffable. Il y trouvait non l'oubli, mais la force ; et le lendemain, soutenu par sa tendresse fraternelle, il recommençait sa course, et s'attendait toujours à se trouver, au milieu de la nuit, face à face avec le meurtrier de son père.

Un jour, Sulpice passait sur les quais. Il faisait grand soleil. La foule était nombreuse, pimpante.

Sulpice se trouvait à ce moment proche de la Conciergerie.

Le long du quai, sur les parapets, les bouquinistes laissaient leurs boîtes ouvertes aux chalands. Après le dernier brocanteur de volumes, un groupe compact environnait un homme ayant devant lui une petite table placée sur des X en bois. Cette table remplaçait la rampe d'un théâtre, et servait à isoler le charlatan de la foule qui faisait cercle autour de lui.

Vêtu d'une sorte de paletot de velours sombre, et tenant à la main un chapeau de feutre noir, l'acteur en plein vent, mime d'une grande habileté, changeait l'expression de son visage avec une rapidité et un art merveilleux. Le chapeau prenait toutes les formes, et chacune d'elles, jointe au mouvement des muscles de la face, variait, à rendre méconnaissable la figure du grimacier. Les enfants riaient aux larmes, les bonnes oubliaient leurs commissions, les badauds se gaudissaient de joie, et à chaque minute la foule, devenant plus nombreuse, rendait le passage plus difficile.

Attirés eux-mêmes par cette étrange spectacle, les sergents de ville oubliaient de dire : « Circulez ! », et Sulpice, au moment de traverser la chaussée, se vit dans l'impossibilité de faire un pas.

Le hasard lui fit lever la tête vers le grimacier.

La lueur rapide d'un souvenir le frappa.

Rien dans cet homme ne paraissait cependant, au premier abord, devoir troubler Sulpice; le saltimbanque exerçait son métier avec une aisance familière. Il riait, il gouaillait, il avait le mot joyeux, l'allure bon enfant, et cependant Sulpice ne put s'empêcher de donner à cette face, aux expressions multiples, le nom de Jean Machû, le forçat.

La fixité du regard de l'abbé Pomereul exerça, sans nul doute, sa puissance de fascination sur le grimacier, car il eut un froncement de sourcil qui n'échappa point à l'abbé Sulpice, et il sembla au jeune prêtre qu'il perdait quelque chose de sa verve habituelle.

Une étincelle jaillit des yeux du saltimbanque : la crainte et le défi s'y mêlaient de telle sorte que, si le prêtre eût conservé des doutes sur l'identité du sinistre personnage, ces doutes se seraient dissipés à l'instant même.

Une sorte de lutte s'établit à partir de ce moment entre l'abbé Pomereul et Jean Machû.

Celui-ci cherchait le moyen d'échapper au prêtre. Sulpice, remerciant Dieu de placer enfin devant lui le meurtrier, était bien résolu à le suivre partout où il irait, et à l'attendre, tant qu'il lui plairait de se donner en spectacle au public.

Jean Machû sentit son entrain diminuer, à mesure que l'irritation grandissait dans son esprit. Quelque chose que l'abbé Pomereul eût à lui dire, il s'effrayait d'un entretien avec lui. Ne trouvant plus l'inspiration nécessaire pour le spectacle dont il avait jusqu'alors régalé gratis les badauds, Jean Machû frappa sur l'épaule d'un garçon de quatorze ans environ, dans lequel il était facile de reconnaître Pomme-d'Api, et lui dit d'une voix rude :

— Mouds un air, je vais débiter des savons.

Tandis que l'orgue de Barbarie enlevait son ouverture, à la force du poignet, Jean Machû, tout en surveillant de l'œil l'abbé Sulpice, tira du tiroir de sa table des fioles de verre remplies d'une liqueur rouge, et des pains de savon enveloppés de papier doré.

Réciter son boniment ordinaire, lui semblait moins difficile que d'improviser les lazzis par lesquels il annonçait un de ses multiples changements de physionomie.

L'ouverture était finie, il s'agissait de jouer la pièce, de faire recette, et de quitter ensuite la place, afin de savoir à quoi s'en tenir, relativement au fils de M. Pomereul.

L'abbé Sulpice s'était approché de la boîte de livres d'un bouquiniste, et semblait occupé à parcourir un vieux livre latin. Mais son regard ne quittait pas Jean Machû, et le forçat devinait qu'il ne lui servirait de rien de tenter d'échapper à cette surveillance.

Il frappa donc sur la tête de Pomme-d'Api.

— Assez d'harmonie, dit-il, faut pas dégoûter les gens du Conservatoire.

Puis, déchirant l'enveloppe d'un de ses morceaux de savon, il commença :

— Messieurs et mesdames, le savon à détacher que j'ai l'honneur de soumettre à votre appréciation éclairée, a été honoré du choix de toutes les têtes couronnées de l'Europe. Sa Majesté Britannique s'en sert pour les mains, le roi de Prusse le fait mousser sur son visage, avant de se faire la barbe. Il remplace avantageusement la saponaire dans laquelle les ménagères frottent leurs lainages, les copeaux de Panama et le carbonate de soude. Approchez, jeune homme timide, poursuivit le charlatan, en empoignant par l'épaule une sorte de Calino qui l'écoutait, bouche béante : la bonté de votre mère vous a doté d'un veston tout frais sorti du magasin qui « *n'est pas au coin du quai* ». Voyez, messieurs et mesdames, la fraîcheur de l'étoffe... je renverse sur ce veston une fiole d'huile... comme cela...

Machû vida en effet un flacon sur la veste du malheureux garçon, qui fit d'incroyables efforts pour s'arracher à l'étreinte du forçat, mais qui ne réussit qu'à faire opérer un craquement dans l'entournure de son vêtement.

— Patience, jeune adolescent! fit Jean Machû, avec un éclat de rire timbré, je ne me serais pas permis de détériorer un veston de trente francs soixante-quinze, si je ne possédais le moyen de lui rendre son premier lustre... Voyez la tache, messieurs, elle a grandi à vue d'œil; elle couvre tout le dos du vêtement... Eh bien ! je la frotte d'un morceau de savon, de mon incomparable savon à détacher, et soudain, elle pâlit, s'efface, disparaît, sans qu'il en reste de vestige... Et maintenant, jeune homme, je vous remercie de vous être prêté de bonne grâce aux expérimentations de la science. En avant la musique!

Pomme-d'Api joua une valse, et pendant ce temps, vingt bras se tendirent vers le marchand de savon.

— De l'ordre! fit-il, de l'ordre! pour vous, madame, deux pains de savon? Un seul, la jolie cuisinière...? Et vous, Brunette? Voilà! voilà! faites-vous servir! Il n'en reste que vingt-quatre à quinze centimes la pièce!

Machù écoula toute sa marchandise.

Sulpice continuait à feuilleter des livres.

Un moment, le forçat crut avoir échappé à la surveillance du jeune prêtre, il enleva rapidement les planches de sa table des X qui les soutenaient, les plaça sous le bras de Pomme-d'Api, et lui dit tout bas:

— Détale à droite, je file à gauche... rendez-vous chez Mathusalem.

L'abbé Pomereul n'avait rien perdu de cette scène. Mais s'il était résolu à parler à Jean Machù, il l'était aussi à tenir sa promesse. Sa conscience était trop rigide pour l'autoriser à compromettre, de quelque façon que ce fût, le secret du forçat.

Il feignit donc de le perdre de vue, mais à peine le misérable eut-il tourné la rue la plus proche, que l'abbé Pomereul le suivit à distance.

Jean Machù se retourna; un embarras de voitures l'empêcha de distinguer Sulpice au milieu de la foule, et quand il se crut sûr d'avoir fait perdre ses traces, il entra résolument dans la rue Gît-le-Cœur.

Arrivé sur le seuil de la maison de Mathusalem, il se retourna de nouveau, mais il ne vit personne.

L'abbé Pomereul venait de se dissimuler dans l'ombre d'une allée.

Résolu à attendre la nuit, pour avoir avec Jean Machù un entretien décisif, il s'accota contre la muraille, et resta immobile.

Il lui fut facile de voir, du point d'observation qu'il s'était choisi, les pensionnaires accoutumés de Mathusalem entrer dans la boutique de ferrailles.

Le jour baissa, puis la nuit vint.

Une nuit noire, sans lune, sans étoiles.

Peu à peu, les clients de Mathusalem quittèrent la *pension bourgeoise*.

Jean Machù quitta la boutique le dernier. Les regards investigateurs qu'il jeta autour de lui ne lui révélèrent point la présence de l'abbé Sulpice, et il fit, en passant devant la sombre allée dont les noires profondeurs défendaient Sulpice, un geste qui signifiait :

— Je m'en moque pas mal!

Jean Machù passa devant la place Saint-Michel, et suivit le quai, laissant à sa gauche l'Hôtel-Dieu et Notre-Dame.

Il se trouvait complètement perdu dans cette nuit opaque, quand le bruit d'un pas rapide lui fit tourner la tête.

Il attendit alors pour s'assurer tout de suite, si celui qui le suivait avait un but, ou s'il s'agissait simplement d'un promeneur.

Une main se posa brusquement sur son bras, et le forçat étouffa un cri.

— Tu ne te trompes pas, Jean Machû, dit une voix tremblante d'émotion, c'est moi.

— Vous m'aviez promis d'oublier.

— J'ai promis de ne pas te trahir.

— Ne comprenez-vous point que votre présence seule est pour moi un danger?

— Oui, si je t'avais adressé la parole en face de la Conciergerie, que tu sembles couver du regard, pour savoir si elle ne rendra point sa proie. Tu sais donc, Jean Machû, le résultat de ton crime, le fruit de ton habileté diabolique?

— Oui, répondit le forçat.

— Tu sais que mon malheureux frère est accusé à ta place, et qu'à ta place peut-être, il sera condamné.

— Que voulez-vous que j'y fasse? demanda le forçat d'une voix âpre... Ce que je voulais pour mon compte, c'était l'impunité... La justice s'égare... ce n'est pas mon affaire... Votre frère a pour lui son innocence, et vous lui avez trouvé un fameux avocat!

— Et tu n'as point frémi à l'idée que, voyant mon frère dans cette situation terrible, je l'en tirerais à quelque prix que ce fût.

— Non, dit tranquillement Jean Machû.

— Tu te trompes peut-être, Jean... Je suis un homme... un homme faible, malheureux, dont la raison chancelle... Accablé sous le poids d'un cruel devoir, je ne sais plus à cette heure discerner le juste de l'injuste... mon frère m'a maudit... mon frère mourra en désespéré, quand il sortira flétri du tribunal des hommes... Machû, souviens-toi que je t'ai sauvé! rappelle-toi que j'ai promis le secret avant de savoir quelle conséquence fatale il entraînait pour les miens. Je te donnerais l'or volé, je te pardonnerais le sang répandu : je ne puis supporter l'idée que, pour te sauver, toi, j'enverrai mon frère à l'échafaud!

— Vous avez promis, vous devez tenir.

— Impitoyable! tu es impitoyable!

— Écoutez, si la tête de votre frère ne tombe pas, c'est la mienne qui roule. Je défends ma peau et ma vie! J'y tiens à cette loque traînée dans tous les égouts! Et il faut que j'y tienne diablement pour la disputer de la sorte.. Vous ne parlerez pas! Je serai tous les jours devant la Conciergerie, et vous ne me suivrez plus! Je serai dans la salle de la cour d'assises, et vous vous tairez!

— Mais si je te procurais le moyen de fuir, de passer en Amérique; si je doublais ta fortune, ne consentirais-tu pas à avouer ton crime?..

— Ça, dit Machû, ça ne se peut pas à cause de l'extradition.

— Ainsi, mon frère est perdu, perdu sans ressource?

— Je croyais, dit en raillant Rat-de-Cave, que vous comptiez sur la justice de Dieu?

— Je m'y soumets, répondit le prêtre, je ne l'interroge pas.

Jean Machû s'arrêta :

— Ecoutez, lui dit-il, un entretien plus long entre nous n'amènerait aucun résultat. Vous avez juré de vous taire, tenez votre promesse.

— J'ai juré de me taire devant la foule, devant les magistrats, devant les juges... ce serment je l'ai tenu. Je n'ai point promis de ne pas m'adresser à qui garde le pouvoir de me relever de mon serment. Ecoute, Jean, il faut que la religion que je professe et que j'enseigne soit bien grande et bien sublime, pour que j'obéisse, comme je le fais, aux lois qu'elle édicte. Eh bien! au nom de cette foi, je te promets le pardon de mon Maître et jusqu'à l'indulgence des hommes. Mon frère a vingt ans! Il porte un nom respectable... ma sœur Sabine est un ange! Nous voilà tous déshonorés, perdus pour toi! pour toi!

— Oui, je comprends, dit Machû, pour moi, le forçat évadé, le cheval de retour... celui que la justice empoignera un jour ou l'autre, à propos d'un nouveau méfait... celui qui, ayant passé par le bagne, appartient d'avance à l'échafaud. Eh bien! c'est pour cela peut-être que je tiens davantage aux quelques années, aux quelques mois, aux quelques jours qui me restent à vivre. J'ai de l'argent, plus que je n'en ai jamais palpé dans ma vie; je veux en jouir, me vautrer dans l'orgie, me rouler dans l'opulence comme un pourceau! Après cela, Charlot fera de moi ce qu'il voudra, et ce sera l'heure de me réciter vos homélies! Jusque-là, au large monsieur l'abbé, vous ne me connaissez pas!

Sulpice s'attacha des deux mains aux vêtements du misérable.

— Oh! fit-il, j'ai mal dit, sans doute, ce que je te voulais dire... Tu ne comprends pas mon angoisse, la lutte intérieure qui me brise et me tue... pitié! grâce! Ecoute, je ne me souviens pas avoir fait le mal dans ma vie. J'ai vécu pour les pauvres et pour Dieu! eh bien! me voilà à tes pieds... Je prie, je pleure... la vie de mon frère, donne-moi la vie de mon frère!..

Jean Machû essaya d'échapper à l'étreinte de l'abbé Sulpice; mais le malheureux prêtre, comprenant que jamais sans doute une occasion semblable ne se représenterait, se cramponnait à son bras avec une énergie désespérée.

La colère de l'ancien forçat, combattue par un sentiment d'admiration et de pitié, l'emporta bientôt sur deux sentiments si opposés à sa nature. Il cessa de voir dans Sulpice celui qui le protégeait par son silence, pour ne plus trouver en lui que l'ennemi de son repos.

— Laissez-moi! dit-il, je vois rouge!

— Mon frère! répéta Sulpice ; grâce pour mon frère!

Jean Machû se redressa, se campa solidement sur ses jambes et d'un brusque élan, se jetant subitement en arrière, il repoussa l'abbé Sulpice de toute la force musculaire de ses poignets, et le jeune prêtre tomba lourdement sur le trottoir.

Sa tête s'ouvrit, heurtant le parapet du quai, et le sang s'échappa à flots de sa blessure.

Jean Machû s'enfuit en courant.

— Toi qui pouvais me sauver et qui ne l'as pas fait, je te renie! (Voir page 120.)

Chapitre X

L'AUDIENCE

Une foule compacte se massait aux abords du Palais de Justice.
Les rues avoisinantes étaient pleines de curieux; on ne parvenait à conserver aux piétons et aux voitures un étroit passage, qu'en employant toutes les ressources dont dispose la police à Paris. La cour, le grand es-

calier, la salle des pas perdus presentaient un aspect spécial, particulier aux jours où la cour d'assises promet de dépasser le palpitant intérêt d'un drame de boulevard.

Le président était, depuis quinze jours, assiégé de demandes de cartes.

On comptait sur la présence d'un grand nombre de sommités du meilleur monde parisien.

Un ambassadeur étranger avait fait garder un fauteuil ; le ministre de la justice s'était fait annoncer.

Le vestiaire des avocats n'avait jamais compté tant de docteurs et de stagiaires avides d'écouter les débats d'une cause palpitante.

Les personnes munies de cartes roses les tenaient à la main, bien en évidence, et les auraient volontiers attachées à leur boutonnière ou à leur chapeau, comme s'il s'était agi d'un *steeple chase.*

En effet, depuis huit jours, chacun faisait la chasse aux billets. Outre les privilégiés munis de cartes, une foule bruyante formait une queue énorme : ouvriers, femmes du peuple, petits rentiers, enfants pâles et maladifs se pressaient, se foulaient, se questionnaient sur la famille Pomereul, la nature du crime, le peu de probabilité de l'acquittement de l'accusé.

Une vingtaine de fondeurs et de ciseleurs de la fabrique de Charenton étaient accourus pour donner une dernière preuve d'intérêt et de souvenir à la famille de leur ancien patron. Aucun d'eux ne ressentait de sympathie pour Xavier. On le savait dur, orgueilleux, désœuvré ; on le connaissait à peine ; mais Antonin Pomereul, dont le nom se trouvait dans toutes les bouches. Sulpice et Sabine gardaient leurs droits à l'affection et à la gratitude de tous.

Dès que l'on sut dans la foule que ce groupe d'ouvriers connaissait la victime et ses enfants, on les entoura, multipliant les questions relatives au crime et à ses tristes probabilités.

— Croyez-vous, demanda une femme, que Mlle Pomereul assiste à l'audience?

— C'est un ange, et elle viendra, dût-elle mourir de honte, répondit Blanc-Cadet.

— Et l abbé Sulpice?

— Lui, c'est autre chose, il ne viendra pas.

— Est-ce qu'il repousse son frère?

— Vous n'avez donc rien appris de ce qui s'est passé?

— Et que s'est-il encore passé dans cette maison?

— Une chose terrible, et qui, voyez-vous, se rapporte à la grande affaire. M. Sulpice a été victime d'une tentative d'assassinat.

— Lui ! répétèrent plusieurs voix.

— Oh ! les journaux se sont tus là-dessus, parce que M. Sulpice, par pitié pour le misérable agresseur, a refusé de le dénoncer. Mais un soir, il était près de minuit, on a ramené dans une voiture M. Sulpice évanoui et la tête fendue. Un passant l'avait trouvé gisant sur le trottoir. Il ne s'agit point d'un accident à mon avis. On a questionné le blessé dès qu'il a ouvert les yeux; il s'est contenté de répondre : « Je suis tombé. » Puis le transport au cerveau l'a pris, et, à partir de cette heure, il a divagué comme un pauvre insensé.

— Le malheur est sur cette famille! dit un vieillard.

— Et c'est Mlle Sabine qui en porte le plus lourd fardeau, allez... Elle a veillé son frère toutes les nuits, sauf deux. Celles-là, c'est l'ancien secrétaire de M. Pomereul qui les a passées. Un garçon que je croyais égoïste et qui s'est montré bien dévoué depuis la mort de notre patron. Il est vrai qu'en le remerciant on lui a compté six mois d'appointements; mais il n'empêche, beaucoup de jeunes gens à la place de Marc Mauduit ne seraient pas venus s'informer avec tant de sollicitude de la santé de M. Sulpice.

— Mais il me semble, dit une femme, que sa déposition serait bien importante, et qu'elle servirait beaucoup à l'accusé.

— Le bon Dieu veut garder ce secret-là, m'est avis! fit Blanc-Cadet. C'est égal, si j'étais le président, j'aurais agi comme j'ai lu dans les livres que cela se passait autrefois quand on rendait la justice : j'aurais fait venir l'Homme des bois.

— Lipp-Lapp? demanda un enfant.

— Eh oui! Lipp-Lapp! Vous avez retenu son nom! Une brave bête, qui a failli mourir en défendant son maître. Je lui aurais montré le couteau qui a servi au meurtrier, et je lui aurais dit comme aux bons chiens de chasse : « Cherche. » Et si, se trouvant en face de l'accusé, l'Homme des bois ne l'avait pas étranglé net, c'est que M. Xavier n'est pas coupable. Je soutiens que, puisque Lipp-Lapp sait seul la vérité, c'est à Lipp-Lapp qu'il faut la demander.

— Et pourquoi pas plutôt à l'abbé Sulpice? fit une voix.

— Lui, répliqua Blanc-Cadet, il n'était pas là!

— Il sait tout! ajouta un vieillard. J'ai beaucoup suivi la cour d'assises, rarement je me suis trompé. Oui! l'abbé Sulpice connaît la vérité tout entière.

— Alors, pourquoi ne l'a-t-il point révélée?

— Peut-être ne le peut-il pas!

— Qui l'empêcherait de dire ce qui serait le salut de son frère?

— M. Sulpice Pomereul est prêtre, et nul de nous ne peut affirmer que l'on ne s'est pas servi de cette situation exceptionnelle pour l'obliger à garder le silence.

— Mais, il s'agit de son frère.

— Qu'importe? Il s'agirait de sa propre vie, il devrait se taire.

— Oh! ce serait horrible! dit une femme.

— Horrible, en effet, mais d'un exemple héroïque, sublime. Ce serait la meilleure raison à opposer à ceux qui nient l'obligation de ce secret pour le prêtre. Il est bon que, de temps en temps, des faits de ce genre ravivent la confiance et la foi dans les masses.

L'idée émise par le vieillard se répandit vite dans la foule.

Elle souleva une immense pitié, et grandit encore l'intérêt qui s'attachait à cette cause mystérieuse. Seulement, elle doubla le regret de tous, de ne pouvoir entendre la déposition de l'abbé Sulpice.

Quand l'horloge sonna onze heures, les soldats, debout sur les dernières marches donnant accès dans la salle d'audience, se reculèrent au moment où l'huissier, ouvrant la porte à deux battants, cria de sa voix glapissante :

— Chapeau bas, messieurs, la Cour !

Un silence glacial suivit l'entrée des magistrats.

Les juges prirent place devant la grande table couverte de drap vert, sur laquelle s'entassaient les pièces du dossier.

Sur une table plus petite et plus rapprochée du prétoire, se trouvaient les pièces à conviction étiquetées et numérotées.

Les jurés parurent ensuite. On procéda à leur appel nominal ; puis, le président donna ordre que l'on introduisît l'accusé.

Les hommes, les femmes se levèrent, tous les regards, toutes les jumelles se tournèrent avidement vers Xavier Pomereul.

Sa pâleur était livide. Ses mains se crispaient ; quand il se fut assis sur son banc, il ne parut pas entendre les paroles d'encouragement que lui prodiguait Léon Rameau.

Cette foule curieuse, avide, cruelle, l'effarait, comme la meute épouvante le cerf.

Enfin il fit un violent effort sur lui-même, et masqua son visage d'immobilité, tandis que l'avocat feuilletait la serviette gonflée renfermant ses notes et les documents du procès.

Xavier, interrogé par le président sur ses nom, prénoms et qualités, répondit d'une voix presque indistincte.

Le greffier commença ensuite la lecture de l'acte d'accusation.

Il était écrasant de logique. Chaque point de cette accusation se trouvait établi d'une façon mathématique, et, après l'avoir entendu, il paraissait impossible de trouver une seule objection à opposer à cette œuvre concise et claire, dont, ni la haine, ni la partialité n'avaient dicté les termes.

Si sûr qu'il fût de son innocence, Xavier, en l'entendant, demeura stupéfait.

A partir de ce moment, son esprit passa par une phase étrange : il lui parut, non pas qu'il s'agissait de lui, mais de l'existence d'un autre. D'acteur, dans cette épouvantable scène, il devint auditeur. Sa placidité se changea en une sorte de curiosité maladive. Il se demandait ce qu'il allait devenir de l'homme accusé de la sorte.

Un moment il songea même à ne plus se défendre. A quoi bon ! le témoignage de son frère, qui pouvait le sauver, était devenu impossible à réclamer. Dieu ne voulait pas laisser éclater son innocence, il devait garder au moins le vulgaire courage de mourir.

Tandis qu'il s'abandonnait ainsi lui-même, une femme en deuil parut, et M. Rameau l'ayant reconnue, lui offrit son bras et l'amena près du banc du prisonnier. Cette femme leva son voile : c'était Sabine.

La douleur avait pâli son charmant visage, et tracé un sillon bleuâtre sous ses yeux. Mais on retrouvait, dans l'expression désolée de son visage son angélique douceur et son exquise bonté.

Elle ne put adresser la parole à Xavier, mais elle lui jeta un regard éloquent qui signifiait :

— Ce que tu dédaignerais de faire pour toi-même, fais-le pour nous ! Il s'agit de l'honneur !

La vue de Sabine ranima l'énergie de l'accusé. Sa taille se redressa, son regard retrouva son assurance et, sans forfanterie, mais sans peur, il promena ses yeux sur l'auditoire.

Les femmes paraissaient touchées de sa jeunesse et de son élégance, et la malheureuse enfant inspira une pitié générale.

On procéda à l'audition des témoins.

Ils racontèrent le peu qu'ils savaient. Le docteur répéta son procès-verbal scientifique ; puis, à titre de simple renseignement, on entendit Sabine.

La jeune fille s'avança, toute tremblante, jusqu'à la barre et, d'une voix timbrée et pure, elle parla longtemps de Xavier, sans que le président eût le courage de l'interrompre.

Elle raconta leur jeunesse à tous deux, leur amitié, la tendresse de son père pour Xavier, ses faiblesses, peut-être. Quand elle en vint à rappeler la sinistre matinée où elle avait vu le cadavre de son père, et où l'on avait emmené Xavier de l'hôtel Pomereul, la jeune fille s'écria, en terminant :

— Est-ce que Xavier aurait eu le courage de me revoir, s'il avait assassiné mon père ? Son affection pour moi, ses baisers me sont la meilleure garantie de son innocence !

Le nom de l'abbé Sulpice fut ensuite appelé, pour la forme, et le médecin vint déclarer qu'il était impossible qu'il se présentât.

Le président fit du reste remarquer que sa déposition écrite renfermait tout ce qu'il aurait pu dire.

La liste des témoins épuisée, la parole appartenait au ministère public.

L'avocat général prit Xavier corps à corps, et sans même s'occuper de ses dénégations, il l'écrasa de preuves, il lui montra son forfait dans toute son horreur, puis il finit en disant :

— Vous avez dédaigné le travail qui avait fait votre père riche et honoré ; vous avez méprisé la vertu qui avait érigé votre foyer en sanctuaire. Les passions vous ont pris à la floraison de votre jeunesse, pour faire d'abord de vous un inutile, puis un être vicieux, et finir par vous ravaler au rang des faussaires, des voleurs, et des meurtriers ! Il n'y aura point de pitié pour vous qui avez dédaigné l'exemple de votre frère, cet apôtre qui porte avec lui la consolation, pour vous qui avez fait couler les pleurs d'une sœur angélique ! Il n'y aura point de miséricorde sur la terre pour le misérable dont la soif de l'or a fait un assassin ! Demandez grâce et merci au Dieu qui pardonne à tous, mais n'attendez des hommes qu'une justice implacable, qui jette à l'avance sur vous le voile noir des parricides!

Sabine cacha son front dans ses mains.

Léon Rameau serra les mains de l'accusé et lui murmura ·

— Reprends courage! c'est à mon tour!

Le jeune avocat possédait une éloquence puissante qui, sans jamais recourir aux petits moyens, trouvait des effets imprévus et superbes. On connaissait son talent hors ligne ; on aimait cette parole imagée dont le prestige s'exerçait sur tous. Mais cette fois, si la confiance dans Rameau et si son succès d'orateur ne restait douteux pour personne, il ne subsista cependant dans l'esprit d'aucun des auditeurs l'espoir qu'il obtiendrait l'acquittement de Xavier.

Avant le réquisitoire, la foule était déjà convaincue de la culpabilité de Xavier : après le discours de l'avocat général, il ne resta plus que quelques partisans à l'accusé.

L'avocat le comprit, et se levant avec impétuosité :

— Messieurs de la cour, dit-il, messieurs les jurés, je vois ici des juges et je cherche des témoins! J'entends une accusation virulente, passionnée, et je demande des preuves! Vous étalez sous mes yeux une scène lamentable, pendant laquelle le sang d'un vieillard coule au milieu de la nuit, et j'implore du jour, de l'air! vous épaississez les ténèbres et je veux que la lumière se fasse !

Il sembla à l'assemblée tout entière qu'on lui enlevait une partie de son oppression.

L'accent de l'avocat était si convaincu, son geste gardait tant d'autorité, son visage reflétait une conviction si forte qu'un grand nombre d'auditeurs oublièrent qu'une minute auparavant leur opinion sur Xavier leur paraissait irrévocable.

— Tout est mystère dans cette cause, messieurs, reprit Léon Rameau. Où vous voyez un criminel, j'en découvre deux... Vous me répétez que la déposition de l'abbé Sulpice doit me suffire, et je vous crie : je ne m'en contente pas! Vous me montrez un prêtre, dans ce témoin, et j'ai besoin d'un homme qui sait le mot de ce drame horrible! un saint à qui, sans nul doute, les obligations d'un redoutable ministère ferment la bouche... puis, un être infime, dans l'ordre de la création!.. l'ange et la bête! l'un que son serment rend silencieux comme la tombe; l'autre, misérable créature, vouée au silence éternel! Et cependant Lipp-Lapp, dont la poitrine fut trouée par un des assassins, Lipp-Lapp qui s'est défendu, et dont la main crispée tenait encore, quand on le releva, une poignée des cheveux du meurtrier, Lipp-Lapp a vu... Vous criez en montrant l'accusé : « Il a forcé la caisse paternelle, donc il a tué ! » Et moi je vous le dis, il n'a pas même dérobé. Depuis quand la tentation est-elle prise pour la faute? Il vous l'a dit, en levant par hasard les yeux au moment de commettre un crime, il a rencontré le portrait de sa mère, et il a reculé honteux, terrifié, et il s'est enfui... Non, il n'a pas tué son père, ce prodigue; il a, durant cette nuit de meurtre et de deuil, versé des larmes d'amer repentir, et c'est au moment où il entrait dans une voie nouvelle, que vous l'avez jeté au fond d'un cachot en l'appelant parricide. Ah! tenez, messieurs, ce n'est pas la première fois que j'ai l'honneur de porter la parole devant vous! mais jamais, jamais la cause d'un accusé ne me parut plus juste, jamais je ne souhaitai tant vous convaincre que vous avez devant vous, non pas un assassin, mais un malheureux... Mon Dieu! mon Dieu! vous ne faites donc plus de miracles, poursuivit l'avocat, que vous n'envoyez pas ici, armé du droit de tout dire, celui qui seul sait tout! Du sein de la souffrance, de la folie, du sein même de la mort, il me semblait, à moi, que l'abbé Sulpice devait sortir pour comparaître ici!

— Me voilà! dit une voix faible comme un souffle.

Et l'on vit, avec stupéfaction, l'abbé Sulpice apparaître dans la baie de la porte livrant passage aux témoins.

Un cri de pitié, d'épouvante, s'échappa de toutes les poitrines.

L'abbé Sulpice chancelant, vêtu de son ample robe noire, sans ceinture, le visage blanc comme un suaire, semblait une évocation surhumaine.

Une ligne rouge coupait en deux son front de la couleur de l'ivoire, et cette cicatrice, saignante encore, le faisait ressembler à la figure de quelque saint martyr.

Sabine se leva et fit deux pas vers lui.

Sulpice regarda Xavier.

A la vue de son frère, sortant pour ainsi dire du sépulcre pour le venir défendre, le cœur de l'accusé s'emplit soudainement d'espoir. Ses yeux, agrandis par la fièvre, rougis, brûlés par les larmes, se fixèrent sur les yeux de l'abbé Sulpice avec une expression d'instante prière : il semblait lui demander à la fois la vie, son honneur, son éternité!

Cette entrée dramatique suspendit brusquement la plaidoirie de maître Rameau.

Une extrême agitation se manifesta au banc des jurés, et les feuilletonistes de la cour d'assises, tracèrent vivement quelques lignes pour rendre l'impression produite par cet incident.

Le président prit la parole pour déclarer qu'en vertu de son pouvoir discrétionnaire, il entendrait les renseignements que venait apporter l'abbé Sulpice.

Le malheureux Xavier, cramponné au banc de la défense, chancelait et devenait de plus en plus pâle.

Voici ce qui s'était passé le matin même de ce jour.

Depuis un mois, le jeune prêtre se débattait au milieu d'atroces souffrances physiques.

Le délire lui enlevait le sentiment de la réalité.

Le médecin osait à peine, la veille encore, répondre de la raison pour l'avenir.

Le matin de ce jour, Sulpice sentit se dissiper un peu les ténèbres dans lesquelles se débattait son esprit. Il fit des efforts pour tenter de retrouver la mémoire. Dressé sur son séant, comprimant son front à deux mains, il essayait de ressaisir la lucidité de sa pensée. Un incident lui vint subitement en aide.

Lipp-Lapp qui, depuis la maladie de son jeune maître, ne quittait guère sa chambre, le pauvre Lipp-Lapp, qui se traînait lentement et retrouvait à peine ses forces, avait trouvé sur la cheminée un calendrier, et, assis sur une chaise basse, promenait ses longs doigts sur les caractères, il semblait se dépiter de ne pouvoir comme les autres en comprendre le sens. Lassé de ses efforts, il se leva et, sans bruit, s'approcha du lit de Sulpice, au moment où celui-ci, accoudé sur les oreillers, essayait de se souvenir et de rattacher le présent au passé.

Le geste de Lipp-Lapp lui tendant le calendrier le frappa.

Il saisit le carton couvert de dates, et son regard se fixa sur celle que lui désignait au hasard le chimpanzé.

Providence! cette date éveilla tout à coup la pensée engourdie du malade.

— Dix-huit août ! fit-il, dix-huit août !

Il chercha encore, promena autour de lui ses regards vagues, puis sans transition, la lumière éclata dans sa mémoire.

— Xavier! dit-il, Xavier!

Sulpice tira le cordon de la sonnette et Baptiste accourut.

— Mon ami, dit le prêtre, où est Sabine ?

Le vieux domestique baissa la tête et ne répondit pas.

— Là-bas? demanda Sulpice.

Baptiste fit un signe affirmatif.

— Écoute, dit Sulpice, d'une voix presque indistincte... je vais y aller, moi aussi .. Ne dis pas non... j'irai, quand j'en devrais mourir...

— Allez, mon jeune maître, répondit le serviteur en fondant en larmes, et ramenez-nous M. Xavier !

Sulpice prit quelques gouttes d'un cordial, et se sentant plus fort, il envoya chercher une voiture. Baptiste y monta en même temps que lui, et le jeune prêtre, arrivé au palais de justice, se rendit à la salle des témoins, et franchit ensuite le seuil de la salle d'audience.

Une indicible émotion remplissait toutes les âmes.

Le drame se déplaçait.

On ne voyait plus Xavier Pomereul; tous les regards se tournaient vers cette figure que couronnait une auréole sanglante.

Un silence religieux régnait dans l'auditoire.

Chacun sentait que la vie de Xavier dépendait des paroles que prononcerait son frère.

— Vous êtes proche parent de l'accusé, dit le président en s'adressant à Sulpice, je ne vous requiers donc point de prêter serment, sûr d'avance que vous ne direz pas une parole contraire à la vérité.

— Monsieur le président, répondit Sulpice, je ne dirai que la vérité. Puis se tournant vers son frère :

— Pardonne-moi, ajouta-t-il, si je ne dis pas *toute* la vérité !

— Qu'avez-vous à apprendre au tribunal? reprit le président, en s'adressant à l'abbé Sulpice.

— Mon frère est innocent! dit le jeune prêtre, en levant les mains vers l'image du Crucifié placée en face de lui.

— Pouvez-vous le prouver?

— Monsieur le président, dit Sulpice, le soir du crime, deux hommes se présentèrent à l'hôtel Pomereul et demandèrent à me parler. Ces deux hommes ne montèrent pas à ma chambre... ils n'avaient nul besoin de moi. Il leur fallut peu de temps pour accomplir leur forfait... l'argent volé, la victime frappée, ils sortirent tranquillement... La porte de l'appartement de mon père était à peine fermée quand je rentrai d'une longue course... Je devinais un danger... Il s'agissait pour eux de s'assurer de mon silence. Il leur était facile de me tromper, on sait que j'appartiens corps et âme à ceux qui souffrent. L'un d'eux me dit qu'il réclamait les secours de la religion pour un être en détresse d'âme, et je suivis ces hommes.

— Pouvez-vous nous indiquer où ils vous conduisirent?

— Je l'ignore absolument, monsieur le président... Mais si je m'en souvenais, je ne me croirais point le droit de le révéler... A peine fûmes-nous arrivés dans une maison délabrée que l'un des misérables tomba à genoux, et m'apprit, sous le sceau de la confession, le crime qu'il venait de commettre.

— Et vous avez vu le visage de cet homme ?
— Je l'ai vu !
— Vous le reconnaîtriez ?
— Je le connaissais d'avance.
— Dans quelle circonstance l'aviez-vous vu ?
— J'avais eu occasion de lui sauver la vie, répondit simplement Sulpice.
— Son nom ? demanda le président, vous savez son nom ?
— Je le sais !
— Alors il ne vous reste plus qu'un mot à dire pour sauver votre frère.

Sulpice se cramponna à la barre :
— Le nom que je sais, je ne puis le révéler à la justice ! Celui dont vous avez fixé l'image à cette muraille me le défend. Il faut me croire sur mon honneur de prêtre, sur ma parole de chrétien ! mais il ne faut pas me demander de preuves, il m'est interdit de vous en fournir !

Le président et les juges se regardèrent.

Xavier, qui s'était levé sur son banc en proie à une agitation pleine d'espérance, retomba brusquement, anéanti.

Sabine étouffa en sanglots.

L'émotion du public était à son comble. Les uns admiraient l'abbé Sulpice, les autres s'étonnaient qu'il ne parlât pas, sans tenir compte du secret inviolable de la confession.

Le président dit d'une voix grave à l'abbé Sulpice :
— Messieurs les jurés apprécieront la valeur de vos renseignements. Ce n'est pas dans le sanctuaire de la justice que l'on vous encouragera à trahir votre conscience et votre Dieu ! Vos devoirs sont rigoureux, les nôtres restent implacables.

L'avocat général comprit que l'apparition de Sulpice, les simples paroles qu'il venait de prononcer, pouvaient plus pour la défense de Xavier que l'éloquence de Léon Rameau. Aussi, ne voulant à aucun prix se laisser arracher sa cruelle victoire, l'organe du ministère public répliqua-t-il à l'avocat pour réduire à néant sa chaleureuse plaidoirie, et effacer l'impression produite par l'abbé Pomereul. Cette fois, il ne songea plus à faire preuve de science et de beau langage, il ne chercha pas les périodes pompeuses, mais sa voix mordante, ses paroles brèves, mâchées, ses arguments sans réplique, lancés comme des flèches, se succédèrent sans relâche.

Il parla de l'abbé Sulpice avec les plus grands éloges, mais il rappela la cruelle maladie qui venait de le briser.

Il ajouta que, sans nul doute, cette confession de deux hommes mystérieux dans une maison inconnue était une des dernières visions de son délire... et termina en réclamant d'une voix foudroyante la condamnation du parricide.

Sulpice était près de Sabine, non pas assis, comme elle, mais courbé sur ses genoux, entendant tonner la parole vengeresse de l'avocat général, et se disant qu'il ne pouvait rien! rien! pour sauver désormais son frère.

Léon Rameau répondit à l'avocat général, mais on sentait que sa confiance était moins grande que la première fois.

En effet, si la déposition de Sulpice ne sauvait pas Xavier, elle semblait presque un subterfuge fraternel, un piège tendu aux jurés, un moyen d'émouvoir la foule, concerté peut-être, qui sait! avec l'avocat lui-même.

Le jury entra dans la salle des délibérations.

Les gendarmes entraînèrent Xavier.

Les assistants se partageaient en deux camps : les uns croyaient à la véracité des paroles de l'abbé Pomereul, et demandaient l'acquittement de Xavier; les autres hochaient la tête en répétant :

— Vous voyez bien que c'est une finesse d'avocat. Est-ce que la confession est sérieuse quand il s'agit d'assassins? Moi, j'aurais tout dit d'abord; j'aurais voulu sauver mon frère ! tant pis pour la religion !

Chacun parlait, discutait la valeur du réquisitoire et le talent déployé par l'avocat.

Les amis se cherchaient, s'abordaient; ne fallait-il pas employer le temps durant cette délibération qui se prolongeait outre mesure?

Généralement, on augurait bien pour l'accusé de l'indécision du jury.

Au bout d'une heure et demie, il rentra en séance.

Alors d'une voix émue, et au milieu d'un silence profond, le président lut la décision de ses collègues : Xavier Pomereul était reconnu coupable... cependant, et sans nul doute, on tenait compte de la déposition de Sulpice, on admettait des circonstances atténuantes.

C'était le seul moyen de ne pas condamner Xavier à la peine de mort; le seul moyen de permettre au temps d'accomplir son œuvre, à la Providence de dire son dernier mot... Un murmure de stupeur suivit les paroles terribles du président du jury, et quand Xavier reparut il aurait pu deviner son sort à l'attitude de tous.

Mais il ne vit rien; son regard restait fixé sur les juges, il attendait la lecture de la sentence.

En entendant ces mots : « reconnu coupable, » il étouffa en sanglots, et quand on lui appliqua la peine des travaux forcés à perpétuité, il murmura :

— J'aurais mieux aimé la mort.

— Non, Xavier! non, mon frère! dit Sulpice, en essayant de saisir les mains du prisonnier, car Dieu permettra que la lumière se fasse et que la liberté te soit rendue !

Mais, repoussant l'abbé Sulpice d'un geste implacable, Xavier lui répondit :
— Toi qui pouvais me sauver et qui ne l'as pas fait, je te renie !
Une seconde après, le président ayant demandé au condamné :
— Avez-vous quelque chose à objecter sur l'application de la peine ?
— Je suis innocent ! répéta Xavier, je suis innocent !
Sabine tomba dans les bras de Sulpice, tandis qu'on emmenait Xavier.
— Pauvre martyr ! dit elle, qui te consolera jamais dans de telles épreuves !
Sulpice désigna de la main le tableau représentant le Christ en croix :
— Lui ! dit-il.
Et, guidé par Léon Rameau, il regagna avec sa sœur la voiture qui l'avait amené.

Bénédict se laissa tomber dans un fauteuil et fondit en larmes. (Voir page 132.)

Chapitre XI

PROJETS ROMPUS

L'atelier occupé par Bénédict Fougerais était situé au rez-de-chaussée de la maison n° 11 du boulevard de Clichy, qui a l'honneur de compter au nombre de ses locataires Jacques, le peintre de la race galline, et Diaz, le lumineux coloriste.

Cet atelier, assez vaste, meublé avec un goût sévère, répondait complètement au caractère de celui qui y passait sa vie.

Les tentures, d'un rouge sombre, faisaient valoir la transparence des marbres, les tons dorés du bronze, la platine sobre et douce de l'argent bruni.

Sur les crédences de chêne, sculptées par des imagiers naïfs, s'étalaient des vases d'un relief vigoureux, une plaque de lave, peinte par Joseph Devers, ressemblait à une des merveilles de Lucca della Robbia, dont il perpétue les traditions. Deux tableaux d'un coloris puissant, dont le temps avait fondu les harmonies, décoraient les panneaux du fond.

Sur des socles enveloppés de draperies de velours, les œuvres de l'artiste, bien placées dans leur jour, se révélaient dans toute leur pureté.

On eût vainement cherché dans ce sanctuaire de l'art les sujets préférés de Pradier, les nymphes de Clodion, les œuvres de cette école qui, faute d'idéal, s'est faite réaliste, et dont la déchéance s'est masquée d'un mot inconnu des anciens.

Etre réaliste, ce n'est pas prendre dans l'œuvre de Dieu ce qu'elle nous donne, pour y ajouter l'inspiration du génie, c'est choisir le bas, de préférence au beau, s'attacher à traduire l'ignoble, faire de l'expression du laid, le dernier mot de cette dégénéressence.

Etre réaliste, ce n'est plus reproduire les figures que Michel Ange sculptait sur les tombes, et auxquelles les papes donnaient l'hospitalité à Saint-Pierre de Rome; la *Nuit* et le *Jour* du maître ne rendaient pas suffisamment au gré des réalistes la forme humaine relevée par sa force et drapée dans sa chasteté. Ceux de nos jours ont mis dans l'art le dévergondage des idées, l'allure libre du livre; on travaille pour les boudoirs. On fait petit, vulgaire et malsain. Mais cet art rapporte et s'escompte; il donne à la fois, à ceux qui le mettent en œuvre, de l'argent et une facile renommée. Il ne restera rien de ces groupes, de ces figures, de ces bas-reliefs dans l'avenir; mais l'artiste ne demande rien aujourd'hui au delà du présent. Il n'attend guère plus l'immortalité qu'il n'espère la vie future. Sa foi dans l'art s'est éteinte en même temps que ses croyances religieuses. Faute de trouver Dieu au ciel, il ne rencontre jamais sur son chemin la grande poésie.

Quelques nobles exceptions parmi les artistes s'isolent des groupes de réalistes, les uns par amour pour l'antiquité pure, les autres mus par un mobile plus digne et plus élevé.

Quand Bénédict Fougerais cessa de faire de l'ornementation et des sujets de pendule pour son protecteur, il entra dans l'atelier d'un membre de l'Institut, dont la réputation n'égale peut-être pas encore le talent sérieux.

Jules Autran fut pour Bénédict un maître austère et bon tout ensemble. Grâce à ses conseils, le jeune homme compléta son instruction.

Il apprit l'histoire, que tant d'artistes ignorent; il devint archéologue et numismate, et n'oublia aucune des branches de la sculpture et de l'architecture des anciens, dont les vestiges nous remplissent à la fois d'admiration pour leur génie, et du sentiment de notre impuissance. Il étudia la vie des grands artistes du moyen âge et de la renaissance, et en tira cette conclusion qu'avant d'être des artistes capables d'étonner le monde, ils avaient été des hommes.

Bénédict, sans avoir la prétention d'égaler un maître comme Léonard de Vinci, qui connaissait tous les arts d'une façon excellente, et savait fortifier une ville avec la même habileté que produire un tableau comme la *Sainte Famille*, de François Ier; sans espérer atteindre à la puissance d'un sculpteur comme Benvenuto Cellini, qui ciselait un bijou de la même main qui fondit le *Persée*, il tenta d'enrichir sa mémoire du plus grand nombre de connaissances possibles, certain que toutes les sciences, tous les arts se touchent et se complètent.

Bénédict ne connut point les heures de flânerie dangereuse, pendant lesquelles, sous prétexte de chercher l'inspiration, bon nombre d'artistes s'engourdissent le cerveau dans les vapeurs stupéfiantes du tabac pris sous toutes les formes et à toutes les doses. Il ne crut pas nécessaire de faire sur l'art des théories à perte de vue, et de devenir un grand homme pour un cénacle de thuriféraires désœuvrés. Il se cloîtra dans son atelier; quand il sentit sa main rebelle à la traduction de sa pensée, il ne hâta point la production, et se reposa dans une étude distrayante et utile.

Ses amis furent choisis dans un milieu sain, honnête. Il ne voulait pas que leur conversation, plus légère, dérangeât l'harmonieux accord de ses travaux et de ses pensées. Si la gaieté repose du labeur, le dévergondage de l'esprit trouble sans délasser. Les amis de Bénédict appartenaient à une école peu nombreuse de littérateurs, de journalistes, d'artistes, résolus à lutter contre le torrent envahisseur des immoralités. Serrés comme un groupe de lutteurs, ils s'étaient promis appui et protection. Pourquoi, en effet, la camaraderie n'existerait-elle que pour les affidés de l'art qui en sont plus les bravi et les condottieri que les apôtres? Il faut le reconnaître, cependant, les individualités du camp opposé à celui de Bénédict sont bien autrement protégées, soutenues, vantées, et s'étendent d'une toute autre façon que leurs adversaires.

Le peintre, le sculpteur, le littérateur sérieux, moral, chrétien, vit seul, isolé!

Au lieu de s'unir, de se chercher, de se patroner mutuellement, de faire dans leur camp ce que réalisent aisément les autres, ils manquent, ou d'entrain ou de fraternité. Ils ne se disent pas qu'ils arriveraient à être au moins aussi forts que les réalistes et les frondeurs, s'ils se massaient en colonne serrée.

Deux sentiments puissants contribuaient à maintenir Bénédict dans la voie qu'il s'était tracée : ses croyances religieuses, sur lesquelles aucun vent mauvais n'avait soufflé, et sa tendresse pour Mlle Pomereul.

La reconnaissance que professait le jeune homme pour le négociant s'épanouissait en quelque sorte dans l affection grave et sainte qu'il portait à la jeune fille. Il lui devait son ambition de parvenir, ses premiers succès. L'image de Sabine, pure et chaste, laissait dans l'ombre les autres femmes. Il lui vouait ce culte de respect et d'admiration que ressentirent pour Laure, pour Béatrice, le Dante et Pétrarque, et qui valut à la poésie la *Divine Comédie* et les *Canziones*.

Sans s'avouer encore le but de ses efforts, le sculpteur ne souhaita cependant jamais faire hommage de sa gloire et de sa fortune qu'à la fille de Pomereul.

Il se disait bien que la riche héritière dédaignerait sans doute le pauvre enfant qui dut presque à la charité du fabricant son premier morceau de pain; mais il se consolait aussi parfois en se rappelant que l'opulent Pomereul avait connu la pauvreté, ses crises, et considérait comme un devoir de protéger les vaillants que le combat de la vie ne trouve ni faibles ni présomptueux.

Le jour où le jeune homme porta chez son bienfaiteur la statuette représentant *Sabine de Steinbach*, il sentait que sa destinée allait être à jamais fixée. Si la jeune fille, autorisée par son père, acceptait cette œuvre si longuement caressée, c'est qu'elle consentait à devenir sa compagne. Bénédict tremblait donc bien fort, et sa joie dépassa ses espérances quand M. Pomereul lui tendit les bras en l'appelant son fils.

Désormais son existence était fixée; il était sûr de son bonheur. Avec Sabine pour femme, il était certain de ne jamais se tromper, de ne jamais faillir. Elle l'avait soutenu pendant cinq années laborieuses de sa jeunesse, elle le fortifierait durant la période de son âge mûr. Elle avait été son espoir, sa conscience, elle deviendrait son modèle et sa raison.

Si jamais un homme goûta pleinement une joie sans mélange, ce fut Bénédict, pendant la soirée de ses fiançailles. Le bonheur était si complet, si pur, si prochain.

Encore quelques jours et la jeune fille qui levait sur lui ses yeux candides serait sa femme; encore quelques jours et sa maison s'égaierait de sa présence. Il la voyait d'avance dans le grand atelier du boulevard de Clichy, assise dans un fauteuil, le regardant travailler, louant ou critiquant tour à tour. Le soir, il l'amènerait chez Pomereul, où Sulpice les rejoindrait parfois, apportant au cercle de la famille cette grave tendresse dont son austérité paternelle n'altérait pas la grâce.

Quel courage Bénédict puiserait dans le titre, dans la dignité de chef de famille !

Il n'aurait plus le droit de penser, d'agir pour lui seul. Il répondra du bonheur de la chère enfant dont Pomereul lui confiait la destinée avec une si noble confiance, et qui acceptait de lui le travail et l'affection comme une dot et une garantie suffisantes.

Oui, Bénédict était bien heureux, le soir du jour de ses fiançailles ! Et quand il s'endormit dans sa petite chambre, ses rêves lui rendirent des images aimées et l'écho de leurs promesses.

Un coup de foudre le réveilla en plein bonheur.

L'assassinat de Pomereul lui causa un déchirement d'autant plus cruel, que Bénédict n'ayant jamais connu son père, avait reporté toute sa tendresse sur le bienfaiteur dont la famille devenait la sienne.

Il courut à l'hôtel du négociant, et les nouvelles qu'il y apprit redoublèrent ses regrets et ses angoisses.

Ce n'était pas seulement le chef honoré d'une maison qui tombait sous la main d'un assassin et d'un voleur ; celui que l'on accusait de ce crime était le frère de celle qu'il allait appeler sa femme.

Bénédict n'ignorait aucun des égarements de Xavier, et cependant il ne le soupçonna pas une minute. Il crut aveuglément à la parole de ce malheureux accablé par mille circonstances, pressé dans les mailles d'un filet que rien ne semblait pouvoir rompre. Il ne se contenta pas de lui donner pour avocat Léon Rameau, son meilleur ami, il entoura Xavier de cette pitié, de cette affection dont les infortunés éprouvent la soif ardente. Il se sentait peu de sympathie et presque de l'éloignement pour le viveur émérite, le hanteur de petits théâtres et de mauvais endroits à la mode. Il n'aurait jamais consenti à en faire son compagnon ; de l'heure où l'accusation d'un parricide le frappa, il vit en lui le plus malheureux des fils, il l'adopta pour son frère.

L'épreuve réalisa spontanément ce que n'eussent pas opéré dix années de rapprochements fortuits. Il semblait d'ailleurs à Bénédict qu'il devait à Sabine cette preuve nouvelle de tendresse, et que se dévouer pour Xavier, dans ces terribles circonstances, c'était assurer sa fiancée, bien mieux que par des paroles, de la profondeur de son affection.

On comprend quel serrement de cœur ressentit le jeune sculpteur, quand Sabine refusa de le voir pendant toute la durée de l'instruction du procès de Xavier. Certes, son deuil, son inquiétude expliquaient la retraite de la jeune fille. Mais Bénédict tenait de Pomereul un titre sacré, confirmé par Sulpice. On ne pouvait le traiter en étranger dans cette maison devenue la sienne. Bénédict accusa Sabine de froideur, de dureté. Il se dit qu'elle était loin de ressentir pour lui le profond sentiment qui le liait à elle ; mais loin de se décourager, il se promit de triompher de cette indifférence à force de dévouement.

Ne pouvant rien pour Sabine, Bénédict se consacra tout entier à Xavier. Il le vit chaque jour, raffermit son âme abattue, et s'il ne réussit pas à amollir, à toucher cette nature rebelle, il parvint du moins à lui rendre la croyance dans l'amitié.

Les visites du sculpteur, celles de Léon Rameau et de Sabine furent les seuls adoucissements du malheureux à l'horreur de sa situation. Il parlait rarement de Sulpice et, quand il le faisait, c'était avec une sorte de haine.

Ne comprenant pas tout ce qu'il y avait de sublime dans la conduite de son frère, il l'accusait.

Pendant la terrible séance de la cour d'assises, le sculpteur n'osa prendre place à côté de Mlle Pomereul, qui se trouvait au pied du banc des accusés; mais quand Xavier, condamné, eut jeté pour la dernière fois ce cri désolé : « — Et pourtant je suis innocent! » ce fut Bénédict qui le pressa dans ses bras et le soutint, tandis que les gendarmes, émus de cette scène, accordaient à Xavier une minute de suprême consolation.

Le soir, Bénédict courut chez Léon Rameau.

— Croyez-vous que Xavier signe son pourvoi en cassation? lui demanda-t-il.

— Non, répondit l'avocat; il l'a formellement refusé.

— Qui sait, cependant, si un autre tribunal ne se montrerait pas moins impitoyable.

— Je ne me berce point d'espérance à ce sujet, mon ami; Xavier n'aurait aucune chance de plus devant un autre jury.

— Ainsi, le malheureux sera enfermé dans un sombre cachot, en attendant la déportation!

— Xavier est dans un état de santé assez grave pour qu'il nous soit, sinon facile, du moins possible d'obtenir qu'on le garde quelque temps dans une prison de Paris. Nous agirons ensuite pour obtenir une grâce dernière. L'opinion est partagée sur son compte; tandis que certains ne doutent pas de sa culpabilité, beaucoup de gens le considèrent comme victime d'une erreur judiciaire. La loi l'a frappé, mais elle peut fléchir dans l'application de la peine.

— Tandis que vous ferez ces démarches, Léon, je tenterai de voir Mlle Pomereul.

— Courage! dit Rameau, d'une voix douce et presque triste. Courage, mon pauvre ami!

— N'est-ce pas, lui demanda Bénédict, que vous redoutez pour moi un malheur?

— Mlle Pomereul est un ange, dit l'avocat; je crains qu'elle refuse de vous associer désormais à sa vie, pour ne vous point imposer le fardeau de ses douleurs.

— Ah! fit Bénédict, vous ne la connaissez pas; elle n'aura pas cette cruauté à mon égard.

— Qui vous affirme qu'elle souffrirait moins que vous-même, si elle prenait cette détermination?

— Votre inquiétude à ce sujet répond trop à ma propre angoisse, pour que je ne veuille pas apprendre immédiatement mon sort. Adieu, Léon; je saurai ce soir même si le coup qui frappe Xavier ne me tue pas comme lui.

Le sculpteur sortit et gagna l'hôtel Pomereul.

Il pouvait être huit heures du soir.

De la rue de la Chaussée-d'Antin on ne voyait aucune fenêtre éclairée; cet hôtel si vaste, si riche, si animé naguère, ressemblait à une maison inhabitée.

Bénédict demanda si Mlle Pomereul était chez elle; sur la réponse affirmative du concierge, il monta au premier étage.

Ce fut Baptiste qui vint lui ouvrir. Lorsque le jeune homme pria le valet de chambre de s'informer si sa maîtresse consentait à le recevoir, le vieux serviteur secoua la tête :

— Je ne le crois pas, monsieur, dit-il; la façon d'être de mademoiselle m'effraie. Elle ne pleure pas, elle ne parle pas. Elle paraît concentrer en elle toute sa force. Mais en même temps elle semble glacée : on dirait un fantôme errant dans la demeure d'un trépassé.....

— N'importe, Baptiste, il faut que je la voie.

Le vieux serviteur s'inclina, ouvrit à Bénédict la porte du salon et se dirigea vers l'appartement particulier de Sabine.

La jeune fille, assise sur un grand fauteuil, lisait attentivement le plus beau des livres après l'Évangile; elle cherchait dans l'*Imitation* le courage de porter sa lourde croix.

Vêtue de noir, ses cheveux massés sans art, mais sans désordre, blanche comme l'ivoire, et désolée comme une *pieta*, Sabine était la vivante image de la douleur.

En entendant prononcer le nom du sculpteur, la jeune fille se contenta d'étendre la main comme si elle lui interdisait l'entrée de son cabinet de travail; puis, se levant subitement, avec un éclair de résolution dans les yeux :

— Cela vaut peut-être mieux! murmura-t-elle tout bas. Autant aujourd'hui que plus tard.

Puis elle ajouta, en s'adressant à Baptiste :

— Je rejoindrai M. Fougerais dans le grand salon.

Le valet de chambre sortit.

Restée seule, Sabine se dirigea lentement vers son prie-Dieu, et plia les genoux :

« Toi qui as souffert seul ton agonie, donne-moi la force de repousser le secours qui vient à moi. Bénédict va me demander la part de mon fardeau : fais, Seigneur, que je refuse cette aide fraternelle. Tu lis dans les cœurs, le mien n'a pas de secrets dont je doive rougir. Il garde, doublé par la reconnaissance, par l'estime, un sentiment profond que rien n'éteindra. Je dois feindre l'indifférence pour sauver celui qui exige la moitié de ma misère et de mon déshonneur, et je redoute de me trahir. Mon Dieu, je suis une femme éprouvée, rends-moi digne du titre de chrétienne, donne-moi la force dont j'ai tant besoin, et, s'il le faut, conduis-moi jusqu'au martyre. »

Sabine sentit des larmes brûlantes monter à ses yeux; elle les essuya rapidement, se releva d'un geste énergique, et, d'un pas raffermi, elle se dirigea vers le salon.

Bénédict se tenait près de l'harmonium qui avait résonné sous les doigts de Sabine, le jour de ses fiançailles. Il revoyait cette scène intime et touchante telle qu'elle s'était passée. Hélas! Il y avait deux mois à peine, et cela paraissait si loin, si vieux! Comme, en quelques jours, tout avait changé !

Absorbé dans ses souvenirs, le sculpteur n'entendit point le pas léger de Mlle Pomereul. Quand il la vit en face de lui, la tête inclinée, les doigts joints, les bras pendants sur sa robe noire, il se releva d'un mouvement automatique :

— Sabine! dit-il, chère Sabine.

La jeune fille sentit comme un coup violent au cœur; elle eut peur de se trahir et, prenant un siège, affermissant sa voix, elle dit au jeune homme :

— Vous avez souhaité me parler, monsieur; j'ai répondu à votre appel, me voici; je vous écoute.

— Ne m'attendiez-vous pas, Sabine?

— Si, dit-elle avec effort, et j'avais même songé à vous épargner cette démarche. Je ferai du moins maintenant ce que j'ai négligé jusqu'à ce jour. Ne pouvant conserver d'illusion, je ne puis plus garder d'espérance. Les événements terribles qui viennent de me frapper me créent des devoirs nouveaux. Monsieur Fougerais, je vous rends votre parole.....

— Vous me rendez ma parole! s'écria Bénédict avec feu. En quoi ai-je mérité que vous cessiez de me croire digne de votre confiance, de votre attachement? Je comprends. Vous craignez que votre malheur m'épouvante, vous tremblez à l'idée de m'associer à une infortune imméritée. Mais, plus grande est votre épreuve, plus grand est mon droit d'en exiger ma part. Vous m'acceptiez pour compagnon quand toutes les prospérités étaient votre partage : vous ne me repousserez pas à l'heure où, orpheline, vous avez besoin de l'appui d'un honnête homme.

— Mon frère me reste, dit Sabine.

— Mais le sacerdoce et ses devoirs de chaque heure séparent presque de vous l'abbé Sulpice. Et puis, l'amitié d'un frère, si puissante, si affectueuse qu'elle soit, ne remplace pas celle de l'époux. Ah! vous me connaissez bien mal, Sabine, si vous ne croyez point que vos chagrins m'attachent à vous mille fois davantage. Je n'ai pas besoin de vous répéter que depuis l'âge où j'ai pu rêver un avenir, je ne l'ai compris que par vous et pour vous.

— Je sais cela, dit Sabine, d'une voix étouffée, et cependant, je vous répète que je vous dégage de votre parole.

— Craignez-vous donc que je vous rende responsable des fautes de Xavier, trop expiées, hélas! par l'arrêt qui le condamne? Ni le monde ni moi ne vous rendons solidaire d'un malheur. Il nous appartient de l'alléger, de travailler sans relâche à rendre la liberté à votre frère, de nous unir pour cette œuvre sacrée. Xavier est mon frère d'adoption, ne me séparez pas plus de lui, que vous ne vous séparez de moi! Et si, par impossible, Sabine, le monde injuste vous enveloppait dans le malheur de Xavier, si l'anathème qui le frappe vous atteignait aussi, eh bien! nous le braverions ensemble. Appuyée sur moi, vous soutiendriez le choc de cet orage, et mon affection se ferait si prévoyante, si douce que vous le laisseriez passer sans trop en souffrir. Sabine, ne voulez-vous point me donner cette grande preuve de confiance de m'accepter pour mari, quand j'accours vous supplier de ratifier par votre promesse la parole de votre père?

Sabine resta un moment sans répondre.

— Ah! votre silence me glace! fit Bénédict.

— C'est que, reprit Sabine, qui semblait chercher les mots dont elle devait se servir pour anéantir d'un seul coup les espérances de Bénédict, il m'est difficile de vous exprimer à cette heure ce qui se passe en moi, maintenant que la volonté de mon père ne pèse plus sur la mienne.

— La volonté de votre père! A-t-elle jamais mis la moindre entrave à votre liberté d'action?

— Une seule fois, répondit Sabine en rougissant.

— Quoi! reprit Bénédict, vous voulez dire que le jour où, tout tremblant, j'osai lui laisser entrevoir mes secrètes espérances, et où il les encouragea d'une façon si paternelle, vous n'avez point été libre de répondre selon votre cœur?

— Je ne fus pas consultée.

— Vous ne refusâtes pas, cependant, d'accepter le mari qu'il vous proposait!

— J'eusse craint d'affliger mon père.

— Seule! vous ne l'auriez donc pas choisi, Sabine?

— Non! dit-elle, en baissant la tête.

— Ah! tenez, mademoiselle, fit Bénédict, vous m'imposez une horrible torture! et je me demande si ce n'est point à quelque sentiment d'héroïsme insensé qu'il faut attribuer votre conduite d'aujourd'hui. Le jour de nos fiançailles, vous en souvient-il? vous acceptâtes de moi la bague d'alliance de ma mère. Vous refusiez une riche dot, vous trouvant assez sûre de vivre du travail de l'artiste ! Votre vaillance et votre joie n'étaient donc qu'une comédie dont je fus la dupe à force de souhaiter la réalité de mon rêve. Il me semble pourtant que mon cœur à moi m'en eût averti, que je ne me fusse senti ni si heureux ni si fier, et que votre respect pour la volonté paternelle n'aurait pas eu cet élan de virginale confiance. Ne vous y trompez pas, j'ai grandi pour vous, travaillé pour vous. Mon ambition n'eut jamais que vous pour objet. Vous étiez mon espoir avant de devenir ma récompense. Je me défendais des entraînements de mon âge pour rester digne de vous. Je me respectais dans votre propre pureté. Et si parfois, voyant le succès facile de mes compagnons récompenser un labeur sans génie, je réfrénais la tentation de faire autrement pour arriver plus vite au succès bruyant, à la fortune rapide, votre image se plaçait devant moi pour m'arrêter, et je restais dans la route ardue qui, si elle m'ensanglantait les pieds, ne laissait du moins germer aucune fleur au parfum délétère. Sabine! si vous me quittez, si vous me repoussez, si après m'avoir laissé entrevoir le bonheur de toute ma vie vous me replongez ensuite dans les ténèbres, que me restera-t-il?

— Votre conscience, répondit la jeune fille

— Eh ! sais-je si le désespoir me permettra désormais d'entendre encore sa voix ?

— Pensez-vous, Bénédict, que vous souffriez plus que moi? demanda Mlle Pomereul. Vous regrettez une jeune fille, la fiancée d'un jour, la compagne d'un rêve. Je pleure mon père assassiné, mon frère condamné au bagne...

-- Je vous souhaiterais moins forte, Sabine! Vous éprouveriez alors le besoin d'être consolée.

— La consolation dont j'ai soif ne saurait me venir des hommes. Je l'attends de Dieu seul !

— Impitoyable enfant! dit Bénédict, si elle vous suffit, peut-être faut-il autre chose à mon cœur.

— Voulez-vous être mon frère? demanda Sabine, mon frère comme Sulpice, comme Xavier?

— Et vous deviendrez la femme d'un autre.

— Je ne me marierai jamais.

La jeune fille tendit la main au sculpteur.

— Non! dit celui-ci. Je repousse une fausse amitié, un sentiment mixte qui ne répond plus à mes aspirations, aux espérances de ma vie.

J'accepte mon arrêt. Vous me bannissez, je me retire. Peut-être, quelque jour, me sera-t-il donné de savoir le mot de la cruelle énigme que je ne puis aujourd'hui deviner.

— Adieu! dit Mlle Pomereul.

La jeune fille se leva et, sans tourner la tête, d'un ton sec qui ne laissait deviner aucune émotion, elle répéta :

— Pour toujours, adieu!

Au moment où elle allait quitter le salon, laissant Bénédict à ses tristes pensées, l'abbé Sulpice entra.

D'un regard il comprit ce qui venait de se passer, et Sabine, se jetant dans ses bras, murmura à son oreille :

— J'ai menti! J'ai voulu le sauver!

Le jeune prêtre la retint avec autorité.

— C'est mal, dit-il, c'est mal, Sabine. Sais-tu ce que tu vas faire de cet homme si noble, si généreux, si fort? Sais-tu à quelles extrémités le découragement peut le pousser?

Mais Mlle Pomereul ne se rendit point à l'observation de Sulpice, et, pour la première fois de sa vie, peut-être, elle ne tint pas compte des conseils de son frère.

— Console-le! dit-elle, console-le!

Et, sans rien ajouter, elle s'enfuit.

Sulpice marcha droit à Bénédict.

— Frère, lui dit-il, car vous restez un frère pour moi, essayez de reprendre courage, rappelez votre énergie; qui sait si Sabine ne reviendra pas sur sa décision.

— Je n'attends plus rien d'elle! fit Bénédict. Sa dureté me prouve la véracité de ses paroles. En acceptant de devenir ma femme, elle obéissait seulement à son père. Merci, Sulpice, merci frère. Je reviendrai, et vous me parlerez du temps où je croyais qu'elle serait un lien entre nous, où j'espérais trouver une famille dans la vôtre. Adieu! Je suis un homme, et j'ai besoin de pleurer.

Bénédict serra la main de Sulpice et sortit en cachant son visage dans ses mains.

Quand il rentra dans son atelier, il lui sembla qu'il pénétrait dans une tombe.

Cette pièce, meublée avec un goût exquis, ce sanctuaire de l'art disposé avec tant de soin et de patience, pour y accueillir Sabine le jour où elle serait devenue sa femme, lui parut morne comme un temple privé d'images saintes.

Les œuvres d'art sorties de ses mains, et qu'elle aurait admirées, lui parurent indignes de tout éloge.

Lui, si confiant jadis, en vint subitement, en doutant de la vie, à douter de sa propre valeur.

Il se demanda s'il n'avait pas été bien fou de passer toute sa jeunesse dans un travail austère pour aboutir à cette désillusion cruelle. Son bonheur, en sombrant tout à coup, parut entraîner sa foi dans ce grand naufrage.

— Ah! fit-il, avec explosion, mes amis avaient bien raison de rire de ma sagesse, de railler mes froides statues, et de me répéter que l'inspiration n'est pas où je m'obstinais à la chercher! Je voulais Sabine, abandonnée du monde, déshonorée par la condamnation de son frère: elle me repousse et me renie! J'ai d'abord pensé qu'elle me perdait, elle me sauve peut-être! Me voilà libre! Je suis jeune, j'ai du talent! Mes vingt-cinq ans n'ont jamais bu à la coupe des plaisirs faciles, eh bien! je leur demanderai l'oubli.

Puis, subitement, Bénédict se laissa tomber dans un fauteuil et fondit en larmes.

Je bois à l'art, sous toutes les formes qu'il revêt ! (*Voir page* 141)

Chapitre XII

SOUPER D'ARTISTES

La guerre que la France venait si imprudemment de déclarer à la Prusse prenait la plus large part des préoccupations de tous. Cependant, si grande était la confiance dans nos armes, que la pensée ne vint à personne de douter de leur succès. On eût accusé de manquer de patriotisme quiconque se fût permis d'élever à cet égard une pensée inquiétante pour notre gloire. D'ailleurs, cette guerre semblait à tous une brillante campagne militaire, dont le terme était fixé à l'entrée dans la capitale ennemie.

D'entraves dans la marche, de déceptions dans les espérances, de défaite, surtout, il n'en était pas question. A l'heure du départ on saluait d'avance le retour triomphant.

L'exposition du mois de mai 1870, en dépit du mouvement politique et militaire; des hausses et des baisses de la Bourse; des articles historiques, dont la guerre était le prétexte, fut donc très remarquée, très suivie. Les *saloniers* remplirent, à grand renfort de phrases étincelantes, leur rôle de critiques, s'occupant beaucoup plus de faire remarquer leur talent d'écrivain, que de faire ressortir l'art et les progrès du peintre et du sculpteur qui servaient de prétexte à leurs brillantes escrimes de plume.

Cependant on trouva dans tous les journaux un accord unanime pour louer l'œuvre exposée par Bénédict Fougerais. Elle n'était pas conçue de façon à attirer la foule, à grouper autour d'elle les fantaisistes et les réalistes, mais elle renfermait des qualités si sérieuses, et faisait preuve d'une telle science que l'on n'essaya pas même de la discuter.

Le groupe de Bénédict représentait la *Religion foulant aux pieds les idoles*. Non pas ces *idoles* de bronze, d'or ou de bois, qui se sont tour à tour appelées Isis, Jupiter, Wichnou, Brama, mais les *idoles* vivantes, à qui chacun de nous sacrifie : l'Or, le Plaisir, la Gloire!

C'était une grande et noble idée, largement conçue, sobrement exécutée.

Cette œuvre dénotait chez son auteur une puissance réelle, et classait le jeune sculpteur parmi les artistes dont on avait le droit d'attendre davantage.

Quelles joies avait goûtées Bénédict, tandis que sa main obéissante modelait la création de son cerveau. Combien de fois, rejetant la glaise, se reculant pour juger de l'ensemble de l'œuvre, il s'était répété, avec une conviction intime : « Sabine sera contente! » Car cette œuvre dans laquelle vivait son âme, plus encore que son génie, il la lui dédiait d'avance.

Il comptait sur ce succès pour inaugurer son jeune ménage. Il espérait que le gouvernement ferait l'acquisition de son groupe. C'était déjà le succès; demain il tiendrait la fortune. Non pas cette fortune à laquelle la plupart des hommes attachent tant de prix, et qui pour eux solde des distractions folles, mais cette fortune, dont on jouit avec modération, avec épargne, dont la possession repose, dont jamais on ne fait abus.

Et c'est à l'heure où venait la récompense d'une studieuse jeunesse, où le bonheur et le succès allaient à la fois sourire au jeune homme, que la douleur s'acharnait sur lui comme sur une proie et mettait son cœur en lambeaux.

Celle vers qui sa pensée n'avait cessé de graviter, celle dont il attendait la joie, celle qui lui avait été promise, retirait brusquement sa main de la sienne, et lui avouait qu'en l'acceptant autrefois pour époux, elle cédait au désir, à la volonté de son père.

Bénédict, accablé, s'enferma chez lui.

Il interdit sa porte, se concentra dans sa douleur, et laissa engourdir à la fois son cœur et sa pensée. Toute sa force tomba en même temps que ses espérances. Ce jeune homme qui, la veille encore, était prêt pour l'accomplissement de grandes et sublimes choses, se sentit brusquement incapable de tout.

Il lui sembla que son ambition mourait en même temps que sa félicité.

La gloire, dont il suivait le vol altier du regard, tomba de l'éther les deux ailes brisées; et Bénédict se demanda si l'artiste survivrait au désespoir de l'homme.

Les statues de l'atelier furent voilées de serge verte; la glaise durcit dans les baquets, les selles sur lesquelles reposaient des bustes commencés se couvrirent de débris de terre desséchée.

Bientôt cet intérieur vivant et pur, respirant le travail, la force, devint une sorte de tombeau, que Bénédict ne se souciait plus d'ouvrir.

Le jeune homme espéra même que la mort l'y prendrait au milieu de ses œuvres adolescentes, et que le groupe sculpté par lui serait son monument funéraire.

Huit jours après que Sabine eut brisé, d'un mot, le cœur de Bénédict Fougerais, un large pli, portant le sceau ministériel, fut remis au jeune homme.

Il le décacheta distraitement. En lisant la lettre contenue dans l'enveloppe, il changea cependant de visage, l'expression d'une joie rapide l'anima.

Le ministre l'informait que le gouvernement, ayant le désir d'acquérir son groupe, lui demandait à quel prix il pouvait le céder; puis il ajoutait que, pour encourager un artiste dont les débuts promettaient un si brillant avenir, il lui confiait une commande importante. Il s'agissait de composer un groupe représentant *Hylas entraîné par les Nymphes*, groupe destiné à l'ornementation d'une fontaine monumentale.

— Oui, dit amèrement Bénédict, c'est le succès, l'argent, la renommée! A quoi bon, je n'ai plus personne à qui offrir tout cela.

Il jeta la lettre sur une table et s'enfonça de nouveau dans de sombres pensées.

Un moment après, il entendit sonner. Depuis huit jours, Beppo, son domestique, avait ordre de répondre aux visiteurs que son maître était souffrant, et qu'il ne recevait personne.

D'ordinaire, sans insister, on laissait une carte.

Mais, cette fois, l'ami qui demandait Bénédict mit de l'obstination dans son vouloir, il parlait haut, il maltraitait même Beppo, qui s'oublia jusqu'à prononcer un *corpo di santo!* accentué, et se plaça résolument devant la porte de l'atelier.

Le visiteur empoigna Beppo par la nuque, le lança contre le mur avec autant de facilité qu'une balle élastique, ouvrit la porte de l'atelier, et courut à Bénédict.

— On y est pour moi! dit-il, en prenant les mains du sculpteur.

— Lionel! fit Bénédict.

Il ajouta tristement :

— Hélas! je n'y suis plus pour moi-même!

— Je connais cela! fit le peintre, avec un haussement d'épaules, des affections qui se brisent, des liens qui se dénouent, des chimères qui s'envolent! Nous passons tous par là! Les épreuves de la vie nous trempent; nous n'avons pas le droit de nous laisser briser par elles. Ah! je me doutais bien de cela! Le procès de Xavier Pomereul devait anéantir les projets d'autrefois. Tu ne pouvais épouser une fille dont le frère allait entrer au bagne.

— Tu te trompes, Lionel, Sabine restait à mes yeux pure de toute tache; moi qui crois à l'innocence de Xavier, je voulais sa sœur pour femme.

— Après la condamnation?

— Surtout après ce malheur.

— C'est héroïque, dit Lionel, mais c'est fou!

— Eh bien! Sabine a refusé de m'épouser.

— Allons! dit Lionel, c'est vraiment une noble fille!

— Sabine manque à une promesse sacrée.

— Mlle Pomereul avait promis de faire ton bonheur, elle ne pouvait plus que consommer ta ruine.

— Elle la consomme bien plus par ce refus cruel. J'ai travaillé, grandi pour Sabine; ma gloire, si ce que j'ai s'appelle de ce nom, est son œuvre. Avec elle, je me sentais capable de tout; loin d'elle, je ne puis plus rien.

— Allons donc! fit Lionel; on dit cela, mais ce n'est pas vrai!

— Je n'oublierai pas Sabine.

— Je l'admets. Mais, tu oublieras moins encore ton art, à qui tu dois de nobles et de grandes jouissances. Tu n'oublieras point la sculpture, parce qu'elle sera ta revanche et ta consolation. Tu trouveras une autre Sabine dans la vie, mais tu ne remplaceras par rien l'art auquel tu t'es voué.

Lionel aperçut l'enveloppe au cachet de cire rouge.

— Cela sent le Ministère des Beaux-Arts, dit-il.

— Lis, répondit Bénédict, en tendant la lettre à son ami.

— Eh bien! fit celui-ci, quand il l'eut achevée, il faut demander tren te mille francs de ton groupe; il vaut davantage, mais le gouvernement a l'habitude de répéter qu'il n'est pas riche; on doit lui passer ses manies en faveur de ses bonnes intentions. Ce prix étant modéré, tu peux regarder l'acquisition comme chose faite. Te voilà trente mille francs d'avance pour les frais de la fontaine commandée.

— Cette fontaine, je ne l'exécuterai pas.

— En voilà bien d'une autre. Tu refuses les travaux du Ministère? Sous quel prétexte?

— Pour une raison.

— Un artiste n'a jamais une raison pour refuser une commande du Ministère.

— Tu te trompes, Lionel, celle de ses convictions.

— Mais, je ne sache pas qu'*Hylas et les Nymphes* aient rien à démêler avec la politique.

— Avec la politique, non; mais avec ma conscience.

— Ma foi, je m'y perds! dit Lionel.

— J'ai été élevé par un honnête homme, M. Pomereul; guidé par un saint, l'abbé Sulpice; fiancé à la jeune fille la plus candide, la plus pieuse que j'aie vue et admirée. Mes études, ma vie austère, le milieu dans lequel aimait mon cœur et respirait mon âme a donc été tout à fait en dehors des habitudes, des croyances des autres artistes. Vivant chastement, j'ai fait de l'art chaste. Je me suis fait le serment d'honorer mon art au point de ne jamais exécuter, quel que fût le succès ou le lucre promis, des figures qu'une honnête femme ne saurait regarder sans rougir.

— Mais, alors, reprit Lionel, tu devais épouser Sabine.

— J'ai promis de ne jamais suivre une autre voie.

— A qui? A ton protecteur! Sa mort te délie de la promesse. A Sabine, qui te repousse?

— A ma conscience! fit Bénédict

— Entendons-nous. Tu dois avoir deux consciences, ta conscience d'homme et ta conscience d'artiste : l'une n'a rien à démêler avec l'autre. Je comprends la chasteté de ta vie, je l'approuve, mais elle n'a rien de commun avec les femmes de marbre que tu représentes.

— Tu te trompes, dit Bénédict, l'œuvre de l'artiste garde un reflet de lui-même. Je ne sculpterais plus un groupe semblable à la *Religion foulant aux pieds les Idoles*, si ces idoles étaient les miennes, et si la religion ne me semblait pas sacrée.

— Tu ne ferais plus cela! C'est possible! mais tu ferais autre chose. Je commence par te dire que je trouve ton groupe superbe, et cepen dant tu donnerais bien plus la mesure de ta force, en exécutant la commande du Ministère.

— Soit, fit Bénédict, mais je me serai donné cette intime joie de rester fidèle à la loi que je me suis faite de ne mettre l'art au service d'aucune passion!

— Attends quarante-huit heures pour répondre au sujet du projet de fontaine, et ne perds pas une minute pour fixer le prix de ton groupe. Je me rends de ce pas au Ministère, je remettrai ta lettre.

Bénédict se mit à écrire.

— A propos, reprit Lionel, on pend la crémaillère chez moi ce soir. Je suis venu pour te donner ma nouvelle adresse. Il va sans dire que je compte sur toi.

— Tu ne m'as donc pas compris, Lionel?

— Je comprends que tu es triste, et qu'il te faut des distractions.

— J'ai besoin de solitude pour pleurer.

— Ou de gais compagnons pour te faire rire.

— Je ne rirai plus jamais! Ma jeunesse est finie!

— Alors ne travaille désormais que pour les pompes funèbres, mon bon! Fais une statue de l'Art avec son flambeau éteint, ses pinceaux, sa lyre et son ciseau brisés, et que tout soit dit.

Ecris ton testament, et si tu es trop chrétien pour te tirer un coup de pistolet, pars pour la Trappe et prononce des vœux! Mais n'entreprends pas de vivre dans le monde sans être du monde. Fra Angelico s'était fait moine, et Fra Bartolomeo portait le capuce. Il faut de la logique, que diable! Et puis, vois-tu, si on ne met pas les grilles d'un cloître entre soi et le siècle, comme on dit, il faut prendre son parti, et hurler avec les loups, en montrant moins les dents et en faisant moins de bruit, voilà tout. A quoi t'engage ce souper après tout? A dîner avec de bons amis qui t'apprécient.

— Nous n'avons pas les mêmes idées.

— Sur l'art, c'est possible, mais sur le pâté aux truffes, c'est autre chose, ce me semble. On ne te forcera point à boire si le vin te fait mal; on ne t'obligera pas à chanter, si tu es triste! Tu bouderas dans ton coin si cela te plaît; tu railleras notre gaieté du haut de ta raison. Voilà des concessions, ou je ne m'y connais pas!

— Merci, Lionel; mais je ne saurais...

— Refuser, je le crois bien!

— Non, accepter; la blessure dont je souffre est trop saignante.

— Raison de plus pour la cicatriser.

— Ne se rouvrirait-elle pas?

— Aux changements de temps, c'est possible. Mais, tu tâcherais de garder le baromètre au beau-fixe.

— Non, encore une fois, non!

— Tu as tort, et tu me fais de la peine. Ton chagrin, si tu le choies, si tu l'entretiens dans le silence et l'ombre, va dégénérer en maladie mentale. Il paralysera ton cerveau, ta main ! Il fera de toi, non pas un incompris, mais un incapable ! On te comptera parmi tous ceux dont on dit avec une joie mauvaise: *C'est un raté !* Eh bien ! non, il ne faut pas que tu restes vaincu dans cette lutte. Relève-toi, grandi par ton malheur. Oublie Sabine, donne à la muse dominatrice la place que prenait la jeune fille dans ta vie, et, arrêté un moment dans ta route, par un obstacle imprévu, franchis d'un élan cette barrière au pied de laquelle tu voulais te coucher pour mourir.

— En aurais-je encore la force ?

— Tout seul, non ; appuyé sur des amis, oui ; et je suis ton ami, Bénédict.

— Alors, fit Bénédict, laisse-moi pleurer !

— Près de moi, soit ! Tu me parleras de tes rêves, de Sabine, du bonheur brisé ; moi, je te vanterai la muse de la sculpture ; je ferai briller devant toi la gloire que tu sembles dédaigner, et dans quelques mois, tu seras, non pas calmé, mais heureux.

— Si je pouvais te croire !

— Crois-moi, Bénédict, ce que tu souffres, je l'ai souffert.

— Ta fiancée valait-elle Sabine ?

— Oui ; mais j'ai fini par trouver que l'art valait mieux qu'elle encore !

— Je ne sais plus si tu es mon sauveur ou l'esprit de la tentation, fit Bénédict, mais je sens que ta visite me ranime.

— Une soirée avec nous te ressusciterait. Viendras-tu ?

— A quelle heure soupe-t-on, chez toi ?

— A neuf heures.

— Fais mettre mon couvert, Lionel.

— Et j'emporte ta lettre au Ministère. Au revoir ; à tantôt.

Les deux jeunes gens se serrèrent la main, et Benédict sortit.

— Ah ! *signor mio*, fit Beppo, je serai grondé !

— Prépare la toilette de ton maître, petit niais, et dépense ces cinq francs à ma santé !

Beppo montra toute ses dents dans un sourire.

Une seconde après, Bénédict l'apella et lui donna ses ordres.

— Lionel a peut-être raison, dit le sculpteur : si la douleur n'a point la puissance de tuer, à quoi bon lui permettre de nous amoindrir ! Je ne chercherai point, ce soir, la gaieté, la folie ! Mais, qui sait si au contact de la joie des autres, je ne me sentirai pas moins morose ?

Bénédict apporta à sa toilette un soin inusité depuis longtemps, et à l'heure fixée par son ami, il se trouvait dans l'atelier de Lionel.

C'était une vaste pièce, extraordinairement haute d'étage, et dont des draperies, formant tente, cachaient les irrégularités du plafond.

Dans les cadres de bois dorés des toiles lumineuses attiraient le regard. Lionel possédait un véritable tempérament d'artiste, et chaque chose sortie de sa main attestait la puissance et l'originalité. Des faïences rares, des armes de valeur, montées en panoplies, des marbres et des terres cuites, souvenirs de ses camarades, des tentures de Beauvais, aux plis sombres, laissant deviner plus que reconnaître des figures de femmes, des branches de fleurs, des ailes d'oiseaux, contribuaient à rendre charmant l'aspect de cette pièce énorme. Les chevalets, les mannequins, les boîtes à couleurs avaient été rangés dans les angles, et la table du souper, servie avec un goût merveilleux et une prodigalité fastueuse, rappelait la belle ordonnance des festins que Véronèse aimait à représenter.

Lorsque Bénédict entra, les invités se trouvaient presque au complet. On causait joyeusement, et l'arrivée du sculpteur fut à peine remarquée. Les retardataires s'étant glissés dans la foule, on abaissa les portières et le souper commença.

Bénédict ne regretta point d'y avoir sa place.

Il se trouvait à côté d'un camarade d'atelier qui lui rappela les heures du passé, et la gaieté des convives se maintint longtemps à un diapason raisonnable.

Des littérateurs choisis, surtout parmi les critiques, émaillaient, des mots du lendemain, cette joyeuse réunion. On riait de bon cœur. On buvait sans hâte. La nuit était longue et les fenêtres, soigneusement closes, ne devaient point permettre au jour de pénétrer trop vite dans l'atelier de Lionel.

Bientôt les têtes s'échauffèrent. On se félicita des succès mutuels. Bénédict reçut une large part d'éloges, et comme il oubliait de mentionner l'achat du Ministère, si flatteur pour lui, Lionel l'annonça à ses camarades.

Bénédict vit toutes les mains se tendre vers lui ; cette spontanéité sympathique lui fit du bien. Il comprit combien la solitude le forçait à se replier sur lui-même, et il résolut de suivre le conseil du peintre, et de chasser le chagrin par la recherche du plaisir. Il vida plus lestement son verre, après l'avoir choqué contre celui d'un critique et son regard s'anima comme jadis ; non pas cependant d'une flamme joyeuse, inspirée, mais d'un rayon ardent, desséchant ses dernières larmes.

Les conversations se croisaient, les mots vibraient comme des flèches. On racontait des histoires folles, on échangeait des adieux ; chacun parlait de son projet de tableau, de statue. On interrogea Bénédict à son tour.

— Ah ! lui fit Lionel, il ne choisit pas son sujet, on le lui impose.
— Qui, un banquier ?
— Mieux que cela ?

— Un prince!

— Un monarque qui s'appelle le Gouvernement.

— Et c'est?... demandèrent dix voix.

— *Hylas et les Nymphes.*

— Est-il chançard! firent en chœur les plus jeunes.

— Lui; vous ne le connaissez pas : il refuse!

— Bah!

— Il s'est voué aux madones à perpétuité.

— Prends garde! mon bon, dit une voix; faut soigner ça, c'est dangereux.

— En quoi?

— Dame! quand on aime trop les draperies; c'est qu'un mannequin semble plus aisé à habiller que la nature à traduire.

— Non! fit Bénédict, essayant de défendre encore ses convictions: c'est que le respect de l'art empêche de le prostituer.

— Bah! tu supprimerais alors la moitié des créations de Michel-Ange, et tu brûlerais le *Triomphe de Galathée* de Raphaël. L'art pour l'art, mon bon! Et fi de ceux qui l'entravent sous prétexte de moralité! Je comprendrais encore tes scrupules, si tu devais te marier, mais on dit ces projets rompus. Nul regard ne s'effarouchera de tes œuvres, et te voilà libre de les créer sans consulter la conscience timorée d'une petite bourgeoise! Refuser une commande! ça ne s'est jamais vu!

— Auriez-vous par hasard, monsieur, demanda un journaliste, la prétention de réformer la société et de la petrir à votre guise? Vous n'enraierez pas sa marche: pour garder la faveur de la foule, suivez-la! Quel malheur de modeler les *Nymphes et Hylas* l'adolescent, dépeint par la fable! Vous avez prouvé ce que les idées religieuses étaient capables de vous inspirer, montrez-nous ce que la théogonie des Grecs peut trouver de poésie sous votre ciseau.

— A la fontaine des *Nymphes!* fit Lionel, en élevant son verre.

Bénédict ne répondit pas.

Son voisin remplit sa coupe.

— Videz-la toujours, dit-il; vous êtes libre de faire ce que vous voudrez! On va crier au rigoriste!

Bénédict choqua son verre contre celui de son ami.

— A l'art! dit-il, sous toutes les formes qu'il revêt! A l'art! dont 'amour ne nous trompe jamais, qui fit de nous ce que nous sommes, et nous fera nous survivre!

Gildas éleva sa coupe et chanta, d'une voix vibrante :

> Je bois au rude laboureur,
> Qui de l'œil couve ses semailles;
> Aux filets du pauvre pêcheur,
> Qui prend le poisson dans ses mailles;
> Au bûcheron rempli d'ardeur,
> Dans l'arbre creusant des entailles.
> Je bois à toi, quand tu travailles,
> Homme du peuple, homme de cœur!

— Bravo! bravo! crièrent les jeunes gens.
Lionel remplit le verre du poète.
— Le second couplet, dit-il.
L'improvisateur continua :

> Je bois à tout ce qui fleurit,
> Tout ce qui chante et qui rayonne;
> Je bois à tout ce qui sourit,
> Ce qui gazouille ou qui bourdonne;
> Je bois aux parfums du printemps;
> Aux ailes blanches des colombes,
> Aux aieux, couchés dans leurs tombes;
> Je bois aux berceaux des enfants.

— Tu deviens mélancolique! dit une voix.
Gildas accentua davantage le dernier couplet :

> Je bois à l'art, ce créateur
> De choses saintes et sublimes
> Je bois au ciseau du sculpteur,
> Aux strophes chantant sur leurs rimes;
> Au présent qui solde si peu
> Le prix du labeur de notre âme!
> Je bois à l'immortelle flamme
> Du talent qui nous vient de Dieu!

Il y eut un moment d'élan, d'enthousiasme, pendant lequel les mains se serrèrent, et l'on félicita le jeune poète.

Puis la causerie changea de ton; les flacons se vidèrent avec une rapidité dévorante. Les jeunes gens parlaient haut : quelques-uns s'attendrissaient.

Les journalistes enregistraient sur leurs carnets les mots de Préault.

le spirituel sculpteur. Les rires éclataient en fusées ; tout le monde parlait à la fois, et chacun entonnait un refrain différent.

Un virtuose, s'étant mis au piano, exécuta la *Marche aux flambeaux*, tandis que les artistes, à moitié gris, prenaient, qui une torchère, qui un candélabre, qui une lampe, et défilaient en cortège tout autour de l'atelier.

Les jeunes gens se jetèrent ensuite sur les divans et se mirent à fumer, tandis que le poète commençait une conférence sur les *Visions de l'opium*.

Les cerveaux s'obscurcissaient, les paroles devinrent plus rares, le sommeil s'empara de la plupart des convives. Ils en sortirent quand le valet de chambre ouvrit les volets ; il faisait grand jour.

Chacun se détira les bras, passa la main dans sa chevelure emmêlée, jeta un regard morne sur sa toilette fripée, la table en désordre, puis de nouveaux cigares furent allumés, et les jeunes gens, remerciant Lionel de son festin royal, reprirent le chemin de leur maison.

— Reste, dit Lionel à Bénédict.

Le jeune sculpteur céda.

— T'es-tu ennuyé ? lui demanda le peintre.

— Non, répondit le sculpteur.

— Te sens-tu mieux ?

— J'ai moins de mépris pour les autres et moins d'estime pour moi-même.

— Ce n'est pas un mal. Te sens-tu de force à travailler ?

— Moi ! je n'ai pas une idée dans le cerveau.

— Tant mieux ! Nous nous reposerons ensemble ; je dispose de toi ce soir.

— Où me mèneras-tu ?

— Au théâtre.

— Entendre quelque insanité à la mode ?

— Justement.

— Mais, tu as donc juré de me tuer l'âme ?

— Je tuerai le ver qui la ronge.

— Si tu réussis, Lionel, qui t'assure que l'âme elle-même survivra ?

— Elle ne sert qu'à te faire souffrir.

— Depuis quelques jours, c'est vrai, mais autrefois elle fut ma force et ma joie.

— Autrefois est loin, Bénédict !

— Et Sabine ne sera jamais ma femme... Je reste ; nous irons où tu voudras.

Pendant huit jours, Lionel continua ce qu'il appelait le sauvetage de Bénédict.

Il le promena de plaisir en plaisir, les variant, les **inventant** avec une **sorte de génie**.

Bénédict y apporta d'abord sa lassitude, son dégoût; puis il les trouva moins dangereux, et comme ils lui donnaient l'oubli, il finit par les désirer.

Un matin, cependant, il dit à Lionel, dont il partageait l'appartement :

— As-tu de la cire à modeler, ici ?

— Je crois bien ! Isidore a commencé son groupe des *Centaures*, une idiotie ! Pétris les Centaures et fais-en ce que tu voudras.

Bénédict s'installa près d'une haute table et se mit à modeler.

Pendant ce temps, Lionel peignait une *Déjanire*.

Chacun d'eux gardait le silence, absorbé qu'il était dans la conception de son œuvre, Il fallut que le jour, en baissant, les avertît que leur tâche s'était prolongée outre mesure.

Lionel jeta ses pinceaux dans la boîte à couleurs, et se recula pour juger de l'effet de son œuvre ; il fit ensuite basculer une glace et regarda la toile dans le miroir ; puis, satisfait de son travail, il se frotta les mains, en s'écriant :

— La *Déjanire* est l'excuse du Centaure ! Ça vient ! Et toi ? demanda-t-il à Bénédict.

Celui-ci ne l'entendit pas, et continua à modeler.

Lionel se pencha sur l'épaule du sculpteur et regarda.

Bénédict achevait la maquette du projet de fontaine *Hylas et les Nymphes*.

— Bravo ! lui dit Lionel, avec un sentiment d'admiration sincère ; c'est du grand art, et de cette œuvre datera ta vraie renommée.

— Peut-être ! répondit le sculpteur.

Puis, il ajouta d'une voix sourde :

— Quelque chose vient de mourir en moi !

— Quoi donc ? demanda Lionel.

— Ma conscience ! répondit le fiancé de Sabine.

Elle tomba à nos genoux, pleura, sanglota. (Voir page 151.)

Chaptire XIII

LE VEAU D'OR

Le quatrième étage de l'hôtel Pomereul était, nous l'avons dit, occupé par les serviteurs de la maison et par l'abbé Sulpice.

L'appartement de celui-ci se composait de trois pièces; la première servait d'antichambre à la seconde.

Cette antichambre avait pour tout ameublement des chaises de paille rangées autour des murs tendus d'un papier sombre, et une table de bois noir, couverte de papiers.

La seconde pièce ressemblait à la cellule d'un moine. Une couchette plate en formait le fond; un prie-Dieu, placé sous un crucifix admirable, occupait un des panneaux; la troisième, garnie de livres, placés sur des étagères de sapin, prouvait l'habitude du labeur. Un bureau garni de registres, de cahiers manuscrits, une lampe, un fauteuil pour les visiteurs, une chaise de paille pour l'abbé Sulpice complétaient cet ameublement.

Le jeune prêtre se levait à cinq heures, célébrait une messe matinale à l'église de la Trinité, rentrait à sept heures et demie, prenait un repas frugal et donnait ensuite ses audiences jusqu'à dix heures.

Il descendait alors dans l'appartement de sa sœur, et vivait un peu de la vie familiale avant de partir pour Charenton, où l'attendaient les soins divers de l'instruction des enfants, les visites aux malades, les consolations à donner à ceux qui souffraient.

Quand il rentrait à l'hôtel Pomereul, le dépouillement de sa correspondance, les réponses à faire l'occupaient deux heures. Il recevait de nouveau ceux qui avaient besoin de lui parler; allait ensuite où l'appelaient, dans Paris, les travaux de son ministère, rentrait, prenait, dans dans sa chambre, un repas très simple, passait quelques instants avec Sabine, puis goûtait enfin le repos dont il avait besoin après un tel labeur.

Il n'était point nécessaire de se faire annoncer chez l'abbé Sulpice. La porte de son antichambre était toujours ouverte; chaque solliciteur s'asseyait à son rang, riche ou pauvre, et passait à son tour. La grande dame y coudoyait la pauvre couturière, l'artisan s'y trouvait à côté du fonctionnaire influent, et si, par exception, l'abbé Sulpice accordait à quelqu'un une entrée de faveur, c'était au plus misérable, celui-là ayant moins le temps d'attendre.

De tous les coins de Paris on accourait à l'hôtel Pomereul. Les plus hauts personnages faisaient antichambre chez l'abbé Sulpice, et souvent de notables dignitaires de l'Eglise y vinrent demander un avis au jeune confrère que la sainteté de sa vie plaçait si haut dans l'estime de tous.

Un matin, le banquier André Niçois prit place sur une des chaises de la salle d'attente.

Lorsque le jeune prêtre le reconnut, il lui tendit les deux mains avec effusion.

— Vous m'apportez, dit-il, le vivant souvenir de mon père; il vous aimait tant!

— Ah! j l l rendais bien! répondit Niçois; et Dieu m'est témoin que vous, votre sœur et votre malheureux frère, vous m'êtes également chers.

— Que souhaitez-vous de moi? demanda l'abbé Sulpice.

— Je viens d'abord opérer une restitution. Grâce à l'aide que vous m'avez prêtée, j'ai pu, sans crise, passer une fin de mois difficile; je vous rapporte les cent mille francs que vous aviez mis à ma disposition.

— Je n'ai point le droit de les refuser, car la fortune paternelle a trois héritiers; mais je vous supplie de me faire la promesse de vous adresser à nous si jamais vous vous trouvez embarrassé.

— Je vous le promets, répondit le banquier.

— Ainsi, reprit Sulpice, vos affaires continuent leur marche ascendante?

— Oui, répondit Niçois; je dois même ajouter que le mouvement politique, dont un grand nombre pâtit, m'a été favorable. La guerre, qui ruine beaucoup de spéculateurs, m'a permis d'opérer en grand, et de réaliser trois millions d'un coup de filet.

— Trois millions, grâce à une seule opération?

— Oui, trois millions.

— Voulez-vous me permettre de vous adresser une question?

— Sans doute.

— Vous aimez l'argent?

— Avec passion.

— Vous ne l'aimez cependant point en avare?

— Non, l'avare l'entasse, et je m'en fais honneur.

— Souhaitez-vous donc une fortune de roi pour effacer par votre luxe le luxe des plus riches?

— J'aime l'argent, dit Niçois, parce qu'il est la plus grande puissance de notre siècle, qu'il fonde les journaux, achète la conscience des hommes et domine tout ce qui n'est pas lui.

— Hors ceux qui le méprisent.

— Ceux-là sont rares.

— C'est étrange, dit l'abbé Sulpice, j'ai beau chercher sur votre visage les caractères de cette idolâtrie du veau d'or, je ne les découvre pas. La soif de la fortune est, permettez-moi de le dire, une superfétation, une greffe malsaine ajoutée à votre caractère. Plus je vous regarde plus je reste convaincu que tous les instincts de générosité furent primitivement en vous.

— Vous ne vous trompez pas, dit André Niçois, mais vous le savez, l'habitude devient une seconde nature. Mon père, né riche, se ruina, ou plutôt fut ruiné brusquement par la faillite d'un correspondant. J'avais dix-sept ans, l'âge où l'on apprécie les jouissances du luxe, et la perte de la fortune de mon père me fut extrêmement sensible. Il ne survécut guère à son malheur, et les derniers conseils qu'il me donna, de sa voix mourante, furent de sacrifier les joies de la jeunesse, tout ce que je sentais d'avidité vers la liberté et le plaisir, à la conquête d'une seconde fortune.

— Ecoute, me dit-il, les Dufernois ont une fille, dont la dot sera d'un million ; elle a dix ans, toi dix-sept ; le revers qui nous frappe n'empêchera point Dufernois de te donner sa fille. J'ai tout arrangé pour ton bonheur. Concentre donc tes pensées, tes rêves, ta volonté vers ce but : être riche ! Le premier million est seul difficile à gagner. Quand tu tiendras celui des Dufernois, le reste ira tout seul. Répare, non mes fautes, mais mon malheur. Reprends à la Bourse la place que j'y occupais. Les souverains se succèdent sur le trône de France, les rois de la finance, seuls, sont sûrs de garder leur prestige !

Je répondis à mon père de façon à le rassurer. Cependant quand il insista sur le projet de mariage avec Mlle Dufernois, j'hésitai. Il s'en aperçut. Son regard m'interrogea d'une façon plus directe, et je baissai la tête.

— Je vais mourir, me dit-il, je veux ta parole.

Je la lui donnai.

Il expira, rassuré sur l'avenir de ma mère et sur le mien.

Je tins ma promesse. A partir de ce jour, je travaillai avec un redoublement de zèle, non par amour de l'argent, mais pour obéir au commandement paternel. Je m'adressais cependant un reproche, un reproche grave.

André Niçois s'arrêta et parut hésiter.

L'abbé Sulpice lui prit la main.

— Parlez, si vous trouvez un soulagement à me raconter votre vie, lui dit-il ; je suis un ami...

— Un ami austère, répondit Niçois.

— Un confesseur, si vous le souhaitez.

— Pas encore! Mais, à quelque titre que ce soit, je sais bien que je puis compter sur votre discrétion.

Une pression de main de l'abbé Sulpice fut son unique réponse.

— J'étais un jeune homme ardent, fougueux, impatient de secouer tout joug, aspirant plus alors au plaisir qu'à la fortune. La liberté d'action dont je jouissais, le manque de croyances, mes vingt ans me devaient conduire d'une façon inévitable dans un chemin dangereux. J'y roulai. Sans consulter ma mère, oublieux de la parole donnée à mon père, je pris l'engagement formel d'épouser une fille belle et pauvre... Elle me crut, elle espéra, mais lorsque vint le moment de fixer ma vie, quand j'eus vingt-cinq ans, l'âge d'un homme, et que Mlle Dufernois en compta dix-huit, ma mère me rappela l'ordre paternel.

Je demandai du temps. Le courage me manquait pour dire à une créature confiante : j'ai menti ! pour lire dans ses yeux le mépris que lui inspirait ma conduite...

André Niçois frissonna.

— Oui, cela était horrible, en effet ! dit l'abbé Sulpice ; mais ne pouviez-vous tout avouer à votre mère ?

— Elle aurait raillé mes scrupules. Ne jugeant point mon manque de parole au point de vue religieux, elle eût trouvé ma faute légère, et n'eût point eu pitié de mon hésitation à briser le cœur de la malheureuse enfant à qui j'avais dit : vous serez ma femme ! D'un autre côté, la famille Dufernois me traitait en futur gendre ; Mlle Coralie me considérait depuis longtemps comme son fiancé. Je me trouvais garrotté par les engagements de mon père, mon attitude dans la maison, les intimes rapports que ma mère entretenait avec nos amis.

Sans nul doute, si j'eusse avoué la vérité à Coralie Dufernois, sa fierté l'eût portée à me conseiller d'épouser la pauvre fille à qui j'avais fait une promesse sacrée. Mais il faut être vrai jusqu'au bout, et dévoiler, sinon sans honte, du moins sans restriction, les lâchetés, les turpitudes de mon misérable cœur. Je sentais que Mlle Dufernois, élevée dans l'idée de devenir ma femme, me portait une tendresse affectueuse, un peu craintive, pleine de charme, de mystère et de grâce. Jamais elle n'avait songé qu'un autre homme pût avoir de l'influence sur sa vie.

Cette âme candide se réjouissait d'obéir aussi aisément à sa famille qui lui ordonnait de me prendre pour mari. Elle me témoignait une déférence touchante, ne faisait rien sans mon avis, sans mon conseil. A mesure qu'approchait l'époque fixée pour notre mariage, elle devenait plus empressée, et cependant elle restait digne, calme et souriante. Sa beauté, sa distinction me captivaient. Je comparais la jolie et riche Mlle Dufernois avec l'humble fille qui m'avait confié sa destinée. Et cependant libre, je n'eusse point hésité. Mon cœur allait plus impérieusement du côté de celle qui avait reçu ma première parole ; mais la raison, la société, tout ce qui m'entourait, me poussait vers Mlle Dufernois. On fixa des dates. J'acquiesçai à tout, faute d'abord de trouver une raison plausible à opposer à ce que l'on attendait de moi ; puis, quand je me trouvai engagé de façon à ne plus pouvoir regarder en arrière, je me demandai ce que l'autre allait devenir.

Encore une fois, le banquier s'arrêta, comme écrasé par le poids de ses souvenirs. On eût dit, à voir son regard fixé dans le vide, qu'il contemplait en ce moment une apparition étrange, évoquée par ses propres paroles.

— Que c'est loin ! fit-il, que c'est loin !... Et, cependant, quand je me reporte à ces jours, il me semble que tout cela se passait hier...

Lorsque mon mariage fut conclu, je prétextai un voyage, afin d'expliquer mon absence, et je dis à la pauvre abandonnée que je resterais un mois éloigné de Paris.

Huit jours après, j'étais l'époux de Mlle Dufernois. Ma femme possédait assez de qualités pour m'attacher à elle ; du jour où elle me fut unie, il me sembla que j'entrais dans un monde nouveau. J'en vins même à me dire qu'en agissant comme j'avais fait, j'avais suivi la règle du devoir. Je chassais les remords qui me troublaient quelquefois, en me demandant si quelque pensée ambitieuse n'avait point seule motivé l'apparente confiance de celle dont je ne me souciais plus. Non content de la trahir, j'en venais à la calomnier. Il fallut bien que, sur ce point du moins, je m'avouasse vaincu.

Quand ma première fiancée apprit qu'au mépris de mes serments je venais d'épouser Mlle Dufernois, elle m'écrivit une lettre respirant le pardon le plus absolu. Elle suppliait le ciel de ne la point venger, mais elle ajoutait :

« Frappée au cœur, je ne saurais plus vivre... Un Dieu juste, qui châtie toutes les fautes, vous fera expier celle dont vous vous êtes rendu coupable... Hélas! ma plus grande peine à cette heure est de savoir que ma tendresse ne vous préservera pas du châtiment... »

Un jour, j'appris qu'elle s'était noyée.

— Pauvre enfant ! murmura l'abbé Sulpice.

Hélas! cette mort raviva à peine le sentiment de ma faute. J'oubliai ma victime en voyant un enfant à mon foyer. Cet enfant devint ma joie, ma félicité, mon espoir ! Je lui vouai ma force, mes talents, mon avenir ; je me sentis devenir meilleur près de son berceau. C'était un bel enfant, blanc comme le lait, avec des yeux bleus, doux et purs. Sa chevelure, d'une teinte étrange, fauve, flamboyante, rendait plus originale sa physionomie spirituelle et mutine. Sa mère en raffolait.

Jusqu'à ce moment mes ambitions de fortune étaient restées modérées. La dot de ma femme, ce que j'avais acquis, me semblait suffisant. Je m'abandonnais au bonheur de vivre, me promettant de me lancer plus tard dans les aventures de la spéculation. Tout concourait à m'endormir dans mon bonheur. Rarement le souvenir de la pauvre morte revenait à ma mémoire, et quand il la traversait, il n'y laissait aucune angoisse. Le bonheur porte en soi une étrange confiance ! Mais la jeune fille l'avait dit, le châtiment devait venir ; il tarda quatre ans.

Le banquier essuya ses tempes couvertes d'une sueur froide.

— Courage ! courage ! lui dit l'abbé Sulpice.

A cette époque, je dus faire un voyage en Autriche ; ce voyage pouvant durer plus de trois semaines, je ne songeais point à emmener ma femme et mon fils. J'étais à Vienne depuis quinze jours, quand je reçus une lettre désespérée de ma femme. Elle contenait ces seuls mots :

« On a volé notre enfant ! »

La foudre fût tombée sur ma tête que je ne me serais pas senti plus épouvanté, plus anéanti. On avait volé notre enfant! Qui? pourquoi?

J'accourus à Paris, fou de douleur; j'interrogeai ma femme, elle ne savait rien! rien! Pendant mon absence, une nouvelle servante était entrée à la maison, et, quatre jours après, l'enfant avait disparu pendant une promenade.

La servante, redoutant la colère, les larmes, les reproches de ma femme, n'était pas rentrée. Une plainte déposée chez le commissaire de police la fit retrouver. Elle tomba à nos genoux, pleura, sanglota. Elle était sincère! Voici ce qui s'était passé : envoyée aux Tuileries, pour promener l'enfant, elle avait, gagnée par ses prières, traversé la partie des Champs-Elysées, où les marionnettes attirent les spectateurs de l'âge de mon fils. Une foule nombreuse entourait la baraque ; l'enfant, en jouant, en soulevait la toile, cherchant à pénétrer le secret des coulisses des acteurs de bois ; sa bonne riait de son gros rire. Mais subitement, à la fin de la représentation, un grand mouvement s'opéra dans la foule; des enfants crièrent, des mères prirent peur. Un grand désordre s'en suivit, et quand la servante chercha l'enfant confié à ses soins, elle ne l'aperçut plus. Elle appela, courut, questionna en vain. Personne n'avait vu mon petit Roger.

Je remplis les journaux de promesses, de réclames ; peine inutile! vaine attente! l'enfant ne revint pas.

— Mon Dieu! mon Dieu! me dit un jour ma femme, nous n'avons cependant fait de mal à personne?

Alors, je me souvins.

La perte de l'enfant, c'était le châtiment de Dieu.

— Et, demanda l'abbé Sulpice, cette idée ne vous amena-t-elle pas au repentir.

— Non, dit André Niçois ; ma douleur fut sauvage, farouche, égoïste. Loin de me rendre meilleur, elle m'endurcit !

— Hélas! murmura le prêtre.

— Je blasphémai Dieu, qui châtiait une femme et un enfant innocents de mon propre crime. Je ne voulus plus même me trouver coupable. Je me répétai les sophismes à l'aide desquels les jeunes gens s'absolvent des criminelles légèretés de leur conduite. Je comparai ma vie brisée à leur facile existence, et je criai à Dieu qu'il n'était pas juste. J'espérai, mais vainement, qu'un autre petit ange adoucirait la perte de Roger : ce vœu ne fut point exaucé. Nous restâmes seuls, ma femme et moi, avec le cuisant souvenir de l'enfant disparu. Il m'est arrivé souvent de suivre dans la foule des petits mendiants ayant quelque analogie avec mon fils. J'arrêtais les vagabonds, les saltimbanques traînant après eux de petits misérables à qui ils enseignent leur infâme métier. Je les interrogeais, comme s'ils pouvaient me donner des nouvelles de mon enfant. J'avais des crises de desespoir pendant lesquelles je labourais ma poitrine avec mes ongles, et je pleurais ensuite à sanglots comme une femme. Il m'arriva plus d'une fois dans les éclats de mon chagrin de révéler, sinon la vérité, du moins une partie de la vérité à ma compagne. Elle devina le reste. Lentement, et d'une façon progressive, elle se retira de moi. Je la sentis se détacher de ma vie, comme une fleur brûlée quitte la tige qui la soutenait. Elle me voua une sorte de haine sourde. Elle m'accusa au fond de son âme d'être la cause de son malheur. L'amour pour l'enfant volé l'emporta sur la tendresse qu'elle m'avait vouée. Elle se rappela mes atermoiements à l'époque de notre mariage, l'inquiétude dont elle s'était alors demandé la cause, et qu'elle constatait, en dépit de mes efforts pour la dissimuler. Je cessai, enfin, d'avoir une compagne, une femme, une amie. Mme Niçois resta le modèle des femmes, sa conduite demeura au-dessus de toute atteinte, mais elle ne fut plus pour moi qu'une ombre silencieuse, assistant à ma vie, et ne la partageant plus. Je tentai d'inutiles efforts pour la rattacher à moi. J'échouai. L'orgueil me défendit d'insister davantage, et je me trouvai seul, tout seul.

De cette époque date ma soif de fortune. Ne pouvant aspirer au bonheur, je me souvins des conseils de mon père, oubliés pendant les années heureuses ; je me dis que tout mentait en ce monde, la tendresse de la femme, les joies promises par l'enfant, et que seule l'ambition de l'or tenait ce qu'elle promettait. L'or rend influent, l'or achète les dignités que l'homme n'a su conquérir. L'or ouvre toutes les portes, triomphe de toutes les difficultés, brise tout sous l'effort de sa puissance !

Si j'apportai trop d'audace dans mes entreprises, le succès les couronna presque toutes.

Des embarras passagers ont pu me troubler, les résultats définitifs dépassèrent toujours mes espérances !

J'ai livré mainte bataille sans trouver mon Waterloo financier ! On cite mon nom à côté des plus illustres dans le monde des affaires, et cet or, dont j'ai eu soif, j'en ai aujourd'hui à ne savoir comment le dépenser.

— Trouvez-vous donc dans sa possession les joies que vous en attendiez ?

— Je me suis blasé sur la satisfaction de me sentir riche, répondit le banquier, mais non pas sur l'orgueilleuse comparaison que je pouvais faire, entre ma situation et celle de ceux qui manquent de tout.

— Ainsi, dit l'abbé Sulpice, vous avouez que l'amour de l'or vous a été funeste ? Mieux vaudrait avoir moins de valeurs dans vos coffres, et plus de sainte pitié dans le fond de vos entrailles.

— De la pitié pour quelqu'un, moi !

— Et pourquoi pas, mon ami?

— Parce que nul ne souffrit ce que j'ai souffert.

— Avez-vous oublié, demanda le prêtre, en se levant, quelle épreuve nous subissons à cette heure, Sabine et moi?

— Non, dit André Niçois, non sans doute ; mais, mon enfant! mon enfant! Vous ne regrettez qu'un frère...

— Monsieur, dit l'abbé Sulpice, nous pleurons, avec ce frère, victime d'une déplorable erreur, la perte de l'honneur de la famille, et Dieu sait quel prix nous y attachons! Nous pleurons, car les douleurs de Sabine sont les miennes, une alliance bénie par mon père.

— Quoi! Mlle Sabine n'épouse pas M. Fougerais?

— Elle ne le peut plus, monsieur, et je l'approuve. Je l'approuve, car elle ne peut apporter en dot notre honte imméritée à un loyal garçon, plein de talent et de cœur. Mais je le déplore, car je me demande si l'esprit de Bénédict est assez trempé pour résister à cette épreuve. Jugez de l'amertume de nos regrets à tous deux, si cette noble intelligence perdait le sentiment du beau, du bien, du vrai!

— Tout cela est affreux! dit André Niçois, et vous ne maudissez pas la main qui vous frappe?

— Nous l'adorons, même dans ses rigueurs.

— Qu'espérez-vous donc?

— Que la lumière se fasse en ce monde.

— Et si elle ne se faisait pas, si, comme Lesurques, votre frère expirait sans avoir vu proc'amer son innocence?

— J'attendrais cette justice là-haut! fit le prêtre, en désignant le ciel.

— Là-haut! répéta le banquier, c'est l'air, l'éther peuplé d'astres que nous ne comptons jamais, et voilà tout. Je ne crois pas à l'autre vie.

— Et voilà pourquoi vous ne pouvez pas être consolé. Croyez-moi, il n'est point de douleur, si amère qu'elle soit, que la foi n'allège. Ah! si, reconnaissant la main qui vous frappait, vous vous étiez courbé, humilié, anéanti devant la justice céleste, si vous aviez pleuré votre faute au lieu de maudire, vous auriez moins souffert, je vous l'atteste. Et puis, au nom de l'enfant que vous pleuriez, si vous eussiez soulagé les misères, protégé les mères pauvres, accueilli les orphelins, qui vous dit que vous n'auriez pas désarmé Dieu, et qu'il ne vous eût point rendu ce Roger dont le nom fait encore couler vos pleurs.

Le banquier secoua la tête.

— J'ai cessé d'attendre mon fils, je ne puis plus souffrir désormais. Merci de m'avoir écouté si longtemps avec une angélique patience. Mon cœur reste fermé à ce Dieu que vous voulez me forcer d'aimer. Il faut l'avoir connu, servi comme vous dès l'enfance, pour trouver de la joie dans l'abnégation, dans le sacrifice!

— Ainsi, demanda l'abbé Sulpice, je ne vous serai bon à rien?

— Gardez-vous de le croire ; je vous regarde comme le plus sincère de mes amis, et les amis sont rares. Si jamais je souffre de nouveau, c'est encore à vous que je viendrai confier ma peine.

Le banquier serra la main du jeune prêtre et quitta la chambre de Sulpice.

— Mon Dieu! dit l'abbé Pomereul, quand il se trouva seul, auriez-vous brisé cette âme sans l'attirer à vous!

Pendant longtemps, le prêtre resta prosterné, priant avec ferveur pour cet homme, dont chacun enviait la joie, et qui cachait au-dedans de lui de si terribles tortures.

Quand il descendit, il trouva Sabine, qui rentrait.

— Tu viens de là-bas? lui demanda-t-il.

— Oui, répondit-elle, d'un signe de tête.

— Parlons de lui, ajouta l'abbé Sulpice.

— Je l'ai trouvé plus accablé que jamais par son malheur. Sa santé, ébranlée par tant d'angoisses, me donne de grandes inquiétudes; une fièvre continue le dévore. Si je n'avais l'espoir de voir casser un jour la condamnation de Xavier, en vérité je demanderais à Dieu qu'il l'appelât à lui.

— Tu as raison d'espérer, Sabine, même contre toute espérance. Si ce malheureux enfant persévère dans la révolte de son esprit et de son cœur, nous prions, nous souffrons avec lui, pour lui, et le martyre des uns sera joint au supplice de l'autre. Qui sait, d'ailleurs, ajouta l'abbé Sulpice, si l'occasion de nous dévouer ne va pas s'offrir d'elle-même? si les femmes ne seront pas appelées à remplir une sublime mission, et si de tous nos revers ne jaillira pas la divine étincelle qui embrase et purifie?

— Ah! dit Sabine, je le comprends, si tu n'avais songé à l'abandon dans lequel tu me laisserais, tu serais parti à la suite de notre armée. Soldat de la Croix, tu aurais affronté la mort à côté des soldats du glaive. En voyant s'éloigner tant de jeunes et valeureux prêtres, je me suis dit souvent que ta place était au milieu de leur phalange. Mais le courage m'a manqué pour te conseiller de les suivre. Je me suis demandé ce que je deviendrais, entre mon pauvre frère, au désespoir, et le souvenir de celui que je ne reverrai plus.

— Tu le regrettes, Sabine, tu le pleures ; pourquoi ne pas le rappeler ?

— Mon devoir me le défend. Le malheur a sa dignité. J'aime mieux qu'il me croie insensible, parjure même, que de me sentir égoïste et lâche. Si je ne parviens pas à étouffer tout de suite en moi une affection encouragée par mon père, et que tu avais bénie, je me montrerai digne de la tendresse de cet honnête homme, en en portant le deuil, comme une veuve.

En ce moment, Baptiste entra, apportant les journaux.

L'abbé Sulpice en déchira les bandes d'une main rapide, et en parcourut les colonnes d'un regard anxieux. Des exclamations entrecoupées s'échappaient de ses lèvres, son regard se voilait, son cœur battait d'angoisse.

— Vaincus ! dit-il à Sabine, non pas vaincus dans une lutte égale, mais écrasés par le nombre. Partout et toujours des revers, et la gloire dont se couvre l'obscur soldat, en multipliant des prodiges de valeur, ne parviendra pas à sauver l'armée, à protéger la France ! Ah ! ma sœur, le ciel abandonne-t-il donc la patrie de Charlemagne, de saint Louis et de Jeanne d'Arc ? L'invasion, qui grandit comme une marée menaçante, va-t-elle se ruer sur Paris ? nous n'avons plus la houlette de Geneviève à opposer à la massue d'Attila. C'est horrible, navrant, écœurant aussi ! On dirait la France trahie, livrée, vendue par quelque Judas moderne ! Rien ne réveillera donc dans le cœur de tous ce sublime sentiment qui s'appelle l'amour du pays ? La France ne se lèvera pas tout entière, frémissante, indignée, invincible ! Car la dompter n'est au pouvoir d'aucune nation, quand elle n'accepte pas la honte de la défaite. On parle quand il faudrait agir. On dresse des plans quand il s'agit de s'armer, et pendant ce temps l'armée prussienne nous presse de ses plis, comme un serpent monstrueux et finira par nous étouffer.

— Quoi ! s'écria Sabine, tu croirais que la France...

— Sera vaincue ? Oui ! Peut-être aussi, comme toutes les nations que le luxe amollit, que le vice dévore de sa gangrène, a-t-elle mérité une rude épreuve ? Mais celle-là semble effroyable à mon cœur de prêtre et de Français. Je ne puis me résoudre à songer que le soldat protestant poserait son pied sur la gorge de la France catholique, et cependant...

— Ils n'oseront pas attaquer Paris, du moins, ces lourds Allemands, tant de fois vaincus par nous.

— Ils l'oseront ! C'est leur revanche à eux !

— Que vas-tu faire ? demanda Sabine. Quand il s'est agi de te voir partir, suivre notre armée et t'en aller loin, me laissant deux fois orpheline, je l'avoue, le courage m'a manqué. Mais s'il faut lutter à tes côtés, à ma manière, prendre ma part du fardeau commun, aider à panser les blessures, à consoler, à soutenir, à remplir enfin mon rôle de femme, compte sur moi, Sulpice : la sœur se montrera digne du frère. Mes hésitations, mes faiblesses seront oubliées en face du péril ; et, prenant le dessus de mes misères, de mes épreuves, je me ferai toute à tous, pour l'amour de Celui qui nous frappe.

Baptiste ouvrit rapidement la porte du cabinet de travail, dans lequel se trouvaient le frère et la sœur, et dit d'une voix singulièrement émue :

— Monsieur l'abbé, les chefs d'atelier de Charenton vous demandent.

— Faites-les entrer, dit Sulpice, je vais les rejoindre.
— Reçois les ici, plutôt, répliqua Mlle Pomereul, ne sont-ils pas un peu de la famille.

Baptiste alla porter aux travailleurs la réponse de l'abbé Pomereul.

Et, une seconde après, une vingtaine d'hommes, d'âges différents, vêtus sans recherche, mais avec une propreté scrupuleuse, entraient dans la grande pièce où se trouvaient les enfants de leur ancien patron.

Il était admirable de voir avec quel courage elle soignait les blessés. (Voir page 160.)

CHAPITRE XIV

DEUX HÉROS

L'abbé Pomereul et Sabine accueillirent avec leur affabilité habituelle les ouvriers de Charenton.

— Que voulez-vous, mes amis? leur dit Sulpice. Parlez! je suis prêt à vous écouter, et si je puis vous être utile en quelque chose, vous pouvez compter sur moi comme vous auriez compté sur mon malheureux père.

— Excusez-nous, monsieur l'abbé, dit le chef d'atelier des ciseleurs, de venir vous déranger chez vous, et de forcer pour ainsi dire votre porte; mais les circonstances sont graves, l'ennemi fait chaque jour de nouveaux progrès et il ne faut pas perdre une minute quand il s'agit de prouver que l'on a du cœur. On placarde sur les murs des nouvelles qui nous donnent le frisson; à travers les phrases rassurantes de certains journaux, on devine des vérités terribles. Nous sommes des ignorants; nous ne pouvons pas bien discerner le vrai du faux : à vous qui êtes notre conseiller, notre guide, nous venons demander votre avis. La France doit-elle être vaincue dans cette guerre sans merci, et Paris sera-t-il assiégé?

— Je vous remercie d'avoir mis votre confiance en moi. Oui, les nouvelles sont graves; presque chaque bataille est une défaite pour nos armes, et quel que soit le courage de nos malheureux soldats, ils devront succomber sous le nombre. Je veux encore espérer que la France viendra à bout de l'ennemi qui l'opprime, mais ce ne sera que plus tard, quand les Prussiens, arrivés au cœur même de notre patrie, seront harcelés de tous côtés. Il faut nous résigner au malheur qui nous frappe et nous préparer à supporter les horreurs d'un siège, car, dans ma conviction, Paris sera assiégé.

— Qui le défendra, puisque les soldats sont aux frontières?

— Les Parisiens, répondit Sulpice.

— Allons, voilà le mot qu'il nous fallait, monsieur l'abbé, et nous savions que votre conseil serait dicté par l'honneur. Si les Parisiens doivent défendre leur ville, encore faut-il qu'ils sachent tenir un fusil. Nos camarades sont comme fous depuis hier. Ils ne songent qu'à se battre comme des lions, et versent des larmes de rage en constatant leur impuissance. Voici notre idée : Avec la guerre, l'industrie est morte ou du moins engourdie pour longtemps. Arrêtons les travaux d'art; les fondeurs trouveront toujours à s'occuper, car il faut des canons, des obus, des wagons blindés; ils serviront le pays en préparant les engins de guerre; les autres... eh bien! ma foi, les autres, ayant leurs journées libres, apprendront au plus vite le métier de soldat. Nous nous réunirons tous, nous formerons un bataillon à part, un groupe de francs tireurs, et nous ferons le serment de mourir jusqu'au dernier plutôt que de nous rendre. Mais si nous sommes prêts à mourir, nous ne voulons pas nous en aller sans régler nos comptes avec le bon Dieu. Aussi, si vous approuvez notre idée, monsieur l'abbé, nous venons vous demander d'être notre aumônier.

— Braves enfants, braves gens, fit Sulpice, les larmes aux yeux, en prenant les mains des travailleurs. Je vous remercie d'avoir pensé à moi; j'accepte de tout cœur et de tout courage. Oui, ensemble nous dormirons sur le même sol : ensemble nous recevrons le baptême du feu.

Sabine s'avança de deux pas.

— Et moi? dit-elle à son frère. Crois-tu que je puisse rester inactive et inutile pendant que vous défendrez la patrie?

— Toi, Sabine, tu vas te rendre à Charenton, rassurer les femmes des ouvriers, leur dire de ma part que leurs maris, quoiqu'ils ne travaillent pas, recevront le salaire habituel pendant la durée de la guerre. Puis, comme il faut prévoir les grandes épreuves à côté des devoirs austères, tu organiseras, avec l'aide des plus intelligentes de ces femmes, une ambulance dans les ateliers. C'est là que vous soignerez nos blessés, chaque fois qu'il sera possible de les transporter jusqu'à Charenton; multiplie-toi, ma chère sœur, pour l'amour de tous, puise largement dans la caisse paternelle; jamais argent honnêtement gagné n'aura été mieux employé; va, nous resterons toujours assez riches, si nous parvenons à faire beaucoup de bien.

— Ah! mademoiselle! s'écria le chef des ciseleurs, nous nous battrons avec mille fois plus de courage, quand nous aurons la certitude que, si une balle nous frappe, nous serons conduits à notre chère fabrique, et soignés par vos mains délicates, auprès de nos femmes et de nos enfants.

— Ne nous remerciez pas, mes amis, répliqua Sabine; nous payons la dette paternelle; la fortune dont nous jouissons fut gagnée par vous, il est bien juste qu'elle serve à votre soulagement. Les ouvriers et les patrons ne doivent former qu'une seule famille. Que pourrait la tête du maître s'il n'avait les bras de ses ouvriers pour réaliser ses pensées ? A quoi serviraient les labeurs des ouvriers s'ils n'avaient, pour les diriger, la science d'un patron? Vous le savez, cette confraternité du travail fut toujours de règle dans notre usine; même avant les épreuves qui nous accablent depuis quelques mois, votre grande famille nous fut toujours chère. Vos femmes et vos filles vont devenir nos sœurs; nous adoptons vos enfants. Et si l'un de vous vient à tomber glorieusement sur le champ de bataille, si Dieu le rappelle à lui, il ne laissera pas d'orphelins abandonnés : la famille Pomereul les regardera comme les siens.

Plus d'un ouvrier passa sa main sur ses yeux pour essuyer une larme, et l'abbé Sulpice reprit :

— Il est entendu que je me charge de l'équipement de mes hommes; ceux d'entre vous qui ont déjà été soldats apprendront l'exercice aux camarades. Rentrez chez vous; préparez vos femmes à vous voir bientôt partir. Dès demain, j'irai à l'usine et nous commencerons à apprendre notre nouveau métier.

— A demain, répéta Sabine.

Les ouvriers se retirèrent après avoir encore une fois exprimé leur reconnaissance à Sabine et à Sulpice.

Les craintes de l'abbé Pomereul et du personnel de l'usine n'étaient que trop bien justifiées. Bientôt les mauvaises nouvelles se précipitèrent avec une épouvantable rapidité.

Ce n'était pas assez des héroïques défaites de Forbach et de Reischoffen. Bientôt l'on apprit que l Empereur, acculé dans Sedan, était obligé de capituler et de rendre son épée au roi de Prusse. Metz était bloqué, et l'ennemi, laissant derrière lui une imposante armée pour soutenir le siège de la ville héroïque, s'avançait lentement vers Paris, forçant par de petits combats successifs notre armée à se retirer sur Châlons, puis sur la capitale.

L'abbé Pomereul avait dit vrai; il fallait que les Parisiens supportassent les horreurs d'un siège. Bientôt la grande ville fut investie. Alors commença cette glorieuse défense qui, malgré des résultats négatifs, restera pour Paris, comme une des plus belles pages de son histoire.

Pendant que les femmes préparaient des repas chaque jour moins confortables, les maris, le ventre creux, couraient aux remparts, et tentaient ces sorties par petites masses, qui mettaient en lumière le courage individuel, mais restaient forcément inutiles au point de vue du résultat final. Toujours nos braves soldats, mobiles ou francs-tireurs, se heurtaient à des troupes plus aguerries et plus nombreuses, et étaient obligés de se replier sans avoir pu briser la ligne de fer qui entourait la capitale.

Au premier rang des combattants, on voyait toujours les ouvriers de la fabrique de Charenton, qui avaient pris le nom de *Tirailleurs de l'Usine*. A Châtillon, à Clamart, au Plessis-Piquet, ils firent des prodiges de valeur; beaucoup restèrent sur le champ de bataille, soutenus à leurs derniers moments par les exhortations de Sulpice. D'autres, moins éprouvés, purent être transportés jusqu'à l'ambulance de Sabine. Il était admirable de voir avec quel courage et quel dévouement elle soignait les malheureux blessés qui lui étaient amenés. Elle ne reculait devant aucune tâche, si ingrate, si répugnante fût-elle, et jamais, à coup sûr, elle n'avait été aussi heureuse que le jour où elle voyait ses soins couronnés de succès, où elle pouvait dire à la femme éplorée d'un des blessés : « Votre mari est sauvé. Il va retourner auprès de vous, et vous n'aurez plus qu'à attendre quelques jours pour qu'il soit tout à fait sur pieds. »

C'est surtout à la bataille de Buzenval que les ouvriers de l'abbé Pomereul se battirent en héros. Tous étaient las de combattre sans cesse pour reculer toujours. Cette fois, on leur avait promis un engagement décisif qui, si leur effort était couronné de succès, devait débloquer Paris. Ils savaient que le brave général Noel serait à leur tête, et ils s'étaient juré de faire leur devoir jusqu'au bout.

— En avons-nous lu, disait Blanc-Cadet, de ces bulletins, se terminant invariablement par ces mots : « Les troupes se sont repliées en bon ordre; l'occupation permanente des positions prises, n'ayant pas paru nécessaire, la retraite s'est opérée avec le plus grand sang-froid. » Eh bien! plus de retraite! plus de recul! En voilà assez de ces escarmouches d'enfants, dont l'ennemi doit rire, là-bas, derrière ses bastions! Il faut en finir d'une façon ou d'une autre, et je jure bien que le jour où l'on m'aura désigné un but, en me disant : « En avant! » j'irai en avant, sans me soucier d'un contre-ordre qui voudrait ensuite me forcer à reculer.

Il exprimait de la sorte la pensée de tous, et les vivats accueillaient ces courageuses paroles.

Cette bataille de Buzenval fut presque le dernier effort de Paris agonisant. Nos soldats, parmi lesquels se trouvait l'élite de la population parisienne, y firent preuve d'une valeur peu commune.

On savait l'ennemi embusqué derrière les murs du parc de la Malmaison.

C'était un assaut à livrer, une brèche à faire.

Il s'agirait de frapper de la pointe de l'arme blanche, de s'élancer, la baïonnette en avant, d'abattre les uns d'une balle, de casser la tête aux autres à coups de crosse; puis, ce point conquis, de descendre comme une avalanche jusqu'au gros des ennemis, de faire une trouée, coûte que coûte, et de rompre enfin la ceinture de fer dans laquelle étouffait Paris.

Oh! la belle, la vaillante, l'héroïque jeunesse! Comme, en les voyant, ce matin-là, ces soldats improvisés, déjà accoutumés à la dure vie des camps, on comprenait qu'ils seraient bien coupables les chefs qui ne sauraient utiliser tant de bravoure.

Les roulements du tambour, le cliquetis des armes, le hennissement des chevaux, la vue des fusils, des cartouches, l'apparition du drapeau qui devait les conduire, et qu'ils avaient à défendre, ranima le vieux héros de nos guerres d'Afrique et de Russie.

Les cantinières allaient et venaient, le baril au côté, le sourire aux lèvres.

A quelque distance, de grandes voitures, pavoisées de drapeaux blancs, marquées d'une croix rouge, indiquaient que la *Société internationale de secours* était à son poste d'humanité.

Parfois, un jeune homme entraînait un aumônier dans une partie déserte du campement, se jetait à ses genoux, recevait l'absolution de ses fautes, et se relevait transfiguré par l'expression du plus sublime courage.

On ne chantait pas, on ne riait pas; quelques plaisanteries, lancées par des loustics des faubourgs, retombaient sans écho.

On attendait le signal du départ.

Le général Noël paraît, passe rapidement la revue de ses hommes et crie : — En avant !

Les roues des caissons grincent sur la route; les drapeaux, les guidons flottent au vent et les soldats marchent d'un pas cadencé, hâté par la soif de la lutte.

Cette poignée de jeunes gens, car ils sont 1,300 seulement, s'est juré de réaliser des prodiges.

Durant la route, toute parole échangée est un serment de protection mutuelle en cas de péril. Il n'existe plus d'étrangers au moment de la bataille. On devient si vite frères au bord de la tombe !

Enfin la troupe du général Noël s'engagea dans le ravin de Saint-Conflans et se trouva en vue du parc de la Malmaison.

Le général Berthaut rejoignit alors le général Noël.

Il était environ une heure de l'après-midi.

Tout à coup, l'artillerie ouvrit un feu formidable.

Elle formait un vaste demi-cercle, allant de la station de Rueil à la ferme de Fouilleuse.

Pendant trois quarts d'heure elle vomit sans relâche un feu terrible sur Buzenval, la Malmaison, Bougival et la Jonchère.

Les soldats ne distinguaient rien au milieu de cet ouragan de fer.

L'odeur de la poudre les enivrait.

L'infanterie, inactive, aveuglée par la fumée de l'artillerie, ne voyait plus les positions qu'elle devait conquérir. Chacun d'eux avait hâte de voir cesser le feu pour prendre part à l'action.

Enfin, sur un ordre du général Noël, nos tirailleurs s'élancèrent en avant, rampant sur le sol, se dissimulant dans les plis de terrain, s'effaçant contre les taillis et les murs, l'oreille aux aguets, l'arme chargée, ils se rapprochaient de l'objectif à atteindre : la Malmaison.

Les Prussiens remplissaient le parc, et y avaient fait de gigantesques travaux de défense. Les murs crénelés abritaient des murs de combattants.

De chaque ouverture la mort pouvait venir, terrible, foudroyante, pour les soldats chargés d'enlever la situation.

Le feu de l'artillerie occupait, il est vrai, l'ennemi, et couvrait nos soldats tandis qu'ils exécutaient le plan du général Noël.

Mais tout à coup, à un signal convenu, l'artillerie cessa instantanément son feu, et nos troupes s'élancèrent avec un admirable entrain.

Il leur fallut peu de temps pour gagner le ravin qui descend de l'étang de Saint-Cucufa au chemin de fer américain, en contournant la Malmaison.

La gauche du général Noël dépassa le ravin avec un élan magnifique et gravit les pentes conduisant à la Jonchère.

Elle allait poursuivre sa route, quand une formidable mousqueterie éclata à la fois des profondeurs du bois et de toutes les maisons.

Les Prussiens s'y étaient installés malgré le feu de leur artillerie, et il fut impossible de braver tout cet orage de balles, de mitrailles et d'obus.

Bientôt le signal de la retraite fut donné. Malgré les belles résolutions prises, il fallut s'incliner devant l'implacable nécessité, et, cette fois encore, nos braves soldats durent rentrer dans Paris, la rage au cœur.

Bénédict s'était battu avec ses amis; il avait montré un courage surhumain, et à le voir courir toujours en avant, sans souci des balles qui sifflaient à ses oreilles, on aurait pu croire qu'il cherchait la mort. Et, en réalité, bien que pour s'étourdir, il eût pris part aux folles orgies de ses camarades, depuis que Sabine l'avait repoussé, la plaie restait toujours saignante dans son cœur, et, sans doute, il eût accueilli avec joie le coup de baïonnette qui l'eût délivré des vains soucis de cette terre...

Dieu ne voulut pas de lui. Dieu ne voulut pas que, blessé, il fût reconduit à l'ambulance de Sabine et que, soigné par elle, il pût vaincre ses résistances. Il rentra sain et sauf dans Paris et, comme tant d'autres, attendit, la rage au cœur, que, faute de pain, on se résignât à demander l'armistice et à capituler.

Il arriva enfin, ce jour si redouté, où l'ennemi, vainqueur, passa sous l'arc triomphal des Champs Élysées et vint occuper Paris. C'était fini : braves ouvriers et courageux artistes durent déposer leurs armes, et pendant que le Gouvernement traitait des conditions de la paix, les uns, les plus riches, couraient en province rejoindre leurs parents restés si longtemps sans nouvelles, les autres, les moins fortunés, restaient dans Paris, le cœur aigri par tant de malheurs héroïquement supportés et restés sans effet.

Déjà, durant le siège, quelques tentatives de soulèvement s'étaient produites : on sentait sourdre dans les faubourgs une agitation qui menaçait de se transformer en révolution. Elle éclata bientôt ; et, après avoir supporté les horreurs d'un siège et les humiliations d'une capitulation, Paris dut encore assister à cette lutte fratricide qui a nom la Commune.

Cependant, Sabine et l'abbé Pomereul continuaient la tâche qu'ils s'étaient imposée avec un désintéressement héroïque : elle, soignant les malheureux blessés qui lui arrivaient de toutes parts, lui, préparant à la mort ceux que Dieu rappelait.

Xavier restait prisonnier. Du fond de sa cellule, il avait entendu la mitraille pleuvoir sur Paris. Ensuite, un grand apaisement s'était fait, l'armistice était signée. Maintenant le bombardement recommençait et, sans souci de donner à l'ennemi le spectacle de leurs dissentiments, il apprit, par ses geoliers, qu'après avoir combattu l'ennemi commun, les Français, ivres de carnage, se battaient entre eux.

Quels jours, quelles nuits passa Mlle Pomereul, partagée entre les obligations multiples qu'elle avait accumulées autour d'elle, et la douleur qu'elle cachait au fond de son âme ! Parfois, quittant en hâte l'hôtel Pomereul, elle accourait à la prison de la Roquette, voir son malheureux frère.

Son âme n'avait point été amollie par la captivité. La condamnation qui l'atteignait, en dépit de son innocence, ne le jeta pas vaincu au pied de la croix. Après avoir maudit l'injustice des hommes, il maudissait l'injustice de Dieu.

L'aumônier de la Roquette tenta vainement de l'apaiser, de le consoler; la vue seule d'une robe noire exaltait sa colère et, dans sa haine contre Sulpice, il jetait la même réprobation sur tous ceux qui portaient le même costume et lui parlaient du même Sauveur. Trop peu chrétien pour comprendre le mystère dont la confession s'enveloppe, il eût voulu que Sulpice en eût trahi le secret à son profit, sans se rappeler que, maintes fois, il avait affirmé ne pas croire à la discrétion absolue du prêtre.

Les visites de Sabine calmaient, pour quelques instants, la fièvre de son cerveau, mais il était bien rare que le souvenir de Sulpice ne vînt pas empoisonner cette heure de repos et d'épanchement. Alors, il laissait échapper des phrases pleines de fiel et de haine, et torturait à son tour la malheureuse enfant, qui se sentait impuissante à le consoler.

Loin d'essayer de se ployer sous le joug qui pesait sur lui, il évoquait sans cesse les images brillantes d'un passé évanoui. Sa pensée le transportait tantôt près d'une table de jeu, où s'entassaient les billets et l'or ; tantôt autour d'une table servie avec un luxe merveilleux. D'autres fois il assistait à quelques-unes de ces représentations, dont les premières font courir le tout Paris élégant, où il entendait, de sa stalle, des voix harmonieuses lui interpréter *Don Juan*, la *Favorite* ou la *Juive*.

Surexcité par ces souvenirs, une lugubre idée lui traversait alors le cerveau : le suicide !

Il hésitait encore, non par grandeur d'âme, non par croyance, mais par lâcheté : la peur de la souffrance physique lui étreignait le cœur. Il avait le temps, d'ailleurs. Tant qu'on le laisserait à la Roquette, la vie restait supportable. Mais le jour où il verrait que tout serait fini pour lui, le jour où on lui parlerait de départ pour la Nouvelle-Calédonie, il trouverait un moyen de mourir, en fût-il réduit à se briser le front contre les murailles !

Depuis que les hommes sanglants de la Commune gouvernaient Paris, la situation de Xavier s'était adoucie.

Les anciens gardiens avaient été congédiés. Ceux qui les remplaçaient, choisis dans la lie du peuple, se montraient indulgents pour les scélérats. Ils témoignaient moins de dureté pour un meurtrier que pour les pauvres prêtres arrachés de leurs églises.

On sentait, qu'au besoin, il était possible de compter sur ceux que la loi avait flétris. N'ayant rien a perdre, pas même leur vie, puisqu'elle était condamnée, ils se trouveraient prêts pour le pillage, le massacre ou l'incendie, et, dans la pensée de Ferré, d'Urbain et de leurs complices, ils trouveraient là l'appui qui leur serait nécessaire pour les tristes besognes de la dernière heure.

Certes, Xavier, si bas qu'il fût tombé dans la vie, si bas surtout que l'eussent mis les juges qui l'avaient frappé, eût reculé devant un crime ; mais durant les heures de désordre, il est possible de tout espérer : le jeune homme voyait la liberté dans l'excès des révoltes, des tueries, des sacrilèges.

Il sonne, dans ces crises terribles, une heure où les escarpes, sans foi ni lieu, les meurtriers de profession sont seuls à la hauteur du sinistre rôle qui leur est préparé.

Sabine, chaque fois qu'elle venait le voir, lui racontait les événements qui se passaient au dehors. Un jour, le nom de Bénédict vint aux lèvres de Xavier.

— Ne me parle pas de lui, répliqua Sabine. Sans doute, comme les autres il a fait son devoir, car son cœur est généreux, mais je veux ignorer ce qu'il est devenu. Je veux achever de l'oublier.

— Et pourquoi l'oublierais-tu ? N'est-il pas digne de toi ; si, comme tu me l'as dit, il a foulé aux pieds ses anciens principes, pour sacrifier aux idoles du jour, la faute n'en retombe-t-elle pas sur toi, et surtout sur Sulpice dont le silence non seulement me tue, mais fait encore ton malheur et celui de notre ami, de celui que je considérais avec transport comme devant bientôt devenir mon frère.

— Tais-toi ! fit Sabine avec autorité ; ne parle pas, pour les railler, des choses saintes que tu as trop oubliées pour les comprendre... Je sacrifierais ma vie pour te rendre la liberté, je refuserais mon bonheur au prix de la trahison de Sulpice envers son Dieu... Eh bien ! oui, nous sommes deux victimes ! Mais les victimes d'une loi sublime qui s'appelle le devoir, et j'aime mieux, pour remplir le mien, endurer la douleur qui me poigne l'âme, que de m'en affranchir par son mépris... J'aimais Bénédict de toute la sincérité de mon cœur... Depuis mon enfance je m'étais accoutumée à le regarder comme faisant partie de la famille... Notre père comblait un vœu inavoué en me le donnant pour époux... Et cependant, Xavier, j'ai eu le courage de renoncer à lui parce que je considérais comme un devoir de comprimer les élans de mon cœur. Ah ! si tu savais quelle force on puise dans la foi, tu tomberais à genoux, quand ce ne serait que pour être consolé...

Mais Sabine ne persuadait pas son frère, et ce regret s'ajoutait à tant d'autres regrets!

Cependant, l'abbé Pomereul essayait de rendre à la fabrique de Charenton un peu de son ancienne activité.

Ne fallait-il pas que les fabricants, les riches usiniers donnassent l'exemple?

Le peuple avait souffert, il s'agissait de panser ses blessures.

Seulement, ce fut le peuple qui ne le voulut pas.

Les canons de Montmartre furent saisis; les fusils destinés à la défense du pays servirent pour l'émeute; et mieux eût valu, pour la Capitale, sentir peser sur elle la grosse botte de la Prusse que les pieds nus des sans-culottes de la Commune.

On se rappelle hélas! ces nuits horribles, pendant lesquelles le canon tonnait sans relâche. On se souvient de la marée montante du crime qui ne permettait plus à aucun honnête homme de se croire en sûreté!

Chaque jour amenait sa lâcheté, son sacrilège, son pillage, son assassinat...

L'embrasement de Paris ne venait plus de la guerre, ce monstre irrité dont les membres sont rouges de sang, dont la main blessée agite encore un tronçon d'épée, et qui, sans pitié pour les douleurs qu'elle cause, poursuit sa marche farouche, semblable aux déesses de l'Inde dont le char écrase sur le chemin qu'il parcourt des milliers de victimes.

Le canon tonnait encore, mais ce n'étaient plus des soldats, des mobiles, des éclaireurs, des volontaires qui défendaient contre l'invasion la terre sacrée de la patrie. Une armée était bien campée autour de la Capitale investie pour la seconde fois, mais Paris mutilé, saignant, n'avait pas le temps de compter ses ruines; chaque jour les doublait, les entassait.

Les hordes qui se battaient dans Paris et défendaient l'entrée de la Capitale aux soldats de l'armée régulière, c'était l'armée des fédérés de la Commune. Le drapeau qu'ils suivaient, formé d'un haillon rouge, les conduisait au carnage comme au sacrilège.

Paris, bombardé pour la seconde fois, n'avait plus même les consolations qui lui restaient durant le siège de Guillaume de Prusse.

On spoliait les églises; des orateurs de clubs prêchaient le mariage libre du haut de la chaire de Vérité.

Des misérables abolissaient la loi divine; on décrétait la suppression du culte, on arrachait le crucifix de la croix.

Dans les temples deux fois sanctifiés par la prière et par la charité, les églises qui, séparées par un voile durant la guerre, servaient à la fois d'autel au Seigneur et d'ambulance pour les blessés, logeaient d'ignobles soldats du pillage, changeant en tabagie et en auberge l'asile inviolable de Dieu.

Des femmes portant une ceinture rouge, les cheveux tombant dans un filet à mailles lâches, la sacoche de cuir au côté, circulaient au milieu de gens avinés vomissant le blasphème.

Devant certaines églises on s'arrêtait surpris de voir d'immenses voitures de déménagements, on regardait inquiet, anxieux, et peu après on voyait quelque délégué de la Commune, au costume chamarré d'or, escorté d'une troupe de brigands, pénétrer dans les sacristies, défoncer les armoires, et présider au pillage. Les ornements brodés d'or traînaient sur les marches et le pavé, les sectaires de la Commune s'affublaient de la dalmatique des jeunes diacres; les chandeliers d'argent, les crucifix processionnels résonnaient sur les marbres; la couronne des madones était remplacée par un bonnet rouge, et les sacrilèges buvaient le rouge-bord dans le calice de l'autel.

Après avoir interdit aux Parisiens le droit de rester Français en demeurant unis à la nation tout entière, et a l'armée sa protection et sa gloire, on leur interdisait d'être chrétiens.

L'ère de la liberté s'ouvrait par des proscriptions : le sang coulait dans les rues.

Ces mêmes hommes, qui avaient publié de longs ouvrages sur la peine de mort, afin d'éviter aux assassins le désagrément d'être décapités, fusillaient sans jugement ceux qu'ils soupçonnaient de ne point partager leurs espérances et leurs haines.

Personne n'avait la liberté de se racheter du service de l'armée fédérée. Le jour, la nuit, les *Vengeurs de la Commune* fouillaient les maisons, arrachaient de leurs logis les jeunes gens, les pères de famille, et les forçaient de se joindre à leurs bandes, la baïonnette dans les reins. S'ils résistaient, on leur logeait une balle dans la tête, et tout était dit.

Les journaux populaires avaient inventé une langue à part, faite d jurements et de blasphèmes.

L'épouvante se mêlait au dégoût; et l'écœurant dépassait encore l'effroi. Les Judas commençaient à marquer les portes des maisons condamnées; chaque quartier avait ses délateurs; les fournisseurs, bien renseignés sur la valeur des mobiliers et le degré de richesse des appartements, communiquaient aux frères et amis des détails précis sur ce qu'ils pouvaient voler dans chaque maison.

Les caveaux des anciennes églises, remplis de sépultures centenaires, venaient d'être violés.

Des voyous colportaient des gravures hideuses accompagnées de récits immondes, racontant les prétendus drames dont avaient été victimes les morts dont on profanait les restes.

Les couvents de religieuses, ouverts, disait-on, dans le but de rendre aux femmes la liberté, voyaient violer le saint mystère de leurs austérités et les purs secrets de leurs règles sévères; novices et professes étaient à la fois chassées dans les rues, à l'heure même ou l'on proclamait que le mariage civil consacrerait seul les unions, et que le divorce était rétabli.

Bientôt, ces fureurs stupides et lâches, ces blasphèmes, ces profanations, ces vols organisés, ces persécutions à domicile, ces feuilles de papier souillées de sang, de boue et de fauge, que l'on appelait les journaux, ne suffirent plus à calmer les appétits sanguinaires des hommes de la Commune.

La haine de la religion devait amener la haine de ceux qui la représentaient. Le sang ne coulant pas assez vite, on voulut des exécutions rapides, foudroyantes. On arrêta des otages. On les prit à la fois dans le clergé et dans la magistrature. Les prêtres, les religieux furent amenés devant des hommes qui s'étaient donné à eux-mêmes le titre de juges, et ensuite transférés à la Roquette, devenue un prétoire.

Il faut le dire à la grande louange du clergé de Paris, il se montra à la hauteur de la persécution et du martyre. Fidèle à son poste de dévouement, il continua à célébrer les offices, s'exposant à être massacré au pied des autels, que, le soir, les fédérés souillaient de leurs débauches Il continuait à visiter les malades, à instruire les enfants, à administrer les sacrements, et chaque prêtre de Paris, se disant qu'il n'était pas plus que son pasteur, s'attendait à partager le sort de l'archevêque de Paris, prisonnier à Mazas.

Sabine ne connaissait plus le repos.

Elle tremblait à chaque heure pour la liberté de Sulpice. Le jeune prêtre ne voulait pas même faire à l'émeute la concession de porter des habits laïques.

Il persistait, comme jadis, à officier dans les églises, et s'il n'osait demander le martyre à Dieu, il était du moins résigné à le subir, et l attendait la tête haute, fort de sa conscience.

L'émeute était refoulée. (Voir page 177.)

Chapitre XV

DEUX FRÈRES

L'abbé Pomereul passait un soir, à une heure assez avancée, devant un poste de fédérés, quand l'un d'eux, ivre d'eau-de-vie, lui barra subitement le passage.
— Citoyen, dit-il, ton passeport?

— J'habite Paris, répondit doucement Sulpice.
— Ça ne fait rien ! Ton passeport, des papiers ?
— Si vous voulez me suivre, rue de la Chaussée-d'Antin, je vous remettrai tous les papiers que vous voudrez.
— Ah ! fit l'homme, tu ne les portes pas sur toi. Eh bien ! je vais te signer ton passeport.

Et le misérable, tirant un revolver de sa poche, l'éleva à deux doigts du visage de Sulpice.

En ce moment, un officier intervint.

— Ne craignez rien, dit-il, monsieur l'abbé ; mieux vaut encore me suivre au poste, que de rester à la merci de cet ivrogne.

L'abbé Pomereul suivit l'officier, le remercia et entra, après une demi-heure de marche, à travers des rues hérissées de barricades, dans une salle dont un factionnaire gardait la porte extérieure.

Huit ou dix personnes, au nombre desquelles se trouvaient trois membres de la *Société Internationale de Secours aux blessés*, le rejoignirent peu après.

Deux heures s'écoulèrent pour Sulpice, dans la chambre enfumée désignée par le titre de *poste ;* les soldats, ivres, y répétaient de honteux refrains. On fumait, on buvait ; quelques fédérés roulaient, ivres-morts, sous la table, tandis qu'un autre prenait le nom de Sulpice, et décidait qu'il allait en référer au chef de bataillon. Ce dernier donna ordre de conduire le jeune ecclésiastique à la Préfecture.

Il était environ six heures du soir quand il y arriva.

Immédiatement Sulpice fut conduit devant le commandant.

— Où est le procès-verbal ? demanda celui-ci à l'un des soldats de l'escorte.

— Le procès-verbal ? Y en a pas ; les calotins, c'est tout gibier de potence, quoi ! Un patriote a le devoir d'empoigner les abuseurs du peuple. D'abord, le capitaine va venir.

Le capitaine parla bas au commandant ; celui-ci fit signe à un groupe de fédérés, et l'abbé Sulpice, entouré, pressé, fut écroué dans une cellule de la Préfecture de police, dont le matin même on avait fait évader un malfaiteur.

Il y passa trois jours avant d'être interrogé. Au bout de ce temps, l'abbé Pomereul, poussé, harcelé, insulté par une horde de gens portant une ceinture rouge, des galons, des plumets, traversa des antichambres et des couloirs avant de parvenir au cabinet du chef de la justice expéditive.

Rigaut leva la tête en entendant frapper à la porte de son bureau, et fit signe d'entrer à ceux qui amenaient Sulpice. Il faut avoir vu le misérable qui tint dans sa main la vie des otages, pour bien se représenter cette figure aiguë, à profil d'oiseau de proie, ces lèvres minces, ces dents blanches, aiguisées comme celles d'un tigre, cet être plein de fiel, de haine et d'orgueil, qui assassinait les justes en haine de la vertu.

Quand Sulpice eut été rudement poussé en face de Raoul Rigaut, celui-ci lui demanda :

— Ton nom, ton âge?
— Sulpice Pomereul; vingt-huit ans.
— Ta profession?
— Ministre de l'Évangile.
— C'est-à-dire, répliqua Rigaut, en ricanant, marchand d'indulgences, de messes et d'absolutions, chargé d'abuser le peuple et de le conduire dans une voie dangereuse.
— Chargé de lui apprendre à respecter la loi divine d'abord, la loi humaine ensuite.
— Bah! fit le préfet de police; tu lui enseignes à nous exécrer.
— Non pas vous, répondit Sulpice, avec calme, car vous ne représentez ni la loi, puisque vous manquez de force, ni la justice, puisque vous ne vous appuyez pas sur le droit.
— De sorte que tu prêches le mépris de la République.
— Vous ne représentez ni un gouvernement ni une autorité, ni même le vœu populaire, répliqua Sulpice. Vous êtes les hommes de la spoliation, du désordre et de l'assassinat.
— Sais-tu jusqu'où peuvent te mener de semblables paroles? demanda Raoul Rigaut.
— Jusqu'à la Roquette, où vous venez d'enfermer notre archevêque.
— Et de la Roquette ?
— Au lieu du supplice, répondit tranquillement l'abbé Pomereul.
— Veux-tu sauver ta vie?
— Je n'ai pas le droit d'aller au-devant de la mort.
— Jette ta soutane aux orties, prends un fusil et combats avec le peuple pour la sainte cause de la liberté.
— Ma liberté n'est pas de ce monde, dit Sulpice ; faites de moi ce qu'il vous plaira.

Rigaut regarda l'abbé Pomereul avec une joie farouche, puis il dit, d'une voix brève :

— A la Roquette, avec les autres!

Sulpice ne changea pas de visage, ne prononça pas un mot; un serrement de cœur douloureux le faisait cependant souffrir une horrible torture. Il songeait à Sabine qui restait seule, toute seule au monde.

Il était environ sept heures du soir.

A travers les rues encombrées de gardes nationaux, de soldats, d'éclaireurs, de voltigeurs de la Commune, de vengeurs de Flourens, la bande de fédérés conduisant Sulpice se fit un jeu cruel de l'exposer aux insultes de la populace. Les mégères lui crachaient au visage. On meurtrissait ses épaules de coups de plat de sabre ; un rude soufflet s'abattit même sur sa joue.

Mais il ne répondait rien aux injures, s'efforçait de marcher la tête haute, en dépit des difficultés du chemin, et priait à voix basse pour ses insulteurs.

On l'obligea à suivre toutes les stations de son Calvaire. La troupe de bandits s'arrêtait aux carrefours, proche des barricades, fraternisait avec les frères, buvait à la République et s'éloignait, de plus en plus ivre, traînant après elle Sulpice défaillant.

Il n'avait pris aucune nourriture depuis le matin. Son cerveau était vide, ses jambes tremblantes ; et cependant, il continuait à faire d'énergiques efforts pour cacher à tous cette involontaire faiblesse, que ses ennemis n'eussent pas manqué de mettre sur le compte de la peur.

Enfin la sinistre place de la Roquette, marquée de ses dalles sanglantes, apparut aux fédérés. Sulpice en regarda les hautes murailles, et fit d'avance le sacrifice de sa vie.

Il dut rester plus d'une heure dans une salle d'attente, située au côté gauche de la porte ; enfin, on fit l'appel pour s'assurer de l'identité des prisonniers.

— Où faut-il les conduire? demanda le gardien-chef.

Le directeur secoua la tête.

— Nous n'avons plus de place, fit-il.

Cependant, après avoir dit quelques mots à l'oreille du gardien chef, il donna ordre de conduire les prisonniers dans la quatrième division.

— Et, ajouta-t-il, pour fournir à ce corbeau de malheur l'occasion d'exercer son ministère, menez-le dans la cellule du n°8 ; il aime tant le prêtre qu'il en mangerait !

— Toujours farceur ! répliqua le gardien-chef, avec un sourire aimable à l'adresse du directeur.

Le sous-gardien fit résonner ses clefs et, se tournant vers Sulpice, il lui intima l'ordre de le suivre.

La nuit était venue ; les couloirs étaient sombres, le gardien alluma une petite lampe, et guida Sulpice à travers les couloirs régulièrement coupés de cellules.

Arrivé devant le n° 8, le sous-gardien choisit une clef dans son trousseau, ouvrit la porte et cria d'une voix gouailleuse :

— Camarade, voilà de la compagnie ! Pour peu que vous ayez un petit remords de conscience, vous pouvez vous soulager le cœur.

Puis il ferma la porte, en ricanant.

Sulpice s'arrêta sur le seuil de la cellule, plongée dans une obscurité presque complète.

Il entrevoyait, dans l'ombre, un grabat, et, sur ce grabat, une forme immobile.

L'habitant de la cellule *numéro huit* se souleva dès que le gardien eut refermé la porte, et, s'asseyant sur son lit, il essaya de distinguer le visage de celui qu'on lui donnait pour compagnon de captivité.

— D'après ce que je viens d'entendre, dit-il enfin, vous êtes un otage, monsieur; permettez-moi de vous croire d'assez bon goût pour me laisser en repos pendant le temps que nous partagerons cette chambre. Vous avez droit à la moitié de cette couchette, je suis prêt à vous la céder tout entière. Je n'exige que la liberté de songer à mon aise sans qu'il soit permis à personne de troubler mes dernières pensées.

Aux premiers mots prononcés par le prisonnier, Sulpice avait tressailli.

Il s'avança rapidement vers la couchette, saisit les deux poignets du captif, et s'écria, d'une voix dans laquelle la joie s'unissait à l'attendrissement :

— Xavier! mon frère!
— Sulpice! répondit le prisonnier stupéfait.

Puis, il ajouta amèrement :

— Je comprends, tu n'aurais pas cru remplir dignement ton devoir d'apôtre, si tu ne m'avais répété jusqu'à la fin les exhortations que tu sais par cœur, à force de les dire... Il te faut l'âme de ce frère dont tu as sacrifié la vie... Tu veux l'offrir à ton Dieu comme un nouveau trophée... Tu oublies que ton Maître a horreur des sacrifices humains, et que tu m'immoles à l'ombre d'un devoir...

— Tu te trompes, répondit Sulpice avec une angélique douceur, je n'ai point forcé les portes de ce cachot pour venir pacifier ton âme... Je suis prisonnier comme toi...

— Prisonnier! toi! quelle faute as-tu pu commettre?
— Celle qu'ont faite notre archevêque, le curé de la Madeleine, tous ceux qui représentent la religion et la probité, le courage et la justice...
— Et tu sortiras d'ici...
— Pour mourir! répondit Sulpice.
— Ah! cela est affreux s'écria Xavier.
— Non, dit le prêtre, et je te le jure, mon ami, mon frère, je bénirais le ciel de me garder une telle mort si elle devait aider à reconcilier ton âme...
— Me résigner! quand je suis innocent?
— De quoi suis-je coupable?

Xavier resta silencieux.

Un horrible combat se livrait dans son cœur.

Tant que son frère avait été libre, il accumulait en lui une sourde haine. Maintenant qu'il le voyait voué à une mort prochaine, il sentait se fondre le ressentiment qui, une heure auparavant, lui brûlait le cœur.

— Ecoute, frère, lui dit Sulpice, ce que fait le Seigneur est bien, et j'adore sa main dans le châtiment comme dans la récompense... Tu considères seulement à cette heure l'horreur de ton sort, le trépas t'effraie, ta chair se révolte ; tu maudis les hommes et tu blasphèmes Dieu. Et cependant, si une minute seulement il t'était donné de comprendre les voies de la miséricorde, tu te résignerais, comme je me résigne moi-même... Xavier, nous n'avons plus le temps de regarder en arrière, de regretter les joies perdues... Il faut que notre regard s'accoutume à la nuit de la tombe ; il faut que notre âme s'habitue à sonder le mystère de l'Éternité... Si jamais tu as pu croire que j'exagérais mes devoirs envers Dieu, envers tous, envers toi-même ; si tu m'as accusé de dureté à ton égard, de cruauté, de barbarie, je t'en conjure, à l'heure où nous allons mourir, songe que je ne puis mentir à personne, ni à Dieu, ni à toi, ni à moi-même..; j'offre ma vie pour la tienne ! je bénirais le ciel si la tempête qui m'entraîne te rendait la liberté.

— La liberté ! répéta Xavier.

— Oui, et plus prochaine que tu ne l'attends peut-être... Les misérables que gêne le prêtre dans l'accomplissement de leurs desseins, auront besoin bientôt du secours de ceux que la société a bannis de son sein... D'ici à quelques jours, quelques heures peut-être, on ouvrira toutes grandes les portes des prisons...

— Dans quel but ?

— Dans le but de faire de vous tous des instruments dociles pour l'accomplissement de crimes nouveaux...

En ce moment un grand bruit de bottes, de sabres traînant sur les dalles, et de jurements, retentit dans le couloir, puis on fit l'appel d'un certain nombre de condamnés.

Les portes s'ouvrirent, se refermèrent ; pour la seconde fois, les sabres résonnèrent sur les marches de pierres des escaliers, et le bruit s'éteignit progressivement.

Xavier frissonna.

Sulpice tomba à genoux.

Deux minutes après une fusillade crépitante, irrégulière, retentissait dans le chemin de ronde, puis deux ou trois coups de pistolet, et le cri de : Vive la République !

— Xavier ! dit Sulpice, en saisissant les mains de son frère, des martyrs viennent de tomber, et notre tour viendra bientôt... Je te le jure par notre sainte mère, par mes vœux, par mon âme, il faut songer à mourir et à mourir en chrétiens... Xavier, je comprendrais presque que tu repoussasses un prêtre étranger venant sonder ta conscience pour en arracher les secrets... Mais moi, pauvre enfant ! qu'as-tu à me dire que je ne sache, que je n'excuse... Ce n'est plus le ministre de Dieu seulement qui t'interroge, c'est ton ami, ton frère, qui, sur le bord de notre fosse commune, te demande si jusqu'à cette heure tu fus réellement heureux?

— Non, répondit Xavier en secouant la tête.

— N'est-ce pas que pour une joie incomplète tu trouvais mille déboires... La coupe du festin a du fiel au fond... Les plaisirs coupables laissent une satiété écœurante... On cherche encore, on voudrait inventer des plaisirs pour ranimer son esprit, son cœur et ses sens! Et l'on trouve le vide dans son cœur, la lassitude dans son esprit, et dans ses sens, le dégoût.

— C'est vrai! murmura Xavier.

— Chacune des idoles que le monde adore a reçu ton encens; tu voulais l'amour dont parle saint Augustin, mais faute de le demander à la Beauté toujours ancienne et toujours nouvelle, tu ne trouverais pas même l'ombre de cet amour... Tu me plaignais de vivre pauvrement, de jeûner, de macérer mon corps, et cependant, au milieu de toutes ces privations, mon cœur exultait souvent de joie, et je louais Dieu avec des chants de triomphe!

— Hélas! fit Xavier en laissant tomber ses mains jointes sur ses genoux.

— Ne regrettes-tu pas, reprit Sulpice, d'avoir prostitué ta pensée et ton âme au lieu de les garder pures?

— Oui, dit Xavier, car il me semble que cette âme est morte, et que la pureté dont tu parles n'y saurait refleurir.

— Les hommes tirant parti de tes fautes t'ont jeté la honte, l'anathème, et le Seigneur l'a permis, parce que la richesse et le bonheur t'éloignaient de lui... Maintenant, il t'appelle... Il connaît le poids de ton épreuve. Innocent, il subit un jour l'inique jugement des hommes... Et si tu veux tendre vers lui des bras suppliants, il te sauvera, il t'attirera, il te donnera pour l'infini des années dont nul ne peut calculer le nombre, le bonheur que le monde te promit sans avoir la puissance de le réaliser.

Pour la seconde fois, une grande clameur interrompit les deux frères, et Xavier distingua une voix répétant :

— Paris flambe déjà! le feu est au Ministère des finances, à la Légion d'Honneur, dans la rue de Lille, aux Tuileries!

— Mon Dieu! mon Dieu! fit Sulpice, nous avez-vous abandonnés?

Puis des voix tumultueuses répétèrent :

— Les Versaillais ne trouveront à la place de Paris qu'un monceau de cendres!

— A l'œuvre, tous les bons patriotes!

— Des fusils aux otages, et qu'on mette en liberté tous ceux qui voudront prendre les armes pour la cause du peuple.

Un grand bruit de clefs résonna dans les serrures, les hurlements de joie des prisonniers répondirent aux paroles qui venaient d'être dites, et une bande d'assassins et de voleurs s'élança en tumulte dans les corridors. Ils venaient prendre leur part de la curée humaine et tirer une revanche de la loi qui les avait frappés.

A son tour, la porte de Xavier fut ouverte, et l'un des gardiens placés à la Roquette par les chefs de la Commune, tendit un fusil à Xavier.

— Allons! dit-il, vous avez de la chance! Mieux vaut une balle que le couteau de Charlot! les Versaillais ont pris la moitié de Paris, nous sommes traqués, mais pas vaincus encore; il s'agit de défendre la République jusqu'à la mort! et puis on vous laisse la chance de vous évader.

Le jeune homme se leva et fit deux pas en avant du gardien.

— Acceptez-vous? demanda-t-il.

Mais Sulpice se précipita sur l'arme présentée à son frère, et l'appuyant sur son genou avec une force dont on ne l'eût pas cru capable, il la brisa et en jeta au loin les morceaux.

— Que fais-tu? demanda Xavier.

— Je te sauve! répondit le prêtre.

— Ah! misérable calotin! fit le guichetier, non content d'avoir enseigné le mensonge, tu interdis de défendre la Commune à ceux qui allaient prendre les armes pour elle...

— J'empêche, répondit Sulpice, que des Français tirent sur des Français...

— Avec ça! fit le gardien, que ton compagnon de chambrée regarde à donner un joli coup de couteau! Le prends-tu pour un agneau pascal, ce joli mignon! Il a tué son père, et tu l'empêcherais d'abattre sa part de Versaillais! C'est pas juste!

Mais, loin de rendre plus vive chez Xavier la pensée de la liberté qu'il songeait une minute auparavant conquérir, ces mots lui arrachèrent un cri d'horreur.

— Ami, lui dit Sulpice, si tu quittes cette chambre, si tu descends dans la rue, si tu te bats derrière une barricade, on ne croira plus à ton innocence. Il te reste un moyen de la prouver à tous; préfère la mort au déshonneur, à l'assassinat... Nul même parmi ceux qui t'accusèrent n'aura plus le courage de te croire capable d'un crime. Ta réhabilitation est dans tes mains. Reste avec moi, mourons ensemble! Mieux vaut ce trépas qu'une existence flétrie... Et, crois-le d'ailleurs, Xavier, Dieu qui ne laisse aucune bonne action sans récompense, permettra que, sinon ta vie, du moins ta mémoire soit lavée de l'horrible accusation qui pèse sur toi! Rapproche-toi, à cette heure suprême, du prêtre et du frère. Je ne faiblirai point, j'ai mon Dieu dans mon cœur, et si tu trembles je serai là pour te soutenir... Reste, cette mort est un martyre! Reste, cette mort lave toutes tes fautes, et tu retrouveras dans un baptême de sang l'innocence de ton cœur! Reste, Xavier, pour l'expiation du passé, pour le rachat du ciel.

Sulpice était aux genoux de son frère. Il le suppliait, les larmes aux yeux, des sanglots montant à ses lèvres. Il offrait à Dieu son futur supplice pour le prix de cette âme fraternelle doublement chère, doublement sacrée, et si grande fut l'ardeur de sa prière, l'éloquence de ses pleurs, sa sublimité, que le cœur de bronze de Xavier se fendit, et que, se prosternant, il porta à ses lèvres le crucifix placé sur la poitrine de son frère.

Il n'entendit plus rien à partir de cette heure, ni les cris des condamnés, ni l'appel des soldats, ni la fusillade. Absorbé dans la douloureuse prière des pénitents, occupé seulement de la mort qui allait venir, il courba le front sous l'absolution du prêtre et se jeta ensuite en sanglotant dans les bras du frère qu'il avait méconnu.

Toute la nuit se passa pour Xavier et Sulpice en entretiens dont le martyre prochain était le sujet. De temps à autre un garde, en passant, un chef, en parcourant les couloirs, leur apprenait que la rue Royale était complètement détruite, que le grenier d'abondance et le théâtre de la porte Saint-Martin flambaient.

— Hélas! pensaient les deux frères, nos libérateurs, les soldats de notre armée arriveront trop tard.

Cette nuit se passa pour Sulpice et pour Xavier dans une double émotion de prière, d'affection, de repentir.

Xavier venait d'accomplir son sacrifice.

En se retrouvant soudainement chrétien, il devint résigné. Le sublime courage de Sulpice descendit dans son âme.

A partir de cette heure suprême, comme il jugea de haut et sévèrement la vie qu'il avait menée! Comme sa conscience éveillée lui reprocha les erreurs dont il avait souri! Dans l'amertume de ses remords, il eût désespéré peut-être, si la main de Sulpice, qui lui tendait le crucifix, ne lui eût en même temps montré le ciel.

Sainte veillée, mêlée d'invocations et de pleurs, et pendant laquelle chacun de ceux qui devaient mourir s'oublia afin de prier pour la patrie sanglante, se tordant, agonisante sous les coups de ses propres enfants.

Au matin, Sulpice obtint du papier et de l'encre.

Il écrivit à Sabine une longue lettre, tendre et grave adieu du martyr à la vierge chrétienne.

Ces dernières pensées données à la terre, le jeune prêtre ne songea plus qu'à Dieu.

Dans les cours, les chemins de ronde, le bruit grandissait, une foule honteuse couvrait la place de la Roquette.

Chacun racontait, commentait en les maudissant, les progrès de l'armée de Versailles. L'émeute était refoulée dans les quartiers de la guillotine et des cimetières, et râlait sur ses dernières barricades; ne voyait bientôt plus d'asile pour elle que derrière les tombes du Père-Lachaise.

La populace, qui avait applaudi à l'assassinat de l'archevêque, redemandait du sang, comme les bêtes fauves d'une ménagerie réclament leur proie.

Dans l'humiliation, la honte de leur défaite, les chefs de la Commune voulaient que le sang coulât tant qu'il leur resterait une heure de puissance.

Les uns se faisaient tuer au milieu de l'émeute, s'ensevelissant dans leur chute, et roulant au milieu des cadavres qu'ils avaient faits ; les autres, moins courageux, cherchaient au hasard des vêtements de femme pour se travestir et tâcher de disparaître au milieu du tumulte qui ne manquerait pas de suivre la prise complète de la capitale par les soldats de l'ordre.

Tandis qu'une partie de Paris saluait le drapeau tricolore, emblème d'ordre et d esécurité, le haillon, deux fois rouge, de la Commune flottait encore dans quelques hauts quartiers.

L'oppression qui s'allégeait pour les uns redoublait pour les autres au fur et à mesure que se rétrécissait le champ d'action des communards.

Les bâtiments incendiés brûlaient encore, et les derniers forfaits allaient marquer l'agonie de ce pouvoir qui ne savait s'élever que par l'assassinat.

Pour la seconde fois de la journée, des soldats, des gardiens, gravirent le large escalier ; un délégué de la Commune déploya une liste, et lut les noms d'un certain nombre de prisonniers.

A mesure qu'on le prononçait, chacun des captifs répondait : « Présent ! » et s'avançait.

C'étaient des prêtres et des soldats.

Les uns laissaient voir un saint enthousiasme, les autres une mâle résignation.

Les gendarmes s'approchaient des prêtres, et dans quelques phrases rapides rappelaient les fautes de leur vie ; le prêtre les absolvait, les embrassait et pleurait sur eux.

Quand Sulpice et Xavier parurent ensemble, enlacés fraternellement, il y eut dans le groupe des condamnés un murmure d'étonnement et de douleur.

L'abbé Sulpice, pâle comme l'ivoire, le front traversé par une cicatrice rouge, semblait déjà revenir du martyre. Beaucoup de ceux qui passaient dans les couloirs, dans les cours de la Roquette, connaissaient sa générosité, sa bonté ! Sa condamnation excita chez quelques fédérés un étonnement presque douloureux, mais le plus grand nombre ressentit une joie féroce et battit des mains. On leur livrait une robe noire, c'était tout ce qu'il leur fallait.

Ce fut un signal. La porte de la Roquette roula sur ses gonds, et la foule, hurlante, avide de voir mourir ceux qu'elle venait de condamner, salua d'un cri de joie féroce le groupe des martyrs.

En ce moment, une femme perça la foule, haletante, brisée, et les cheveux épars, mourante d'effroi et d'angoisse, se jeta au milieu des victimes, puis enlaça de ses bras Sulpice et Xavier.

C'était Sabine, qui, ne voyant plus reparaître son frère, et sachant que les arrestations continuaient, s'était informée, et de prison en prison était arrivée jusqu'à la Roquette.

Elle demanda vainement la faveur de voir ses frères : on la repoussa brutalement, et la malheureuse fille, malgré son effroi, sa lassitude, passa la nuit, assise à côté de la boutique d'un marbrier, attendant que la porte de la sinistre prison s'ouvrît.

De la sorte, elle ne perdait pas la Roquette de vue, et si son frère sortait, elle restait sûre de le voir une fois encore.

Au matin, elle interrogea les passants. Chacun attendait une exécution nouvelle, et Sabine ne conserva plus bientôt aucune espérance dans son cœur.

Il ne lui devait rester que la consolation de recevoir la bénédiction de Sulpice, avant qu'il partît pour le lieu où son supplice serait consommé.

Pressée par la foule grossissante, elle restait collée contre la muraille, attendant l'apparition des condamnés.

Lorsque la porte roula sur ses gonds, il lui sembla qu'elle allait mourir. Elle se roidit cependant, se dressa sur la pointe des pieds et regarda; puis, poussant un grand cri, elle s'élança, affolée, et se jeta dans les bras de Sulpice.

Les fédérés voulurent la repousser brutalement, mais une femme prit sa défense, obtint qu'on la laissât près de son frère, et la malheureuse fille resta un moment rapprochée de ce grand et loyal cœur qui devait bientôt cesser de battre.

— Je te suis, dit-elle, je te suis, Sulpice! Si l'on massacre les prêtres on peut verser le sang des femmes chrétiennes! Toi mort, je n'ai plus qu'à mourir.

L'abbé Sulpice serra les mains de Xavier,

— Hier, lui dit-il, je te disais : « Meurs! » Maintenant, je te crie : « Il faut vivre! » Tu ne me sauverais pas en restant près de moi; profite du tumulte pour échapper à ceux qui nous gardent... Enlève Sabine à ce spectacle d'horreur.

Les soldats et la foule, un moment émus et surpris par le mouvement de Sabine, commençaient à trouver que cette scène de famille entravait la marche expéditive de la justice du peuple et qu'il était grandement temps d'en finir.

Un cri de commandement fut jeté par un chef, la bande des fédérés s'ébranla, un misérable arracha Sabine des bras du jeune prêtre, et la jeune fille roula sur le pavé.

Alors, Sulpice se pencha vers Xavier Pomereul.

— Sauve-la! dit-il, je te l'ordonne!

Xavier enleva Sabine dans ses bras, et s'enfuit en courant, tandis que le cortège des gendarmes, des prêtres, des égorgeurs, prenait le chemin du boulevard des Amandiers.

A la même minute, une décharge d'artillerie... (Voir page 191.)

Chapitre XVI

JEAN MACHU

Il tenait enfin sa proie, ce tigre féroce qu'on appelle le peuple de Paris, et dont tant de fois, depuis quatre-vingts ans, en a tenté de faire le maître souverain de la France.

Il criait, hurlait, trépignait de joie, en voyant entre ses mains les représentants des deux classes d'hommes qui assurent le bonheur et le repos : le prêtre, qui élève ses enfants dans le respect de la famille ; le gendarme, ce soldat d'élite, chargé de faire exécuter les lois aux dépens de sa propre vie.

Les condamnés montaient le boulevard des Amandiers, du côté de la rue de Paris, et longeaient le boulevard des Couronnes.

Pendant ce temps, les clairons et les tambours faisaient entendre une sorte de marche joyeuse, souvent dominée par le chant de la *Marseillaise* et les cris forcenés de la foule.

Les fédérés, irrités du calme recueilli des condamnés, s'efforçaient de leur enlever la paix de la dernière heure, en les frappant à coups de crosse de fusil, de plat de sabre, en les accablant des plus grossières injures.

Des mégères, portant une cocarde tricolore à leur bonnet et une ceinture rouge à la taille, vomissaient l'insulte sur les prêtres, qui priaient à voix haute.

L'une d'elles saisit son enfant, l'éleva jusque sur son épaule, et lui dit, d'une voix rude :

— Regarde passer les abuseurs et les assassins du peuple. On va les fusiller. Quand tu seras grand, prouve-leur autant de haine que le fait ton père.

Le petit enfant, un beau chérubin blanc et rose, regarda d'un œil surpris ceux que l'on entraînait ; puis, reconnaissant son père, dans la horde des fédérés, il lui tendit ses petits bras.

Le misérable enleva l'enfant et lui donna deux gros baisers.

Alors un sanglot se fit entendre derrière lui, et le fédéré, se retournant, vit de grosses larmes rouler sur la figure bronzée d'un soldat.

— Mes enfants ! répéta-t-il, mes pauvres enfants !

— Tiens ! fit le fils de la mégère, le pauvre homme, il pleure... Pourquoi pleure-t-il, papa ?

— Parce qu'on va le fusiller au nom de la Commune.

L'enfant, qui ne comprenait pas, fit le geste d'essuyer les larmes du soldat.

Sa mère l'arracha des bras du mari, et se perdit dans la foule. Les gavroches riaient et lançaient des lazzis sinistres et faisaient des paris sur l'attitude probable des condamnés, quand l'heure de la mort serait enfin venue.

L'un d'eux, un vieux prêtre, tomba. Relevé brutalement, meurtri de coups, il accepta le bras d'un gendarme, car la force lui manquait pour aller plus loin. Et cependant il ne voulait pas avoir l'air de faiblir.

Quand le sinistre cortège se trouva en face de la rue de Paris, il la suivit jusqu'à l'endroit où elle se trouve coupée, à droite, par la rue Haxo.

L'emplacement choisi pour le massacre, était la cité Vincennes, dont l'entrée se trouve au n° 83 de la rue Haxo.

On pénètre dans cette cité, bien connue des malfaiteurs du quartier, en traversant un petit jardin potager, auquel fait suite une grande cour, précédant un corps de logis, d'apparence sordide, et dans lequel les insurgés avaient établi leur quartier-général.

Quand les otages arrivèrent cité Vincennes, ils s'attendaient à être fusillés immédiatement. Mais les chefs qui devaient assister à l'accomplissement de ce massacre ne se trouvaient pas là.

Peut-être aussi, voulait-on simplement prolonger l'agonie des martyrs.

Un des fédérés du poste émit l'avis de les enfermer provisoirement dans une cave.

Cette motion reçut l'approbation générale.

La cohorte des insurgés poussa les malheureux dans le couloir sombre d'une maison, on leur fit descendre un escalier fangeux, et on les verrouilla dans une cave assez vaste, recevant l'air et le jour par un soupirail donnant sur la rue.

Ils n'eurent pas même de bottes de paille pour s'étendre dans le dernier asile qui leur fût donné avant l'heure suprême.

Les prêtres se mirent à genoux et chantèrent des psaumes.

Alors, de la rue éclata une explosion de huées. Des hommes et des femmes, mettant leurs faces hideuses contre les barreaux de fer de la cave, cherchaient, dans leur épouvantable langage, ce qui pouvait le plus distraire, troubler, torturer l'agonie des malheureux. Ce calme sublime les forçait à une admiration qui exaltait leur fureur jusqu'à la folie.

Mais ni le sarcasme, ni l'injure, n'arrivaient plus à l'oreille de ceux qui allaient mourir. Ils voyaient le ciel de trop près pour songer encore aux fanges de la terre. Plus le corps souffrait, s'affaissait, plus l'âme, victorieuse de la crainte et de la douleur, montait, montait jusqu'à ce qu'elle trouvât Dieu.

Au nombre de ceux qui péroraient dans la rue, et se réjouissaient davantage de la sanglante tragédie dont ils attendaient la fin, se trouvaient bon nombre des hôtes habituels du père Mathusalem.

Celui-ci n'avait point abandonné le repaire de la rue Git-le-Cœur, mais la Naine, sa servante, autant pour se dévouer à la chose publique que pour surveiller le personnel de la table d'hôte, avait établi, rue Haxo, une cantine en plein vent, dans laquelle le café noir, l'eau-de-vie, le trois-six et le fil-en-quatre, allant jusqu'à la force du vitriol, se partageaient les préférences des consommateurs.

Ce monstre femelle avait cru devoir arborer les insignes de ses convictions, et un tablier, rouge comme celui d'un boucher, commençait à son menton, sur la pièce du corsage, et se terminait au-dessus de ses gros pieds, nageant dans des souliers veufs de la tige de botte qui les surmontait jadis.

Elle riait, elle chantait, elle se démenait derrière ses fourneaux, la hideuse créature, débitant des phrases du *Père Duchêne* à ses pratiques, annonçant le triomphe des braves rouges, encourageant les derniers défenseurs de la Commune à faire sauter ce qui restait de Paris.

— Toujours drôle, la Naine! dit un homme vêtu d'un costume de commandant des Vengeurs de la Commune.

— Ah! c'est toi, Jean Machû! répondit la Naine, que faut-il te servir?

— Du fort! répondit-il, du très fort!

La Naine lui versa un verre débordant d'eau-de-vie.

— A ta santé, la Naine! dit Jean Machû, et fais-moi raison.

— C'est toi qui régales?

— Comme de juste; tu vends ta marchandise, tu ne la consommes pas.

La Naine remplit deux verres, en tendit un à Jean Machû, et choqua le second contre celui du forçat.

— A ton mariage! fit-il.

La Naine posa son verre sur la table.

— Faut pas rire, Jean Machû, dit-elle; tu sais bien qu'il ne se trouvera jamais un homme qui veuille de la servante de Mathusalem.

— Tu crois!

— J'en suis sûre.

— Et tu jurerais aussi vite que jamais, au grand jamais, tu n'as plu à quelqu'un.

Une flamme rouge passa sur le visage de la hideuse créature.

— Pourquoi parles-tu de cela, Machû?

— Parce que, répondit le commandant des Vengeurs de la Commune, j'ai rencontré l'autre jour quelqu'un à qui tu portes un grand intérêt.

— Mathusalem, peut être?

— Celui-là tu le sers, mais tu ne l'aimes pas.

— Qui donc alors?

— Fleur-d'Echafaud.

— Tu l'as vu! s'écria la Naine, en bondissant vers le forçat.

— Je l'ai vu.

— Où ça?

— A la préfecture de police; il est dans les Vengeurs.

— Mais, fit la Naine, si les soldats de Versailles le prenaient?

— Il est probable qu'il manquerait de temps pour t'épouser, la Naine.

— Assez de plaisanteries comme ça! fit la servante de Mathusalem; je ne veux pas qu'on l'arrête, on le tuerait!

— Tu vois! tu vois! rien qu'à l'idée de son danger, tu montres les dents et les griffes. Quand je te disais...

— Tu disais une bêtise, reprit froidement la Naine. Je ne veux pas qu'il soit pris, c'est vrai! Mais je sais seule, toute seule, entends-tu, Jean Machû, pourquoi sa vie m'est précieuse.

En ce moment, un certain tumulte se fit dans la foule, qui s'ouvrit pour laisser passer un jeune homme vêtu d'un costume étourdissant de broderies d'or et de galons; il appartenait aux *Enfants perdus* de Bergeret.

Jean Machû se retourna pour regarder la cause de l'attention générale, et la Naine monta sur la table, qu'encombraient les bouteilles, les tasses et les verres des consommateurs.

Elle promena ses regards de tous côtés sans rien distinguer; puis, tout à coup, une expression de joie farouche brilla sur son visage.

— Fleur-d'Échafaud! murmura-t-elle.

Alors, descendant, avec autant de prestesse que le lui permettaient ses jambes torses, elle reprit sa place derrière son comptoir improvisé.

Jean Machû venait de tendre la main au nouveau venu.

— Eh bien! Marc Mauduit, demanda-t-il, que fait-on là-bas?

— Les Versaillais prennent Paris, barricade par barricade, et le flot des soldats nous repousse de ce côté.

— Tu viens te battre?

— Je viens voir d'abord, chercher un plan ensuite.

— Eh bien! fit Jean Machû, tu tombes bien, quelqu'un parlait de toi, tout à l'heure.

— Qui ça?

— La Naine. Elle a une cache.

— Ce cera bon pour demain, dit Fleur-d'Échafaud.

— Et il me semble qu'une offre pareille de sa part vaut bien un remerciement.

Le brillant jeune homme s'approcha du comptoir et accepta une tasse de café, que le monstre lui tendait.

— Demain, dit-il, j'aurai besoin de toi.

— Ah! fit-elle, et tu veux?...

— Un travestissement quelconque et un asile.

— Le costume sera prêt dans une heure; l'asile, rue Gît-le-Cœur.

— Mais, si Mathusalem me vendait?

— Ce n'est peut-être pas l'envie qui lui ferait défaut, dit la Naine; mais il n'oserait pas.

— Qui lui ferait peur?

— Moi!

— Toi! répéta Fleur-d'Échafaud, avec un éclat de rire.

— Oui, moi. Ah! poursuivit la Naine, parce que tu m'as vue dévouée à tes intérêts comme une vraie mère, tu crois peut-être que je ne sais qu'aimer, et que la haine m'est inconnue. Ne t'y trompes pas, beau fils, mes haines sont de belles et bonnes haines que je sais couver longtemps avant de les faire éclater.

— C'est drôle! répondit Fleur-d'Échafaud.

— Drôle! Tu trouves ma haine chose risible?

— Parce que tout est risible en toi, ma pauvre Fantoche! Tu n'es pas une femme, tu ne peux pas avoir les sentiments d'une femme; la nature t'a réduite à l'état d'ébauche, de monstre, et monstre tu seras toujours.

— Eh bien! fit lentement la Naine, en couvrant Fleur-d'Échafaud d'un regard qui eût fait trembler tout autre, n'encours jamais la haine de la Fantoche, comme tu dis, tu saurais alors qu'elle est terrible!

Les combattants des barricades prises, les fuyards, les pétroleurs chassés de leurs repaires, montaient du côté où se trouvaient encore des armes à charger, des maisons à incendier, des crimes à commettre.

Beaucoup d'entre eux, traqués de rue en rue, de maison en maison, ne demandaient plus qu'un dernier amas de moëllons et de terre pour s'y faire tuer en hurlant : Vive la Commune!

L'ivresse de la colère, de la débauche et du vin surexcitaient la moitié de ces hommes, l'autre moitié sentait l'étreinte de la peur.

Les fanfarons paradaient dans les quartiers menacés et non envahis, les trembleurs coupaient à la hâte leurs cheveux, leur barbe, endossaient des travestissements, arrachaient la bande rouge de leurs pantalons et brisaient leurs armes.

Quand la nuit fut tout à fait venue, la Naine transporta dans une boutique vide sa table, ses bouteilles, son fourneau, et, sans songer à prendre un seul instant de sommeil, elle débita sa marchandise en assaisonnant son bagout de négociante, de sinistres mots de tricoteuse de la Commune.

Dans cette vaste pièce, sans meubles, affluèrent bientôt les rôdeurs du soir, les filous de profession, des jeunes hommes mis avec une sorte de recherche, piliers d'estaminets et de bals publics, les soldats fédérés à demi ivres, s'exhortant, entre deux hoquets, à mourir pour la Commune, et s'empruntant fraternellement leurs dernières ressources en se tutoyant au nom de la sainte égalité.

Le canon grondait comme une basse sourde.

A mesure que se rapprochait le bruit, on pouvait constater les progrès que faisait, dans Paris, l'armée régulière.

Il vint un moment où, en dépit des haines, des colères, de l'ivresse, le sommeil dompta quelques-unes des brutes rassemblées dans la boutique de la Naine.

Elle-même s'assoupit près de son comptoir, tandis que Fleur-d'Échafaud et Jean Machû, dit Rat-de-Cave, parlaient de leur prochain avenir.

— Ah! dit Fleur-d'Échafaud, j'en ai assez de la Commune et des droits du peuple... C'est joli, mais cela compromet... C'est bon dans les clubs et dans les journaux, d'avancer des idées de cette couleur-là, mais il est dangereux de les soutenir avec un chassepot ou un révolver... Je n'ai pas vingt-quatre heures à porter mon costume si bien chamarré d'or par les soins de la Rose, qui a dépensé en bijoux la moitié de l'argent de la caisse de Pomereul... Une fois le drame de demain terminé, je file... et l'on me retrouvera ensuite sous la peau de Marc Mauduit, le secrétaire modèle. Et toi?

— Moi, c'est autre chose, répondit brusquement Rat de-Cave. On a conduit des canons au cimetière du Père-Lachaise, je servirai la dernière pièce.

— Pourquoi ne pas essayer de te sauver?
— A quoi bon! que faire après?
— Ce que tu as fait jusqu'à cette heure.
— Voler, tuer?
— Je ne crois pas qu'on te destine une ambassade?
— C'est possible! mais tuer, voler! c'est toujours la même chose, sans compter que certains souvenirs vous laissent des idées qui ressemblent...
— A quoi diable peuvent bien ressembler tes idées? demanda Fleur-d'Échafaud en riant.
— A des remords! répondit sourdement Jean Machû.
— Tu connais ça, toi?
— Le nom n'y fait rien. Je sais ce que c'est que de rester sans dormir, et de voir sans fin devant ses yeux le visage d'un homme qui vous accuse... Je sais ce que c'est que de se dire : l'air que je respire, je l'ai volé; la liberté dont je jouis, je l'ai volée, et un autre, un autre paie à ma place ce que je dois à la justice!
— Amen! dit Fleur-d'Echafaud.

Il posa ses deux bras sur la table de la Naine, et appuya son front sur ses bras.

En ce moment un nom s'échappa des lèvres du monstre femelle :
— Christine! ma chère Christine!

Puis son sommeil se peuplant de visions terribles, la Naine ajouta:
— Tu seras vengée! Christine, tu seras vengée!

Fleur-d'Échafaud souleva son front et regarda la servante de Mathusalem.

Elle était hideuse. Une écume blanche moussait sur sa bouche lippue, ses narines palpitaient et son front se sillonnait de rides.

Il sembla même à l'ignoble coquin accoudé près d'elle, qu'elle prononçait le nom d'André Niçois. Mais Fleur-d'Échafaud crut s'être trompé. Quel lien pouvait exister entre le riche banquier et la Naine difforme qui confectionnait la cuisine de Mathusalem, après avoir été a grande attraction des foires de village.

La nuit s'écoula.

A l'aube, la voix affaiblie des prêtres s'élevait encore. La pieuse invocation de la mort n'avait cessé de retentir dans leur cachot.

Tous ceux que rassemblait un même arrêt, pressés les uns contre les autres, n'avaient plus qu'un même esprit, qu'une seule espérance.

Les soldats condamnés s'étaient agenouillés devant les prêtres, et ceux-ci remplissant leur ministère sublime, avaient rapproché du ciel tous ceux qui allaient mourir.

On avait laissé les otages sans nourriture, et les souffrances de la faim s'ajoutaient à leurs tourments.

Le matin ramena près du soupirail ceux qui attendaient l'heure de leur supplice avec le plus d'impatience.

Chacun sentait que les progrès de l'armée laisseraient à peine le temps d'accomplir ce dernier crime et qu'il fallait se hâter.

Cependant, soit en raison de la vive préoccupation causée par les succès des soldats de Versailles, qui prenaient Paris rue par rue, et presque maison par maison, l'ordre définitif se faisait attendre.

La journée presque tout entière se passa dans l'alternative.

Enfin, un jeune homme, portant l'écharpe des délégués de la Commune, vint au quartier général de la cité Vincennes, transmit des instructions à des soldats fédérés, faisant partie d'un bataillon du XIe arrondissement et d'un bataillon du Ve arrondissement, et quelques-uns des *Enfants-Perdus* de Bergeret descendirent l'escalier de la cave, et ordonnèrent aux prisonniers de se lever.

Ils obéirent.

Personne ne tenta même de défendre sa vie.

A l'apparition des prisonniers, un hourra formidable se fit entendre, accompagné d'une musique sauvage, et les soldats eurent peine à maintenir la foule. Ce n'était pas qu'ils songeassent à protéger les condamnés contre les outrages; ils redoutaient seulement que l'un d'eux essayât de s'enfuir à la faveur du tumulte.

L'enclos dans lequel on les poussait était occupé d'avance par les états-majors des diverses légions.

Les cinquante otages et leurs égorgeurs achevèrent de remplir cet étroit espace.

Une partie de la foule massée aux alentours, fut dans l'impossibilité d'assister à ce dernier acte de férocité.

On plaça les otages en avant du mur, et un peloton de soldats, tenant ses armes chargées, s'apprêta à faire feu au premier commandement.

Au moment où l'abbé Pomereul s'arrachait à l'étreinte d'un vieux prêtre qui le serrait dans ses bras, deux hommes couverts de broderies d'or et de riches glands fendirent vigoureusement la foule, afin de se trouver au premier rang des curieux.

Tous deux tenaient à la main des revolvers armés.

— Le commandant Machû, le colonel Marc Mauduit, murmura la foule, qui s'ouvrit avec une sorte de respect.

Mais à peine le commandant se trouva-t-il bien en face de ceux que l'on allait fusiller, à peine eut-il embrassé leurs visages d'un regard rapide, qu'il bondit vers eux avec l'agilité sauvage d'un tigre, et couvrit le plus jeune de son corps pour lui en faire un bouclier.

Les soldats qui venaient d'épauler leurs fusils attendaient, et celui qui commandait le feu s'avança vers le commandant qui entravait d'une façon si imprévue la justice du peuple.

— Commandant, dit-il, l'heure de l'exécution est sonnée.

Alors le défenseur de l'abbé Sulpice fit face à la foule, et dit aux officiers et aux soldats qui se rapprochaient attirés par une curiosité invincible :

— La vie de cet homme ! il me faut la vie de cet homme !

— Tu as donc un fameux compte à régler avec lui, commandant, demanda un lieutenant, d'une voix avinée, que le chassepot ne suffit pas à ta vengeance?

Le jeune prêtre venait d'étouffer un cri en reconnaissant celui qui se plaçait d'une façon inopinée entre lui et la mort.

— Jean Machû !

— Oui, je veux sa vie, répéta Rat-de-Cave, l'ancien forçat.

— Un prêtre ! un imposteur échapperait à la justice du peuple ! jamais ! hurlèrent les fédérés.

— Il m'a sauvé, dit Jean Machû avec éclat ! je ne veux rien lui devoir !

— A mort le calotin ! à mort ! glapit un enfant.

Fleur-d'Échafaud glissa à l'oreille de son complice :

— Es-tu fou ! lui mort, nul ne peut plus nous perdre.

— A mort ! à mort ! répéta la foule.

— Vous me connaissez, dit Jean Machû, j'ai fourni de suffisantes preuves de civisme, le premier, j'ai mis le feu aux Finances après le télégramme de Ferré... J'étais là quand on a fusillé l'archevêque... Depuis le commencement de la semaine je sers tantôt une barricade, tantôt l'autre .. Delescluze était mon ami, et je tutoie Millière... Je suis prêt à brûler ma dernière cartouche avec vous, mais en récompense de mes services, je vous demande la vie de cet homme.

— Arrière, commandant !

— Passage libre !

— Machû est un traître.

— Machû est plus habile, plus robuste que vous tous ! reprit le commandant des Vengeurs de la Commune ; le premier qui fait un pas en avant est mort !

Le forçat évadé braqua son pistolet et attendit.

Personne ne bougea.

— Sa vie! répéta Machû, me donnez-vous sa vie?

— Jamais!

— Eh bien, vous apprendrez tout ! A cette heure, d'ailleurs, il importe peu à chacun de nous d'avoir plus ou moins de choses sur la conscience... Personne ne vivra peut-être demain... Je n'ai pas seulement commis de crimes contre la société, j'ai puisé dans la caisse du père de celui que vous voulez fusiller... J'y ai pris cent mille francs...

— Bravo! dit une voix.

— Il le savait et il ne m'a pas vendu.

Un sourd murmure s'éleva dans la foule.

Jean Machû ajouta en continuant à couvrir Sulpice de son corps :

— Enfin ! j'ai assassiné son père, et il ne m'a pas livré.

— Cette fois une rumeur d'incrédulité grandit dans les groupes.

— Non, dit Jean Machû, il ne m'a pas livré parce que le serment de la confession fermait ses lèvres. J'ai commis plus d'un crime dans ma vie, mais je sauverai cet homme pour me montrer reconnaissant! Ou vous tuerez le commandant des Vengeurs de la Commune, ou vous nous laisserez libres tous deux. Une fois l'abbé Pomereul à l'abri, je reviendrai me battre avec vous.

L'abbé Sulpice essaya de se dégager de l'étreinte du forçat.

— Laissez-moi mourir, lui dit-il ; ce martyre est le plus noble trépas que je puisse espérer. Dieu, qui est justice et miséricorde, vous comptera les efforts que vous multipliez pour me sauver. Ne me forcez pas à déserter les rangs de nos frères... Vous avez prononcé de dangereuses paroles, faites-les oublier en m'abandonnant à toute la haine de mes ennemis...

— Non! dit Machû, s'ils s'obstinent, nous mourrons ensemble, mais ils n'oseront pas tirer.

Comme pour démentir cette parole, l'officier des fédérés cria aux soldats :

— Apprêtez... armes!

Une dernière fois Sulpice essaya d'échapper à son sauveur pour rejoindre ses amis qui, adossés au mur, attendaient la fin de cette scène.

Les soldats du bataillon du XI° arrondissement firent un mouvement en avant, comme une marée qui monte et envahit la grève.

En ce moment, Jean Machû se sentit brusquement tirer par ses vêtements; il regarda en bas, et reconnut la Naine qui lui faisait un signe mystérieux.

En même temps elle lui tendit un manteau simple et de couleur sombre.

Le forçat comprit la pensée de la servante de Mathusalem, et tandis que celle-ci laissait passer devant-elle un groupe de femmes avides de voir le dernier acte de ce drame sanglant, Jean Machû enveloppa l'abbé Pomereul dans le manteau et le déroba un instant aux regards de ses ennemis.

Si rapide que fut cet instant, il en profita pour dire tout bas à Sulpice :
— Songez à votre sœur.

Alors profitant du choc douloureux que ces mots venaient de produire dans l'âme de l'abbé Pomereul, Machû, s'aidant du désordre causé volontairement par la Naine, entraîna Sulpice dans l'ancien cimetière, et gagna une maison vermoulue dont il lui fit gravir l'escalier.

A la même minute une décharge d'artillerie apprit que le peuple de Paris venait de commettre un des actes les plus iniques de son règne.

Pour être abrités dans une maison, l'abbé Sulpice et Jean Machû n'étaient pas pour cela en sûreté.

Ils pénétrèrent au hasard dans une chambre vide, où quelques habits d'ouvrier pendaient à des clous. Le forçat les arracha, et les jetant au prêtre :
— Vite ! dit-il, vite ! les bêtes féroces vont revenir.

Puis, tirant une poignée d'or et de billets de sa poche :
— Voilà pour indemniser le locataire du costume qu'on lui emprunte ! dit-il.

Sulpice se décida enfin à accepter le salut que la Providence semblait lui imposer.

Il passa rapidement le pantalon et le bourgeron de toile bleue que Jean Machû venait de payer d'une façon si libérale, puis il aplatit une casquette sur sa tête, et se trouva travesti de façon à tromper l'œil le plus exercé.

— Venez ! dit alors Jean Machû à Sulpice.

Tous deux descendirent lentement.

La maison avait deux issues ; avec le flair d'un voleur, et l'agilité d'un forçat, Jean Machû ouvrit une porte condamnée, franchit un petit mur, et aida à l'abbé Pomereul dans cette escalade.

Ce qu'il venait de faire s'était accompli si rapidement que les bourreaux des otages ne pouvaient encore se rendre compte de ce qui venait de se passer.

Ils se réjouissaient en ce moment des convulsions suprêmes de leurs victimes. Quand ils les comptèrent des yeux et s'aperçurent que l'une d'elles leur manquait, il s'était déjà écoulé trop de temps pour qu'il leur fût possible de retrouver la piste de Jean Machû.

Pendant ce temps, l'abbé Pomereul et le forçat gagnaient un quartier désert, d'où l'on dominait Paris qui flambait encore.

— Allez ! dit le Vengeur de la Commune... L'armée de Versailles est là pour vous protéger... Désormais souvenez-vous de moi sans me maudire...

— Ah! dit l'abbé Sulpice, si vous aviez voulu me suivre, changer de vie!..

— Il est trop tard! répondit Jean Machû! Je vais jouer ma dernière partie.

Et, serrant avec une énergie désespérée la main miséricordieuse qui se tendait vers lui, le forçat reprit en courant le chemin de la rue Havo.

Un revers de crosse s'abattit contre sa poitrine. Voir page 195.

Chapitre XVII

LES BARRICADES DE LA MORT

La sanglante tragédie était terminée.
On avait jeté dans une fosse les cadavres des prêtres, puis ceux des gardes de Paris, et la foule, ivre de sang et de haine, quitta l'enclos sinistre.

— Ah! dit l'abbé Sulpice, si vous aviez voulu me suivre, changer de vie?...

— Il est trop tard! répondit Jean Machû! Je vais jouer ma dernière partie.

Et, serrant avec une énergie désespérée la main miséricordieuse qui se tendait vers lui, le forçat reprit en courant le chemin de la rue Haxo.

Un revers de crosse s'abattit contre sa poitrine. (Voir page 195.)

Chapitre XVII

LES BARRICADES DE LA MORT

La sanglante tragédie était terminée.

On avait jeté dans une fosse les cadavres des prêtres, puis ceux des gardes de Paris, et la foule, ivre de sang et de haine, quitta l'enclos sinistre.

L'acte audacieux commis par Jean Machû lui aurait sans nul doute attiré l'accusation de trahison, que n'eût pas manqué de suivre un châtiment rapide, si, à peine revenu au milieu des fédérés, Rat-de-Cave n'eût, avec une grande rapidité de coup d'œil et une indomptable énergie indiqué le plan de la lutte suprême.

Le champ de bataille reculait à mesure que grandissait la libération de Paris par l'armée.

Il ne s'agissait plus de construire des barricades en arrachant des pavés, il fallait trouver des barricades toutes faites, découvrir un espace assez vaste pour contenir un nombre considérable de combattants, et disposé de telle sorte qu'on y pût organiser une défense désespérée.

Les fédérés cherchaient vainement de quel côté masser les dernières forces, quand Jean Machû reparut au milieu d'eux.

Au murmure de réprobation qui se fit entendre, il répondit :

— Je sais ce que vous allez dire : j'ai sauvé un prêtre! Soit! c'était mon idée... Mais le premier qui m'accuse d'avoir trahi la cause de la Commune, je lui casse la tête avec mon revolver... Si ça tente quelqu'un d'entre vous, qu'il s'avance!

L'air déterminé de Jean Machû fit reculer les plus hardis, et le forçat reprit :

— Vous êtes démontés, pas vrai? Vous entendez le roulement de la fusillade, et vous savez que votre tour va venir. Pour des gens comme nous, le jugement ne sera pas long : collés au mur et, pif! paf! Nous n'aurons pas volé; mais il y en a qui aimeraient mieux autre chose... Mourir pour mourir, mieux vaut se défendre, rendre balle pour balle et coup pour coup. Nous sommes vaincus, ayons le courage de finir en bons communards. Il nous faut pouvoir tirer, non pas en bataille rangée, car on aurait trop vite fini, mais comme les braconniers dans les bois, les tirailleurs le long des haies, et je sais quel sera le théâtre de notre dernière lutte. Voulez-vous me suivre?

— Oui! oui! répétèrent vingt voix.

— Eh bien! mes enfants, au Père-Lachaise! Les tombes nous serviront de barricades.

— Au Père-Lachaise! répéta la foule comme un écho.

La motion de Machû fut considérée comme un trait de génie. En une heure, une troupe de fédérés, résolus à mourir, envahit le cimetière, on y braqua les derniers canons de la Commune, et l'on se tint prêt à défendre jusqu'à la mort le dernier rempart de l'insurrection.

Après avoir accompli tant de sacrilèges, les fédérés allaient consommer le dernier en continuant, dans le champ des morts, leur lutte fratricide.

Elle devint plus épouvantable encore que dans la rue.

Les soldats ne tardèrent pas à emporter d'assaut le cimetière, et la mêlée prit des proportions inouïes.

On ne luttait plus, on se massacrait.

Les fédérés, n'espérant pas de quartiers, se battaient avec rage; les soldats, exaspérés par la perte des leurs, indignés d'avoir à lutter contre de tels bandits, avançaient, avançaient toujours, amoncelant les cadavres derrière les sépultures.

Chaque chapelle était devenue une forteresse.

On tirait des fenêtres.

Quand les fusils se brisaient, les revolvers broyaient les crânes et les poignards trouaient les poitrines.

Le sol était une boue sanglante, dans laquelle glissaient vainqueurs et vaincus.

Les munitions manquaient; les canons cessèrent de faire entendre leur voix tonnante, et ceux qui les servaient tombèrent, écrasés par la mitraille, sur les caissons vides de poudre.

Un seul groupe résistait encore. Il se composait d'une vingtaine d'hommes, au milieu desquels se trouvait Jean Machû, dit Rat-de-Cave.

Tant qu'il eut une cartouche il la brûla; quand il ne lui fut plus possible de tirer, il prit son fusil par le canon et s'en fit une massue; un soldat le lui ayant arraché des mains, Jean Machû ramassa un couteau à terre et bondit sur celui qui l'avait désarmé.

Il n'avait d'autre espoir que celui de remporter une nouvelle, une dernière victoire. Atteint d'une balle au bras droit, il tenta encore de se battre de la main gauche; mais un revers de crosse s'abattit contre sa poitrine, un flot de sang jaillit de sa bouche, dont la moitié des dents était brisée, et il tomba à la renverse sur un monceau de cadavres de fédérés et de soldats.

Quatre de ses compagnons s'enfuirent au hasard, espérant vainement échapper aux soldats; deux autres ouvrirent leur habit et coururent au-devant des balles; une décharge de mitraille balaya les derniers.

Une minute après, le silence se faisait dans le cimetière, les bandes de prisonniers, la colère dans le regard, le blasphème aux lèvres, passaient au milieu des soldats, et quelques brancardiers cherchaient les blessés respirant encore.

Il faisait nuit noire quand Jean Machû retrouva le sentiment de l'existence.

Brisé dans tous ses membres, le front traversé d'une coupure de sabre, la poitrine broyée, le misérable ne se faisait point l'illusion d'échapper à la mort.

Il ne la redoutait même pas, car la vie ne pouvait rien lui donner qu'il ne connût, et, à cette heure, le dégoût du passé lui montait aux lèvres.

Dans sa tête affaiblie passèrent, semblables à des visions, les souvenirs de toute son existence. Il eût voulu fermer les yeux pour ne plus voir, se boucher les oreilles pour ne plus entendre. Il devait voir, il devait entendre, et cette hallucination, qu'il prenait pour la fièvre engendrée par ses blessures, ne tarda pas à se changer en une horrible torture morale, mille fois plus grande que ses douleurs physiques.

Il se revit enfant, dans un grand bois rempli de mousse, sur laquelle il se roulait à loisir, et peuplé d'oiseaux que privait sa mère, une jolie paysanne, active et laborieuse, qui trouvait toujours, au milieu de sa pauvreté, une bonne parole pour les affligés et un morceau de pain pour les mendiants.

Son père était bûcheron dans la forêt. C'était un rude métier, mais qui gardait aussi des compensations charmantes. Il fallait voir à midi comme Michel Machû jetait sa cognée en voyant arriver sa jeune ménagère !

Celle-ci s'asseyait sur un tronc d'arbre, découvrait le panier contenant la soupe fumante, le vin, la viande appétissante, les beaux fruits rouges. Tous deux prenaient ensemble leur repas, tandis que l'enfant sautait comme un cabri et chantait avec les loriots.

Puis le père soulevait le petit gars sur son épaule, le faisait jouer sur ses genoux, lui cherchait des nids.

Ils revenaient tous trois le soir, sous les ombres flottantes des branches ; la cloche tintait tout au haut de la tour du village, le père levait son chapeau, la mère faisait le signe de la croix, et l'enfant se recueillait en face du recueillement des siens.

Oui, ce furent de belles et bonnes journées que celles passées dans les bois, tandis que la hache du bûcheron gagnait le pain de la famille.

La scène changea subitement pour Jean Machû.

Il se trouva, une après-midi, dans la salle basse de la petite maisonnette ; la mère savonnait en fredonnant une chanson du pays. Tout à coup, deux voisines entrèrent dans la chaumière ; leur visage était pâle, leurs yeux rouges ; elles prirent les mains de la jeune femme et répétèrent :

— Pauvre Mathurine ! pauvre Mathurine !

— Il est arrivé malheur à Michel ! répondit la paysanne en se reculant.

— Oui, répondit une des voisines, un grand malheur !

La seconde femme saisit Jean dans ses bras et l'embrassa, en murmurant :

— Pauvre orphelin !

— Mon homme est mort ? demanda Mathurine avec égarement.

— Hélas ! guère ne s'en faut...

— Où est-il ? demanda Mathurine, où est-il ?

— On vous l'apporte, fit une des voisines, en ouvrant la porte toute grande.

Quatre hommes parurent; ils portaient une civière; dessus était un corps immobile, enveloppé de linges sanglants.

Mathurine se jeta sur son mari, l'étreignit avec une tendresse puissante, désolée, et attendit un mot, un soupir, un regard.

Michel semblait déjà mort. On le plaça sur le grand lit, et, au bout d'un quart d'heure, il ouvrit les yeux. A la vue de Mathurine en larmes il referma ses paupières, comme si la force lui manquait pour soutenir le spectacle de cette douleur. Puis, voulant remplir sa pensée et son cœur de ces chers visages, et emporter dans l'éternité le souvenir de ses bien-aimés, il attira près de lui sa femme et son enfant.

— Ne pleure pas, dit-il, je m'en vais... Tu as été une compagne fidèle, douce et bonne... Tu m'as fait la vie facile, et rien ne l'a jamais troublée... C'était trop beau, Mathurine, je m'en vais.

Il serra les deux mains de sa compagne sur ses lèvres, puis il fit placer Jean sur le lit, tout près de ses lèvres, tout près de son cœur.

— Tu ne me reverras plus, Jean, dit-il, j'aurais voulu vivre jusqu'à ce que tu fusses un homme..., t'apprendre la probité, le travail, comme ta mère t'eût enseigné la foi... Le bon Dieu ne veut pas, il faut se soumettre... Souviens-toi de mes dernières paroles, sois bon fils, sois honnête homme!

Il se fit une lacune dans les souvenirs de Jean Machû.

Vaguement il se souvenait d'avoir vu sa mère vêtue de noir; elle pleurait beaucoup. Hélas! elle ne regrettait pas seulement le compagnon de sa jeunesse, le bon mari qui l'avait aimée, elle versait des larmes sur son enfant.

Jean Machû aimait encore les bois; mais il n'y travaillait pas au grand air, en plein soleil comme son père; il le hantait la nuit, à la façon des loups.

Blotti dans des fourrés, il attendait le passage du gibier, tendait des collets, préparait des pièges, faisait même au besoin le coup de feu contre les chevreuils.

Il n'avait point retenu les conseils de son père à l'agonie, et ne suivait point les avis de sa mère qu'il désespérait. Nature rebelle au bien, farouche et dure, il se raillait des larmes de Mathurine. En vain, à défaut de tendresse pour elle, de respect pour l'honneur de son nom modeste, essaya-t-elle de faire vibrer dans l'âme de l'indocile enfant la corde de la terreur. Jean se moqua des gardes et des gendarmes, et continua son train de vie.

Le garde champêtre, un brave homme, prévint deux fois Mathurine qu'il serait obligé de dresser un procès-verbal pour fraudes, vexations et rapines.

La mère ne gagna rien sur l'indomptable caractère de son fils. Elle pleura et pria davantage, voilà tout.

Une nuit, elle entendit du tapage dans les bois ; puis des sabres cliquetèrent près de sa porte. On heurta vivement à l'huis, et la veuve vit Jean, son bien-aimé Jean, les menottes aux mains, le regard sombre.

Pris en flagrant délit de braconnage, il avait lutté contre les gendarmes, et l'un deux portait, à la main, la trace d'un coup de couteau.

— Grâce ! grâce ! messieurs, demanda la mère, en tombant à genoux.

— Écoutez, répondit le brigadier blessé, s'il ne s'agissait que de moi, je relâcherais ce garnement, si mauvais qu'il soit ; mais j'ai mon devoir à remplir. Il faut que je l'emmène. Je pouvais vous permettre de lui dire adieu, et je le fais ; parce que vous êtes une brave femme, et que Michel Machû a laissé de bons souvenirs dans le pays.

— Et où donc l'emmenez-vous ? demanda Mathurine.

— A la prison.

— Jean ! dit la malheureuse femme, en tombant sur une chaise, Jean, tu m'as tuée !...

Ah ! comme Jean se souvenait de cette nuit-là ! C'était le premier pas dans cette voie de crime, d'accusation, de châtiments qu'il avait depuis toujours suivie. Il ne se disait pas, précoce bandit de quinze ans, que la loi, en le châtiant, lui laissait le moyen de redevenir honnête homme ; il ne songea pas une minute à racheter, à force de repentir, la faute de sa jeunesse. Il voua à cette heure une haine mortelle à la société qu'il venait d'outrager, et se jura de lutter sans trêve contre ses lois.

Le temps le traîna dans la maison de correction.

On lui apprit un jour que sa mère était morte.

Il tressaillit au dedans de lui-même ; si mauvais qu'il fût, ce fut un déchirement. Mais ses camarades dissipèrent vite l'impression de regret qui aurait pu agir sur lui d'une façon salutaire. Ils lui racontèrent tant de bons tours joués à l'autorité, énumérèrent tant de projets pour l'avenir, que Jean Machû n'eut bientôt plus devant les yeux qu'une date flamboyante, celle de sa libération.

Elle sonna ! Il se retrouva libre. Quelques sous tintaient dans sa poche. Il savait un état et pouvait gagner sa vie ; mais la paresse lui semblait préférable au labeur, et d'ailleurs, tant qu'il avait de l'argent, à quoi bon s'occuper d'en gagner.

Des camarades le rencontrèrent. On le conduisit dans des bouges, et pendant plusieurs jours il courut tous les mauvais lieux de Paris.

Au bout d'une semaine, ses velléités de travail avaient fait place à la résolution de vivre sur le pavé, sans exercer d'autre état que celui de n'en point avoir.

Il ne lui répugnait pas d'ouvrir des portières, de ramasser des bouts de cigares, de faire une commission, de vendre des cahiers de papier à lettre ou des bougies pour les fumeurs. Mais il s'approchait souvent trop près des étalages des boutiques et, si l'on avait pénétré dans la mansarde qu'il partageait avec un camarade, on aurait pu, à bon droit, être étonné du singulier amoncellement d'objets qui s'offrait aux regards. Des jambons, des souliers neufs, des pièces d'étoffes, des pelottes de laine, des vêtements confectionnés, des boites de cirage, tout cela se confondait dans un pittoresque désordre, jusqu'à ce que Mathusalem, un brocanteur de la rue Git-le-Cœur, vint débrouiller ce chaos, en l'emportant en échange de quelques pièces de cent sous.

Un soir, Jean Machû et son camarade de chambrée firent une orgie. Au retour, le temps étant pluvieux, et la force leur manquant pour festonner le long des murs, ils hélèrent un cocher et lui donnèrent une adresse qui fit hocher la tête à l'automédon. Arrivé en face d'une maison d'apparence douteuse, ils lui crièrent d'arrêter, descendirent de voiture, et retournèrent leurs poches pour y trouver le prix de la course du cocher.

Rien ! ils n'avaient plus rien !

Jean Machû poussa le coude de son camarade, et comme le cocher était descendu pour ouvrir la portière et recevoir son argent, Jean le bâillonna en un tour de mains, tandis que son compagnon frappait le malheureux en pleine poitrine, arrachait sa bourse de sa poche, poussait Machû dans la voiture, sautait sur le siège et fouettait les chevaux.

Le lendemain, avec l'argent de la voiture, tous deux faisaient bombance.

Mais, trois jours plus tard, la police, descendant dans un bouge infâme, fit une râfle de tous ceux qui s'y trouvaient, et Jean Machû dit Rat-de-Cave, se trouva du nombre.

Cette fois, ce fut la Cour d'assises, le ferrement, le départ de la chaîne, le bagne !

Au bagne : l'accouplement, la manille, le bonnet rouge, les gardes-chiourmes, le labeur forcé !

Alors germa dans la tête du forçat cette idée qui ne le quitte plus jamais quand elle y est entrée : l'évasion.

Celle de Jean Machû fut un tour de force. Il l'accomplit dans des circonstances étranges, et l'histoire de sa fuite défraya longtemps les récits de la chambrée.

Il se vit escaladant une muraille, à l'aide d'un couteau ; puis suspendu au dessus de l'abîme, par une mince cordelette, poursuivi par les chasseurs de forçats, nageant vers la côte par une tempête furieuse ; puis, tombant, épuisé, dans une cabane, dont un jeune homme, à physionomie angélique, lui ouvrait la porte.

— Sulpice ! l'abbé Sulpice ! murmura le blessé.

Oh! comme les détails de cette veille restaient présents à sa mémoire.

Avec quelle sollicitude le jeune prêtre avait réchauffé son corps engourdi; de quelle main fraternelle il lui avait offert les secours nécessaires pour son voyage !

Et ce ne fut pas tout : dans cette chaumière, à la porte de laquelle pouvait, à chaque minute, heurter la gendarmerie, il avait parlé d'espoir, de repentir et d'honneur à ce forçat en rupture de ban.

Il avait fait plus... Une lettre de chaleureuse recommandation permettait à Jean Machû de changer de vie. L'avenir pouvait être heureux. Un nom nouveau, une condition honnête, masquaient l'évadé du bagne de Brest, de telle sorte que, pour tous, il devint méconnaissable.

Subjugué par l'autorité du prêtre, vaincu par sa bonté, Jean Machû promit ; il essaya même de tenir sa parole, et se rendit à la fabrique, dont le propriétaire l'accueillit sur la recommandation de M. l'abbé Pomereul. Mais un rôdeur de grande route le reconnut, lui emprunta ses économies, menaça de le dénoncer s'il ne fournissait à ses dépenses, et Jean Machû s'enfuit de la manufacture, où l'on pouvait apprendre son véritable nom.

Tandis qu'engourdi par ses blessures, il demeurait immobile, il se retrouvait dans le lointain de cette journée, assis sur le talus d'un fossé, se demandant, la tête dans ses mains, ce qu'il allait devenir.

Mieux valait se jeter tout de suite dans la fournaise et arriver à Paris. Quand il y vint, sa première visite fut pour Mathusalem.

Celui-ci l'accueillit avec les honneurs dus à un forçat assez adroit pour s'être évadé, et le mit en rapport avec d'habiles filous.

A cette époque déjà, le crime changeait, non pas de nature, mais de manière, dans sa perpétration.

Les assassinats isolés semblaient de mesquines entreprises ; les chemins de fer ayant supprimé l'arrestation des diligences, on cherchait à monter de grands coups.

Le vol s'élevait à la hauteur d'une société en commandite.

Le degré de scélératesse indiquait les grades.

Jean Machû, dit Rat-de-Cave, fut enrégimenté dans une troupe composée des éléments les plus hétérogènes.

Il avait sous ses ordres des jeunes gens traduisant Virgile et sachant Horace par cœur ; il tutoyait des employés de ministère qui, après avoir râflé le papier et les plumes de leur bureau, ajoutaient à cette industrie des vols plus raffinés.

Machû connut Fleur-d'Echafaud chez Mathusalem.

Ce fut Marc Mauduit qui prépara le vol chez le négociant Pomereul, grâce aux facilités que lui donnait sa charge de secrétaire.

Ah ! quelle nuit que celle-là !

Jean Machû voyait se succéder les scènes de ce double crime, comme s'il assistait à la représentation d'un drame.

Ils entraient, lui et Fleur-d'Echafaud. La porte de la caisse ouverte par un autre leur montrait un amas de billets de banque. Puis, tout à coup un homme paraissait. Il fallait tuer! tuer encore... Et les doigts de Jean Machû serraient le cou du vieillard, tandis que Lipp-Lapp, la bête fidèle, tombait, la poitrine trouée par le poignard de Fleur-d'Echafaud...

Puis les complices fuyaient sans perdre une minute; ils laissaient le cadavre de l'homme déjà raidi, celui du chimpanzé se tordant dans les spasmes de l'agonie, et ressortaient... Du bruit.... On entrait... On montait l'escalier...

— Sulpice! l'abbé Sulpice!

Il se passa alors, dans le cerveau affaibli du forçat, une révolution soudaine.

Ce nom le galvanisa au lieu de l'épouvanter.

Il se trouvait seul, tout seul, dans ce grand cimetière, qui n'était plus qu'une vaste tombe, et dont les pierres disparaissaient sous le fardeau des cadavres dont on les avait chargés.

Il venait de repasser toute sa vie, vie de honte, de crimes, dans laquelle la boue et le sang se mêlaient. Autour de lui les ténèbres; au loin, perçant l'obscurité, les points rouges des feux de bivouac des soldats...

Jean Machû se rappela soudain les conseils de son père expirant, le son des cloches du village, les exhortations suprêmes de l'abbé Pomereul, quand le forçat, abusant du pouvoir dont la loi religieuse arme le pénitent, avait scellé les lèvres du fils sur l'assassinat du père.

Et puis, au fond, Jean Machû pouvait-il certifier qu'il n'y eût rien au delà de cette vie? L'abbé Sulpice croyait en Dieu, puisqu'il gardait d'une façon si inviolable le secret de la confession.

Dans l'âme du bandit, du sacrilège, du meurtrier, germa une bonne pensée.

— Si je rendais l'honneur à son frère? se dit-il.

Cette idée grandit et le domina bientôt. Seulement il se demanda s'il lui serait possible de la mettre à exécution?

Il faudrait pour cela quitter le cimetière, passer au milieu de groupes de soldats échelonnés dans tous les quartiers.

— Si je changeais d'habits? pensa Machû.

Il tira d'abord sa vareuse, banda son bras avec son mouchoir, et étendit les bras autour de lui.

Il reconnut, au toucher, l'uniforme d'un soldat de la ligne.

Avec une lenteur de mouvements justifiée par ses nombreuses blessures, il enleva, un à un, les habits du soldat. Plus lentement encore il cacha les siens ; et quand il fut parvenu à se vêtir de l'uniforme qu'il souillait de son contact, une sueur froide, produite par l'épuisement, lui couvrit les tempes, et il retomba en arrière.

— Je ne pourrai jamais! murmura-t-il.

Il essaya de se soulever, cependant, et y parvint avec des peines infinies.

Alors, s'appuyant sur les dalles de marbre, s'accrochant aux balustrades, aux croix, il gagna une des longues allées du cimetière.

A quelque distance, le feu des bivouaqueurs le guidait.

Ses jambes faiblirent, il tomba sur les genoux, puis il rampa sur le sol.

Lentement, lentement, il avança; quand il se trouva assez près pour être entendue, il appela d'une voix mourante.

Un soldat l'entendit, accourut, et on le transporta près du feu.

Quelques gouttes d'eau-de-vie le ranimèrent et, quelles que fussent ses craintes et ses souffrances, il tomba dans une sorte de sommeil, qui ressemblait à un évanouissement.

Quand il ouvrit les yeux, des voix amies l'encouragèrent. Il détourna son visage des visages honnêtes qui se penchaient vers lui, et murmura d'une voix affaiblie :

— Camarades.... Chaussée-d'Antin... L'abbé Pomereul.

— Tiens! dit un des soldats, celui qui a si bravement relevé les blessés sous le feu de la bataille de Buzenval... Vous voulez qu'on vous mène chez lui?

Jean Machû fit un signe affirmatif.

— Eh bien! comme les hôpitaux sont pleins, vous serez servi tout de suite. Le premier brancard qui passera sera pour vous.

Quelques instants après, Jean Machû, étendu sur une civière, à demi mort, et se demandant s'il aurait le temps de réaliser son projet, était conduit, par deux brancardiers, rue de la Chaussée-d'Antin.

Il avait, par pudeur, ramené l'un de ses bras sur son visage, et tandis qu'il passait, plus d'un honnête bourgeois, croyant voir en lui un des soldats de notre héroïque armée, se découvrait avec respect.

Sulpice, Xavier et Sabine se trouvaient réunis au premier étage de l'hôtel, quand le concierge monta l'escalier tout effaré, et dit quelques mots à Baptiste qui, à son tour, se précipita dans le cabinet.

— Que voulez-vous? demanda l'abbé Pomereul.

— On amène un blessé ici...

— Un blessé?

— Oui, monsieur l'abbé, un soldat.

— Allons, dit Sulpice à Sabine, ta tâche recommence.

Puis, se tournant vers le valet de chambre.

— Qu'on le monte ici, tandis que l'on préparera son lit.

Peu d'instants après, les brancardiers apportaient la civière dans l'ancien cabinet de M. Pomereul.

A peine les porteurs, largement récompensés par Sulpice, se furent-ils retirés, que le blessé se souleva sur la civière.

Le prêtre, Xavier et Sabine l'entourèrent; mais subitement le visage de Sulpice devint livide, et le regard du mourant jeta des éclairs.

— Ici! fit-il, on m'a amené ici. Ah! je reconnais bien l'endroit, allez... La caisse ouverte... la porte par laquelle il entra... Et là... là... la place où je l'ai frappé!..

— Que dit-il? demanda Xavier.

— Il déraisonne, répondit l'abbé Sulpice. Laissez-moi seul avec lui, il faut bien que je sauve cette âme, Dieu me la doit!

Sulpice dit ces mots avec une expression de ferveur si grande que le visage de Jean Machû changea encore une fois d'expression.

— Oui, dit-il, je vous l'apporte... Je me sens vaincu... Mademoiselle, donnez-moi ce qu'il faut pour écrire, je vous prie... Et vous, monsieur, ajouta Jean Machû, avec effort, restez! j'aurai tout à l'heure besoin de votre pardon...

Sans savoir pourquoi elle obéissait à l'ordre de ce mourant, sans rien comprendre à ce qui se passait autour d'elle, Sabine prit une feuille de papier sur le bureau, puis un buvard, elle s'agenouilla près de la civière, en face du moribond.

L'abbé Sulpice le soutenait dans ses bras.

Jean Machû traça quatre lignes, d'une main défaillante, puis il retomba en arrière, brisé par la douleur.

Sabine voulut relever le blessé; il lui adressa un tel regard que la jeune fille se rapprocha davantage.

— Je n'ai pas encore signé, murmura-t-il.

Ses doigts tenaient la plume avec peine; il traça quelques caractères informes, dans lesquels cependant on pouvait reconnaître le nom de Jean Machû.

Puis le moribond fit signe à Xavier de prendre le papier.

Celui-ci lut d'abord sans comprendre. Puis, soudain, un rayonnement de joie surhumain passa dans ses yeux, et il tomba à genoux devant son frère.

— Pardonne-moi! dit-il, je ne pouvais être à la hauteur de ta vertu.

Sulpice attira Xavier dans ses bras, l'étreignit rapidement sur sa poitrine, et tirant un crucifix de son sein, l'approcha des lèvres du condamné.

— Mourez en paix! lui dit-il; au nom de mon Dieu, supplicié pour le salut du monde! Mourez en paix! l'effusion de son sang suffit pour laver tous les crimes.

— Pas les miens! dit Jean Machû. Ma vie n'a été qu'une suite de forfaits; ma mort ne saurait expier ma vie. Vous qui vous penchez vers moi, vous portez au front la cicatrice d'une blessure que je vous ai faite... et vous ne me maudissez pas!

— Si vous avez attenté à ma vie, vous avez accompli aujourd'hui un acte presque héroïque, je vous pardonne en mon cœur.

— Et votre frère, et votre sœur?

— Nous sommes chrétiens! dit Sulpice.

Alors, avec une patience admirable, une onction une charité sublime, l'abbé Sulpice apaisa les terreurs du malheureux.

A peine l'absolution fut-elle descendue sur ce grand coupable, que Jean Machû poussa un grand soupir, et ce soupir fut le dernier.

Comme il s'acharne sur sa proie, c'est atroce ! (Voir page 215.)

Chapitre XVIII

LIPP-LAPP

On soupait encore dans la rue Gît-le-Cœur où Mathusalem tenait sa table d'hôte, mais depuis quelque temps la *Pègre* ne riait plus, et le brocanteur lui-même paraissait quelquefois inquiet.

Loin de diminuer, cependant, sa clientèle augmentait.

Pour la satisfaire, Mathusalem fut obligé d'installer un dortoir, comme il avait une table d'hôte.

La plupart de ses habitués préféraient rester dans ce bouge que de chercher des garnis compromettants.

Chaque jour on apprenait une arrestation nouvelle.

L'orangerie de Versailles était remplie de bon nombre de pensionnaires du brocanteur, et ceux qui n'y étaient point encore allés faire un voyage ne semblaient guère rassurés sur l'avenir.

Le plus craintif était Marc Mauduit, dit Fleur-d'Échafaud.

Le grade qu'il avait occupé dans l'armée des fédérés, sa participation indéniable au massacre des otages, au pillage de la Légion d'Honneur et des Tuileries, à l'incendie des Finances et des maisons de la rue de Lille lui faisaient préférer la vie obscure qu'il traînait rue Git-le-Cœur à l'existence tapageuse et bruyante menée par lui avec une clique dorée dont il était l'oracle.

Le costume de Fleur-d'Echafaud avait subi la même transformation que ses habitudes.

Au lieu de l'élegant paletot, de la cravate à la mode, il portait la blouse de toile bleue ouverte en avant, rejetée en arrière, laissant voir tout le col de la chemise, et un foulard de nuances vives noué avec une négligence étudiée ; une perruque noire cachait la nuance fauve de ses cheveux.

Avant de recommencer en grand ses opérations, il attendait que la situation politique se fût dessinée, que la justice en eût fini avec les membres de la Commune et la foule de misérables qui les avait suivis dans leur route sanglante.

Jamais, du reste, la Naine ne veilla avec plus de soin sur Fleur-d'Échafaud qu'à partir du moment où elle constata qu'il était tout entier à sa discrétion.

A la voir le couvrir de son regard ardent, l'entourer de prévenances, les pensionnaires de Mathusalem répétaient une plaisanterie qui leur procurait inévitablement la même gaieté, gaieté à laquelle s'associait Fleur-d'Échafaud.

— La Naine, disaient-ils, tu épouseras le beau Marc.

Un jour, le monstre répondit d'une voix sombre :

— Eh bien ! oui, je l'épouserai, et à l'église encore...

— Toi ! tu crois donc en Dieu?

La Naine eut un hideux sourire :

— A l'abbaye de Monte-à-Regret.., répondit-elle.

Cette fois, Fleur-d'Echafaud ne rit pas, et un frisson passa dans ses membres.

A partir de ce jour, une vague inquiétude le prit. En somme, quel lien l'attachait à la Naine?

Aussi loin que remontaient ses souvenirs, il voyait en face de lui cette ébauche informe le saisissant de ses bras démesurés et l'emportant avec la rapidité du vertige. Puis il se rappelait la baraque du saltimbanque qui l'avait proprement assoupli, désossé, mis à même de gagner sa vie sur le tremplein, la corde et le trapèze.

La Naine était revenue bien plus tard, l'avait repris au saltimbanque, et placé dans une pension en lui interdisant, sous les menaces les plus terribles, de révéler le métier qu'il avait exercé pendant cinq ans... L'orgueil l'eût fait comprendre au petit Marc, quand bien même la Naine ne lui eût pas réitéré cette recommandation.

Quand il eut fini ses études, elle parut l'abandonner à lui-même; peut-être même quitta-t-elle Paris; il la retrouva en qualité de servante dans la cambuse de Mathusalem, mais alors il faisait déjà partie de la bande des *Casquettes noires*, et frayait avec Jean Machû.

— Cette misérable aurait-elle un but caché? se demanda un jour Fleur-d'Echafaud, et serait-il vrai...

Il n'acheva pas, mais, poursuivi par une crainte vague, il se promit de quitter l'hospitalière maison du brocanteur, dès qu'il lui serait possible de se créer une identité nouvelle, et de passer à un autre *avatar*.

Se couler dans la peau d'un honnête homme lui paraissait plus sûr. S'il devait plus tard rentrer dans les affaires, ce serait en grand. Il tâcherait de se faufiler dans une société industrielle patronnée par de vieux noms, il jouerait à la bourse, il deviendrait courtier marron, et parviendrait peut-être à se faire une vraie fortune.

Oui, mais ce rêve caressé durant de longues nuits avait pour envers une réalité terrible. S'il est une amitié tenace, c'est celle des gens malhonnêtes. Ils ne s'attachent pas, ils se cramponnent. Ils ne laissent parvenir un des leurs à une situation enviée, que pour en tirer parti plus tard. Ils deviennent les sangsues persistantes de celui qui, sorti de la basse pègre, finit par tenir le haut du pavé.

Certes, la mort de Jean Machû débarrassait grandement Fleur-d'Echafaud. En expirant, le forçat, vaincu par la générosité évangélique de l'abbé Sulpice, avait avoué son crime et signé cette confession suprême de sa main mourante.

Il n'avait pas été difficile de faire casser la condamnation de Xavier Pomereul, et de lui rendre l'honneur avec la liberté.

De ce côté, Fleur-d'Echafaud était donc sans crainte; Jean Machû mort, le secret du vol et de l'assassinat de la rue de la Chaussée-d'Antin lui était assuré.

Quelques mois se passèrent.

Le calme se faisait en France.

La fabrique de Charenton marchait toujours. Sans doute, sur le seuil des jolies maisons d'ouvriers bâties par les soins et sur les plans d'Antonin Pomereul, on voyait plus d'une jeune mère en habits de deuil, berçant un petit enfant vêtu de noir comme elle, et rien ne semblait plus poignant que ce deuil d'êtres jeunes et beaux, dont l'un semblait avoir oublié le sourire, et dont l'autre ne l'apprenait pas.

Xavier avait définitivement abandonné l'hôtel de la Chaussée-d'Antin.

Le lendemain du jour où sa réhabilitation fut officielle, il se jeta dans les bras de Sulpice, fit appeler Sabine et, tenant la main de chacun d'eux :

— Je suis sauvé, leur dit-il ; mais je ne me sens pas réhabilité devant ma conscience. On reconnaît que je n'ai pas assassiné mon père, mais il n'est pas moins vrai que le désordre de ma conduite a pu m'en faire croire capable. J'ai vingt-six ans, il ne peut être trop tard pour renouveler ma vie. La leçon a été terrible ! J'en profiterai.

— Mes calculs faits, et tu verras, Sulpice, comme je suis un habile comptable, me laissent à la tête d'un capital de 30,000 fr., 1,500 livres de rente ! je prétends vivre avec cela.

— Toi ! s'écria Sulpice.

— Mais, c'est impossible ! ajouta Sabine.

— Entendons-nous, reprit Xavier ; avec cela et le produit de mon travail.

Xavier se retourna vers Sulpice.

— Combien donnes-tu à ton caissier ?

— Six mille francs.

— Le pauvre Dubois se meurt ; je demande à le remplacer.

— Mon ami, cela ne se peut pas ! dit l'abbé Pomereul ; il faudrait connaître la tenue des livres.

— Alors affaire faite, je sais la tenue des livres.

— Qui te l'a enseignée ?

— Dubois lui-même, le bon, le brave homme ! et je l'ai vu pleurer de joie en constatant mes progrès.

— Cela tient du prodige, dit Sabine.

— Depuis un an, tu me voyais sortir tous les jours, et sans doute tu me croyais retourné à ce que d'habitude j'appelais mes plaisirs.

— Non, ami, non, jamais.

— Ah ! je te reconnais le droit de suspecter mon repentir ; mes fautes ont été trop grandes pour que ma conversion ait besoin de l'épreuve pour s'affirmer. Je t'avais déjà tant promis que je voulais prouver quelque chose. Un matin j'entrai dans le bureau du père Dubois ; il y était avec sa fille Louise, une belle et douce créature. Tous deux écrivaient ; la jeune fille, sous la dictée du vieillard. En me reconnaissant, Dubois se leva avec respect, comme devant le propriétaire, le maître.

— Monsieur, dis-je à Dubois, car vraiment je ne me sentais pas digne d'appeler mon ami, ce modèle de probité et d'honneur, voudriez-vous m'apprendre ce que tout à l'heure vous faisiez ici avec mademoiselle ?

« Le vieillard rougit.

— Ma vue baisse, me répondit-il, mes forces déclinent. J'ai besoin de jeunes yeux et d'une main alerte, et Louise m'aide à tenir la comptabilité.

« — Vous enseignez la tenue des livres à mademoiselle, voulez-vous aussi me l'apprendre à moi ?

« — A vous, monsieur ? me demanda Dubois, en se levant de son fauteuil.

« Je l'obligeai doucement à s'asseoir, et je poursuivis :

« — Mes fautes, mes malheurs ont eu un retentissement assez grand pour que la réparation que je dois aux miens, à la société, à moi-même, égale ces mêmes fautes. Le repentir ne se dit pas, il se prouve. J'ai été un paresseux, je deviendrai un travailleur ; un débauché, je vivrai avec la sévérité d'un moine ; un inutile, je ferai le bien. Mon cher Sulpice a semé le bon grain, aidez-moi à le faire germer... prenez-moi pour élève ; en même temps que vous m'enseignerez la tenue des livres, les chefs des divers ateliers m'initieront à tous leurs travaux. Oh ! je sais qu'avant de m'accepter ils me toléreront à peine ! Je sais que le fils prodigue ne trouvera pas aisément grâce près de ces laborieux pères de famille. Je subirai tout ! tout ! Une heure viendra où je recueillerai le fruit de ma persévérance, et où la main d'un rude ouvrier se tendra vers moi. Et, croyez-le, cette récompense me semblera noble et grande.

« Dubois me regardait sans répondre, et je vis une larme dans les yeux de sa fille.

« — Oh ! m'écriai-je, vous ne refuserez pas de m'aider, vous ne le pouvez pas !

« Dubois me répondit alors, d'une voix émue :

— Quand souhaitez-vous prendre votre première leçon ?

« — Tout de suite ! répondis-je.

« Je passai trois heures près du vieillard. Quand je le quittai, les termes nouveaux dont il s'était servi se brouillaient dans mon cerveau ; je n'avais sans doute pas retenu grand'chose, mais je me sentais plus léger d'esprit. J'avais employé mon temps d'une façon sérieuse...

« Le même jour, j'achetai des livres pratiques, je me mis à étudier patiemment, et cependant avec ardeur. Dubois s'émerveillait de mes progrès. Au bout d'un mois, il me conduisit dans les ateliers, où sans doute il avait raconté ce qui s'était passé entre nous, car je ne surpris aucune hostilité sur les visages. On ne m'attirait pas, mais on m'acceptait.

« Le pauvre Dubois baissait rapidement, et plus d'une fois sa fille me donna une leçon à sa place. Elle expliquait d'une voix claire, grave, avec précision et netteté. Je n'ai jamais vu chez une femme plus de sérénité paisible.

— Vraiment? dit Sabine, avec une raillerie qu'adoucissait le sourire.
— Méchante! fit Xavier, doucement.
— Continue donc, reprit l'abbé Sulpice, Sabine est une malicieuse qu'il ne faut pas écouter.
— Que te dirai-je? poursuivit Xavier ; il y a quelques jours, au lieu de trouver Dubois dans son cabinet, ce fut Louise qui m'y reçut. Elle devint un peu pâle en m'apercevant :

« — Monsieur, me dit-elle, auriez-vous la bonté de monter chez mon père.

« — Certes, répondis-je.
« Je suivis Louise tout tremblant.
« Le pauvre Dubois était couché.
« En me voyant, il se souleva et me tendit la main.
« Le cœur me bondit dans la poitrine, et je pressai, avec une reconnaissance presque filiale, la main de celui qui fut l'ami de mon noble père. Il comprit mon émotion, et me faisant asseoir :
« — Allons! allons! fit-il, vous serez un vrai Pomereul. J'aurai moins de regret de m'en aller...
« — Vous en aller! Mais, je vous le défends bien!
« — On m'appelle de là-haut! fit-il.
« J'entendis alors un sanglot déchirant ; c'était Louise qui cachait son front dans les couvertures du lit de son père.
« — Seule! toute seule! murmura le vieillard.
« — Non! répondis-je, Sabine en fera son amie.
— Merci! dit Mlle Pomereul, en sautant au cou de son frère ; tu m'as comprise.
— Je restai plus longtemps que d'habitude ce jour-là dans la fabrique de Charenton. J'ai peu dormi cette nuit, et j'ai bien pesé les obligations que j'assume sur moi. Veux-tu me donner la survivance de Dubois, mon cher Sulpice?
— Ah! dit l'abbé Pomereul, tu m'apportes une grande consolation, Xavier. Oui, mon ami, mon frère, répare, travaille, progresse, prie.
— Aime! ajouta Sabine, d'une voix plus basse.
— Silence! fit Xavier ; je ne suis pas digne d'un tel bonheur.
— Demain, reprit l'abbé Pomereul, nous nous rendrons tous à Charenton ; je veux t'installer moi-même dans tes fonctions nouvelles.
— Et moi, signer mon pacte avec Louise.
— Tu es un ange, Sabine!
— C'est bon de travailler au bonheur des autres, dit-elle.
— Ne feras-tu donc jamais le tien?

Sabine secoua la tête.

— Mon bonheur! c'était un rêve, Xavier! Celui qui devait garder saintement l'arche et les figures sacrées qui l'abritent a sacrifié aux faux dieux.

— Tu es trop sévère, Sabine.

— Je suis juste.

— Une larme silencieuse roula sur la joue de la jeune fille.

— Tu souffres, Sabine! tu souffres! s'écria Xavier.

Frère! ne me plains pas trop, reprit-elle; si le monde m'échappe, le ciel me reste; tous les martyrs ne portent pas, comme notre frère, une sanglante cicatrice au front.

Le lendemain, selon sa promesse, l'abbé Pomereul conduisit Xavier et Sabine à Charenton.

Leur première visite fut pour le vieux caissier.

En voyant Sulpice, le regard du malade s'éclaira d'une douce joie.

— J'ai besoin de vous, monsieur l'abbé, dit-il.

Le prêtre s'assit à son chevet, et Sabine emmena Louise dans la chambre voisine.

Tandis que sa sœur parlait à voix basse à la jeune fille qui allait devenir orpheline, Xavier les considérait toutes deux avec une égale sollicitude.

Elles formaient un contraste absolu. Sabine, blonde, frêle, gardait sur son épaule la tête brune de Louise. L'une pleurait sans bruit, l'autre laissait tomber d'affectueuses paroles dans ce cœur meurtri.

Il se passa une heure avant que Sulpice rappelât les jeunes filles près du malade.

Dubois attira sa fille sur son cœur.

— Je m'en vais, dit-il; mais le Seigneur m'accorde la dernière grâce que j'attendais de sa bonté... Tu ne resteras point isolée en ce monde... Qu'y ferais-tu, toute seule, avec ta douleur? La famille Pomereul t'adopte... Je te lègue à elle...

Louise ne répondit à son père que par des larmes.

Dubois serra davantage la tête pâle de sa fille, et lui dit quelques mots que nul n'entendit.

Sans doute ces paroles la troublèrent, car elle changea de couleur et se mit à trembler.

— C'est mon dernier vœu, ajouta le mourant.

— Père! oh! père! murmura la jeune fille

— Un ordre sacré, ajouta le vieillard.

Louise allait essayer d'y résister peut-être; mais Dubois reprit en étendant la main défaillante sur le front de Louise :

— Promets, pour que je te bénisse!

— Je vous le promets! répondit-elle, en couvrant de baisers la main qui venait d'appeler sur elle la bénédiction suprême.

Sabine resta pour veiller le malade et partager avec Louise les douleurs et les angoisses de cette nuit.

Sulpice ramena Xavier à Paris. Le malheureux jeune homme semblait sous le coup d'un abattement profond. Il répondait à peine à son frère, et le prêtre vit des pleurs dans ses yeux. Il ne demanda point le secret de ses regrets cuisants; ne savait-il pas que toute douleur lui revenait de droit, parce qu'il avait mission et pouvoir de consoler.

Le lendemain, il accompagna son frère à Charenton, et, après avoir vu Dubois et Louise, il prit place au bureau de la caisse. A partir de cette heure, il entrait réellement en fonctions.

Lorsque Sulpice le trouva dans le cabinet vitré, entouré de livres à dos et à angles de cuivre, écrivant avec calme, tout absorbé dans son labeur, le prêtre ne put retenir un mouvement de joie.

Xavier lui présenta son registre.

— Que dis-tu de cette écriture? demanda-t-il; et ces chiffres? Quels progrès! moi qui griffonnais si mal mes billets du matin!

— Certes, dit Sulpice, je suis content, plus que content de toi.

Pendant huit jours, Dubois lutta contre cette dompteuse terrible qui s'appelle la mort. Enfin, il expira, tenant sa fille serrée sur sa poitrine, et collant, pour la dernière fois, ses lèvres sur le crucifix que Sulpice lui tendait.

Ce fut une grande douleur dans la fabrique quand on apprit que l'honnête caissier n'était plus.

Sulpice et Xavier se chargèrent de tous les frais, et le modeste employé fut conduit au cimetière avec un imposant cortège.

Au moment où le fossoyeur terminait sa lugubre besogne, Louise s'approcha de la tombe; elle tenait deux couronnes à la main. Elle en accrocha une aux bras de la croix, et comme Xavier s'aperçut qu'elle gardait la seconde ;

- Vous oubliez celle-ci, dit-il.

— Non, je n'oublie pas, répondit la jeune fille, je la destine à mon bienfaiteur.

Et, sans doute, le cocher qui ramena Louise, Sulpice, Xavier et Sabine avait reçu des ordres, car, en quittant Charenton, au lieu de prendre d'un côté de la Chaussée-d'Antin, il gagna les hauteurs de Montmartre.

Xavier se taisait, mais son émotion était extrême.

Il n'osait interroger son frère, et Sabine qui tenait Louise dans ses bras, évitait de le regarder.

Jamais, depuis la mort de M. Pomereul, on n'avait amené le fils prodigue près de la tombe de celui qu'il avait abreuvé de chagrins.

L'y conduire, n'était-ce pas, de la part de Sulpice, dire à l'enfant dévoré de remords :

— Le repentir efface les fautes, tu reprends tous tes droits; au nom de celui dont nous portons encore le deuil, je te pardonne.

Le cocher s'arrêta à la porte du cimetière.

Les enfants Pomereul et l'orpheline descendirent.

Louise faillit tomber, et Xavier plaça, sans rien dire, son bras sous le sien.

Sulpice marchait en avant. Sabine se trouva en même temps que lui agenouillée près du sarcophage de marbre. Une crainte respectueuse clouait Xavier à sa place.

— Viens ! dit Sulpice.

— Allez ! ajouta Louise, en lui tendant la couronne.

Xavier la prit, la porta à ses lèvres, puis tomba prosterné sur le sol; il resta le front appuyé sur le marbre et, au milieu de ses sanglots, on entendait ce seul mot :

— Pardon ! pardon !

Sulpice se pencha vers sa sœur :

— Emmène Louise, dit-il ; laisse-moi avec Xavier.

La jeune fille obéit.

Un moment après, dans ce vaste cimetière, déjà plein d'ombre, les deux frères se trouvaient seuls.

Alors, Sulpice se mit à genoux près de Xavier et lui dit, d'une voix pénétrante :

— Tu demandes pardon à notre père, et il te pardonne.. Maintenant, frappe ta poitrine et implore ton pardon de Dieu.

— Tu veux... dit Xavier, éperdu.

— Tu t'es prosterné sur ce sol de la mort et du deuil, coupable et repentant, tu te relèveras juste et purifié...

Ce qui se passa les anges le savent !

L'ardeur de foi de l'apôtre, l'éloquence de l'orateur, l'effusion du prêtre, la tendre amitié du frère se fondirent pour toucher et vaincre cette âme encore rebelle, et quand le pardon du ciel fut tombé sur le coupable, Sulpice s'écria, en joignant les mains avec une ferveur exaltée.

— Père, réjouis-toi, ton fils était perdu, et il est retrouvé; il était mort, et il ressuscite.

La nuit venait, Sulpice entraîna son frère.

Tous deux montèrent dans une voiture de louage et gagnèrent à grande vitesse la Chaussée-d'Antin.

Dès la hauteur de la rue de la Victoire, un rassemblement inusité empêcha le cocher d'avancer.

Les voitures restaient immobiles, les chevaux piaffaient. On entendait au loin de grands éclats de rire, se propageant d'une façon contagieuse, et ce cri répété d'une façon railleuse :

— Il l'attrapera !

— Il ne l'attrapera pas !

— Descendons, dit Xavier à son frère, nous pourrions perdre une heure ici, et il nous sera facile de nous glisser dans la foule.

Le cocher payé, les deux frères tentèrent de se frayer un passage. Peine inutile. Il fallait attendre.

Ils avançaient d'un pas; tout à coup, un mouvement de recul se faisait sentir et ils se trouvaient moins près que jamais.

— Mais de quoi s'agit-il? demanda Xavier à un curieux.

— Je ne sais trop, monsieur, il y a un singe dans l'histoire.

— Tout comme dans *Joko le singe du Brésil*! dit un jeune gavroche, j'ai vu jouer ça à l'*Ambigu*, pour mes quinze sous.

— Un singe! répéta Xavier.

— Figurez-vous, mon bourgeois, reprit le gamin, d'une voix de tête, que, il y a dix minutes à peine, se tenait sur un grand balcon, un grand diable de singe tout mélancolique qui regardait passer les promeneurs. Faut croire qu'il appartient à des gens *chics*, car son habillement, qui serait un mardi gras pour nous, me rappelait des bons hommes que j'ai vus au Louvre dans des grandes toiles. Pour lors, chamarré comme un pacha d'Égypte, installé sur des coussins de soie, il flânait de l'œil.....

« Moi, je flânais aussi, naturellement. Et comme le singe m'amusait. je lui faisais des agaceries qu'il me rendait en grimaces .. échanges de politesses, quoi !.. Tout à coup, il se dresse, s'accroche au balcon et regarde, regarde en poussant des grognements. Je regarde du même côté que lui, et je vois passer un joli jeune homme en blouse bleue, un beau typographe, quoi! Car vous saurez, mon bourgeois que, pour moi, le typographe..

— Après, après, dit vivement Xavier.

— Je vous intéresse! bon! je continue. Le joli jeune homme à cheveux noirs, à foulard rose, s'avançait en se dandinant, sifflotant un air de *bamboula*. Faut croire que les singes sont blasés sur la *bamboula* : ils l'ont trop entendue chez les nègres.

— Achève! achève! fit Xavier, d'une voix fiévreuse.

— Décidément, j'ai un succès. Je reviens au singe : Le jeune homme se déhanchait comme un garçon de bonne mine, qui a des roues de cabriolet au fond de sa poche, quand tout à coup le chimpanzé saute du haut du balcon dans la rue, et bondit jusqu'au passant. Celui-ci pousse un cri d'effroi, se met à courir. Le singe s'élance après lui, et alors de rire, de crier, de parler, de répéter, sur tous les tons : — Il l'attrapera! — Il ne l'attrapera pas! — Avec tout cela, je porte mes épreuves chez un auteur, et me voilà en retard de trente-cinq minutes. Mais je lui raconterai l'affaire, et ça fera de la copie ; je demanderai ma part de collaboration.

— Tiens, dit Xavier, voilà pour ton histoire.

Et, fouillant dans sa poche, il en tira une pièce de vingt francs, qu'il tendit à l'enfant.

— Fallait dire tout de suite que vous étiez un prince déguisé!

Voulez-vous que je rattrape le singe pour la même somme?

— Oui, si tu le peux ! fit Xavier.

— Ah! dit Sulpice, nous avons la même pensée! Lipp-Lapp...

Une clameur s'éleva soudain dans la foule, clameur mêlée d'horreur et d'anxiété.

— L'homme est perdu ! dit une voix.

— Personne ne tuera donc ce maudit animal? ajouta une autre.

— Comme il s'acharne sur sa proie; c'est atroce !

Xavier et Sulpice se jetèrent aveuglément en avant, et parvinrent au premier rang des curieux.

Le spectacle qui s'offrit à leurs yeux était horrible, en vérité. Celui que le gamin appelait, l'instant d'auparavant, un joli jeune homme, saignant, hagard, couvert de morsures le cou saisi dans une des mains osseuses du chimpanzé, se débattait dans les spasmes de l'agonie.

Personne n'osait approcher de la redoutable bête. On attendait l'intervention des sergents de ville.

Enfin, l'un d'eux parut, l'épée au poing, et il allait se précipiter sur le singe, quand Xavier, se jetant au-devant de lui, lui arrêta le bras :

— Cet animal est à moi, dit-il, ne le tuez pas!

— Mais cette bête est enragée, monsieur, s'écria le sergent de ville.

— Regardez! fit Xavier, en serrant davantage le bras de l'officier public. Ne voyez-vous pas que le chimpanzé vient de faire tomber la perruque noire de ce jeune homme et de mettre à découvert une chevelure d'un rouge étrange ?

Puis, le regardant attentivement, Xavier ajouta, comme éclairé par une lumière soudaine :

— Marc Mauduit

Alors, broyant presque le bras du sergent de ville sous sa main nerveuse, le jeune homme ajouta :

— Sur mon âme, monsieur. Lipp-Lapp arrête en ce moment le complice de Jean Machu, l'assassin de mon père.

Le sergent de ville se jeta sur l'homme.

Xavier appela la bête.

Lipp Lapp comprit qu'on lui venait en aide; il montra toutes ses dents dans un large rire, et, voyant qu'on mettait la main au collet de son prisonnier, il entr'ouvrit les vêtements de brocard qui lui couvraient la poitrine, et montra une large ligne blanche : c'était la cicatrice de la blessure que lui avait faite, jadis, Fleur-d'Échafaud.

Ensuite, agitant triomphalement une touffe de cheveux rouges qu'il tenait dans sa main crispée, il la tendit à Xavier.

Au moment où l'on achevait de garrotter Marc Mauduit, dont un rapprochement rapide des faits permit à Xavier et à Sulpice d'apprécier le rôle sanglant dans la tragédie de famille qui s'était dénouée par le meurtre de Pomereul, débusqua, de la rue de Provence, une masse informe, composée d'un torse à grands pieds, supportant une tête difforme.

Fleur-d'Échafaud reconnut cette créature.

— La Naine ! fit-il, la Naine !

Le monstre physique regarda bien en face le monstre moral, un éclair de joie satanique emplit ses prunelles, et la Naine, frappant dans ses mains, s'écria, avec une explosion de joie farouche :

— André Niçois, à nous deux, maintenant !

— Misérable! misérable! fit André Niçois. (Voir page 225.)

Chapitre XIX

LE SECRET DE LA NAINE

La Naine courait sans s'arrêter, heurtant les passants, dérangeant les éventaires des marchandes de fleurs, sourde aux invectives, aux sarcasmes. Elle ne s'arrêta qu'au moment où, prête à franchir la grande cour du banquier, elle vit se dresser devant elle un suisse majestueux, qui la tira vivement par un de ses longs bras, au moment où une voiture, attelée de deux chevaux magnifiques, allait sans nul doute l'écraser.

Dans ce huit ressorts se trouvait une femme jeune encore, portant avec faste une toilette magnifique, mais qui, sous le masque d'orgueil dont elle couvrait son visage, paraissait cacher une persistante douleur.

La Naine la regarda avec l'expression d'une haine féroce, et la femme du banquier, rencontrant ce regard, ressentit une sorte de terreur.

Alors, se penchant en dehors de la calèche, elle fit au suisse un signe impérieux :

— Vous savez bien, dit-elle, que je ne veux pas de mendiants ici.

La Naine éclata d'un rire farouche.

— Je ne viens pas demander, répondit le monstre, je viens vendre!

Les chevaux emportèrent la voiture, et le suisse, se conformant à l'ordre qu'il venait de recevoir, allait jeter la Naine hors de la cour, quand celle-ci, malgré sa petite taille, le repoussa vigoureusement, et lui dit d'un accent qui fit hésiter le fonctionnaire de la porte.

— Ton maître est ici, je veux le voir.

— Est-ce que tu crois, par hasard, bibelot de foires et magot de marchés, que mon maître reçoit les gens de ta sorte ! c'est bien assez qu'il leur fasse l'aumône.

— N'as-tu donc pas entendu ce que je viens de dire à sa femme? J'apporte, et je ne demande pas. Au surplus, si le banquier millionnaire ne donne pas facilement d'audiences, sois sûr qu'il te chassera demain si tu ne m'aides pas à m'introduire près de lui. J'ai besoin de causer avec lui, et je le verrai, quand je devrais coucher dans la rue comme un chien et y attendre sa sortie.

— Hors d'ici! répéta le suisse, en frappant du pied, ou j'appelle un sergent de ville.

La Naine haussa les épaules, fouilla rapidement dans sa poche, en tira un vieux journal tout froissé, une affiche jaune coupée aux plis, et demanda au suisse :

— Sais-tu lire ?

— Je n'ai pas besoin de voir tes papiers.

— Parcours ceci, cependant ; il y va de ta fortune peut-être.

La Naine tendit le journal et l'affiche.

Le suisse lut quelques lignes, s'arrêta surpris, regarda la Naine, et demanda :

— Eh bien?

— Remets ces imprimés au banquier, et dis-lui que la personne qui lui apporte ces nouvelles attend qu'il veuille la recevoir.

Le suisse changea subitement d'avis au sujet de la servante de Mathusalem, et voulant à cette heure témoigner un grand zèle, il refusa de transmettre sa commission au valet de chambre, gravit l'escalier et demanda à parler lui-même à André Niçois.

Quelque surpris que fût celui-ci, il donna ordre d'introduire le suisse.

Alors, respectueusement courbé en deux, Lamourel dit, d'une voix dans laquelle vibrait une émotion assez bien jouée :

— Monsieur me pardonnera de déroger à tous les usages, en faveur du motif qui m'amène...

— Quel motif, et que voulez-vous, Lamourel?

— J'ai pensé qu'il était inutile de mettre l'antichambre dans les secrets de Monsieur.

— Mais je n'ai point de secrets, et je ne sais...

— Ah! je ne me permettrais pas de demander la confidence des chagrins de Monsieur. Je veux seulement lui épargner le choc d'une surprise, d'une émotion...

— Finissez, Lamourel, je suis pressé.

— Monsieur reconnaît-il ceci? poursuivit le suisse, en déchiffonnant le journal, et l'étalant sur le bureau du banquier, après avoir pris soin d'indiquer à Niçois, du doigt, l'article désigné par la Naine.

Le banquier étouffa un cri douloureux.

— D'où tenez-vous ce journal? que voulez-vous? pourquoi raviver...?

— C'est qu'il y a en bas une personne..

— Une personne... Mais achevez donc...

— Qui apporte, dit-elle, des nouvelles à Monsieur...

— Et cette personne vous a remis cette affiche, ce journal?

— Oui, monsieur.

— Pourquoi ne l'avoir pas amenée tout de suite? Courez, Lamourel, allez vite !

— C'est qu'elle est pauvre, difforme, hideuse...

— Eh! qu'importe! il y va de mon bonheur, de ma vie!

Lamourel sortit en courant.

André Niçois, en proie à une émotion indicible, relisait le vieil article de journal que la Naine avait conservé avec tant de soin.

Il contenait ces lignes à la colonne des faits divers :

« Un horrible malheur vient de frapper une honorable famille ; l'en-
« fant de M. André Niçois a été volé pendant une promenade qu'il
« faisait, sous la garde d'une jeune servante. Les efforts de la police
« pour retrouver le fils unique du banquier, sont restés infructueux. On
« tremble pour la raison de la mère... »

— Oh! je me souviens! je me souviens! dit Niçois, d'une voix haletante, mon beau petit enfant, mon fils adoré .. Aurait-on enfin la clef de ce mystère? Vient-on me le rendre? me le rendre après vingt ans! Qu'elle vienne, cette femme. qu'elle vienne!

En ce moment, la Naine entra.

Si disposé qu'il fût à voir une pauvresse, l'aspect de la servante de Mathusalem surprit le banquier.

Il dissimula avec peine un mouvement de recul et de dégoût ; mais, le surmontant vite, et désignant le journal à la Naine :

— Vous m'avez fait remettre ceci, en ajoutant que vous aviez des révélations à me faire?

— Oui, répondit la Naine, d'une voix brusque.

— Eh bien ! parlez ! parlez vite ! et soyez sûre que je ne serai point ingrat.

— Je vous ai fait remettre une affiche avec le journal...

— Elle a rapport au même fait ! dites ce que vous savez.

— Je tiens au contraire à ce que vous relisiez auparavant l'affiche, ajouta la Naine.

André Niçois lut à demi voix :

« Une récompense de 25,000 fr. est promise à quiconque ramènera à M. Niçois, banquier, l'enfant qui lui a été volé le... »

— Cela suffit, dit la Naine; vous avez bien lu : vingt cinq mille francs?...

— Et je suis prêt à les donner ; je doublerai le chiffre.

— Il suffira que vous soldiez la somme promise, seulement il faut payer d'avance.

— Vous vous défiez? demanda le banquier.

— C'est une habitude, répondit la Naine.

— Et si les renseignements que vous m'apportez sont insuffisants?

— Ils vous mettront à même de voir votre enfant, demain, si vous le voulez.

— Vous avez des preuves, des documents?

— Des preuves et des souvenirs... donnant, donnant...

— Savez-vous bien, dit André Niçois, que vous procédez avec moi d'une façon qui peut me causer de graves méfiances, et que je pourrais vous faire arrêter?

— Faites-moi arrêter, dit la Naine; que direz-vous? que prouverez-vous? Je suis laide, difforme, pauvre, j'exerce le métier de servante aujourd'hui, et l'on m'a montrée dans les foires en qualité de monstre. Je n'ai cependant jamais rien eu jusqu'à ce moment à démêler avec la police. Chassez-moi ou faites-moi arrêter, comme vous voudrez. Je ne parlerai pas avant d'avoir touché les 25.000 fr. annoncés.

Niçois ouvrit un tiroir, compta vingt-cinq billets et les tendit à la Naine.

— J'écoute, maintenant, dit-il.

— La naine tira de son corsage un portefeuille graisseux et gonflé.

puis des lettres, des passeports, du papier timbré, un amas de chiffons, de papiers couverts d'écritures de toutes sortes, illisibles, fantasques, et les éparpilla dans son tablier pour les prendre à mesure qu'elle aurait besoin d'appuyer son récit par un fait.

— Vous êtes presque vieux aujourd'hui, commença la servante, mais vous avez été jeune, et à cette époque le cœur bat quand même. On devient banquier, on ne commence pas par être avare. Vous avez eu vingt ans ! vous n'entassiez pas de l'or à cette époque, et vous laissiez pâlir votre jeunesse. Vous souvenez-vous de Loïse Michau?

Le banquier tressaillit.

— Je vois que vous vous souvenez, reprit la Naine. Loïse Michau était la fille d'honnêtes gens, sans autre patrimoine que leurs bras ; Loïse, la Blonde, comme on l'appelait, avait sa beauté pour dot...

— A quoi bon rappeler ce souvenir? fit André Niçois, c'est de mon fils que vous devez me parler.

— Ne m'interrompez pas, dit la Naine; je raconte lentement, sans suite, comme je peux.

Le banquier se renversa dans son fauteuil et dit, avec une résignation douloureuse :

— Je vous écoute.

— Loïse était aussi douce que jolie, aussi crédule que bonne. Comme elle ne savait point mentir, elle ne pensait jamais qu'on la voulût tromper. Un homme lui dit qu'il l'aimait, lui parla de mariage, fit miroiter devant elle un brillant avenir; elle se regarda, à partir de cette heure, comme la fiancée de cet homme, et...

La Naine se leva d'un bond et, le bras étendu vers le banquier, elle poursuivit :

— Et cet homme avait menti, cet homme, trouvant plus tard sur son chemin une riche héritière, oublia sa première et pauvre fiancée ! André Niçois, n'est-il pas vrai que vous êtes un égoïste, un lâche !

Le banquier ne se révolta pas contre l'insulte que l'ignoble créature lui jetait à la face. Il baissa le front comme un coupable, tandis que la servante de Mathusalem reprenait d'une voix rauque de sanglots :

— J'ai dit que la famille de Loïse Michau était honnête. Il n'y avait jamais eu de honte sur le nom de ces obscurs journaliers. A l'idée de lui imposer une première flétrissure, Loïse se sentit défaillir. Elle s'en fuit de l'honnête demeure où s'était passée sa jeunesse, une seule créature, une seule, entendez-vous, apprit la vérité sinistre! Vous aviez été un voleur de réputation, de probité, André Niçois ! vous deveniez un assassin !

La Naine s'arrêta un moment.

— Un matin, reprit-elle on trouva le corps de Loïse près de la rivière, une branche avait accroché sa robe, et le cadavre flottait parmi les herbes. Si vous aviez vu sa pâleur morbide, ses yeux glauques, ses lèvres violettes! ah! cela vous eût troublé malgré votre dureté de tigre! Mais cette même matinée, vous aviez vraiment bien autre chose à faire, vous épousiez une opulente jeune fille, et vous commenciez l'échafaudage de votre fortune.

La Naine tira un paquet de lettres, attachées d'un ruban noir, des papiers remplissant son giron :

— Voilà vos lettres à Loïse, dit-elle, les reconnaissez-vous ?

Le banquier répondit à voix basse :

— Je les reconnais.

— Faites-en ce que vous voudrez aujourd'hui, dit la Naine ; le dossier des preuves que je possède ne me servira plus à rien dans une heure.

— Mais, mon fils! mon fils! s'écria le banquier.

— Ce que vous ne saviez peut-être pas, reprit la Naine, en continuant son récit, sans paraître comprendre l'impatience du banquier, c'est que Loïse avait une sœur.

« Dans la famille de Loïse végétait, honteux, louche, un phénomène de laideur, un être hideux, maudit, dont l'aspect faisait crier les enfants. Sa mère et sa sœur la supportaient cependant cette créature infime ; mais, en dehors d'eux, personne ne l'aimait.

« Or, il était venu une idée à ce monstre; les hommes la fuyant, elle eût souhaité vivre avec les bêtes : celles-ci l'auraient aimée, la trouvant plus près de leur race. Elle rêvait une ferme loin, bien loin, sur la lisière d'un bois, et dans cette ferme, de grandes vaches rousses, de jeunes poulains, des bœufs au pas lourd. Les villes la repoussaient, il lui fallait le désert.

« Le jour où Loïse entendit parler pour elle d'un riche mariage, et se crut aimée par un homme opulent, elle prit à part la dédaignée, l'entraîna dans le verger, et là, prenant ses larges mains velues dans ses petites mains blanches, elle lui dit :

« — Rose, un grand bonheur m'arrive. Je vais épouser André Niçois... Ne secoue pas la tête, il m'a remis cette bague de promesse. N'as-tu pas souvent admiré la position de la ferme des *Huchettes?* Eh bien! cette ferme sera mon cadeau de noces. Tu y vivras tranquille, presque riche, et aussi heureuse, je l'espère, que tu peux l'être en ce monde.

« Rose se jeta dans les bras de sa sœur, éblouie, suffoquée de joie! Comme elle s'intéressa à ce mariage, avec quelle curiosité avide elle questionnait Loïse. Sans doute, elle se réjouissait de la chance de sa sœur : mais Rose avait son côté égoïste, personnel, mauvais, développé par la réprobation, le mépris, la crainte de tous. Ce monstre, dont sa mère même se détournait parfois, et pour qui une caresse était une étrange bonheur, ne vécut plus que par cette idée:

« — Le mariage de Loïse me fera riche à mon tour! Les *Huchettes* seront à moi !»

« Ce fut une phase de joie ambitieuse et folle dans le cerveau de cette *Bête* portant le nom de chrétienne et gardant un cœur de femme, sous son enveloppe taillée à coup de serpe! Elle ne dormait plus, et quand ses yeux se fermaient, elle revoyait, au milieu d'une campagne éblouissante, les murs des *Huchettes*, les grands arbres, et le petit cours d'eau. Comme elle questionnait Loïse :

« — Que t'a dit ton fiancé hier? L'époque de ton mariage est-elle fixée?

« — Il veut attendre encore, répondait Loïse, d'une voix soumise, et j'attends.

La Naine chercha de nouveau un papier dans son tablier, et tira une lettre de mariage imprimée, qu'elle plaça sur le bureau, puis elle continua :

— Loïse attendit jusqu'à ce que André Niçois, qui lui avait juré de l'épouser dans l'église du village, se mariât avec Mlle Dufernois. Et quand elle eut cessé d'attendre, elle cessa de vivre. Vous avez la lettre de mariage, voici le procès-verbal du garde-champêtre, constatant la découverte du cadavre de Loïse.

André Niçois chiffonna ces deux pièces d'une main crispée, et resta un moment les yeux clos, perdu dans ses souvenirs.

Quand il les rouvrit, il vit la Naine debout, en face de lui, et le regardant avec une cruauté de bête fauve.

— Rose! vous êtes Rose? s'écria-t-il.

— Oui, fit-elle, Rose, la sœur de la morte, et je jurai de la venger, et de me venger en même temps.

— Que vous ai-je fait à vous? je ne vous connaissais pas.

— Ce que vous m'avez fait? Et mes rêves de fortune? et la ferme des *Huchettes*? et l'avenir que Loïse m'eût créé, si vous aviez tenu votre serment? Je ne me fais point plus tendre que je suis. Je pleurai Loïse parce que souvent elle avait été bonne et compatissante, mais je pleurai aussi la fortune que vous me voliez! Ma haine grandit de ce double regret. Il me vint à l'idée de prendre une hache, une faucille, n'importe quoi! et de vous tuer, un soir, dans l'angle d'un champ. Je me dis que vous ne souffririez pas assez, et je cherchai autre chose.

« Enfin, un jour, j'appris que vous faisiez venir une nourrice. Dans votre maison un enfant allait naître. Je tenais ma vengeance! Ce jour-là, je poussai de grands cris de joie sauvage, je sautai comme une folle furieuse. J'allais vous punir, vous châtier. J'allais venger ma sœur sur votre femme, sur votre enfant...

— Je comprends! je comprends! fit le banquier, avec épouvante.

— La *Bête* devint rusée comme un renard. Je surveillai les approches de votre maison, je flattai les servantes, en leur faisant croire que je lisais l'avenir dans la main, le dogue en lui portant des os à ronger dans sa niche. Je ne me pressais pas. Mon travail était celui de la taupe. J'avançais lentement, mais sûrement. Vous souvenez-vous d'avoir fait un voyage en Autriche?

— Je me souviens, oui, je me souviens!

— Votre famille se trouvait en ce moment à Paris, je surveillai votre maison, je suivis l'enfant, j'épiai la servante, et un jour, profitant d'une représentation bruyante, à laquelle se pressaient les enfants des Champs-Elysées, j'entraînai votre petit Roger à travers la foule, puis je le pris dans mes bras, et je me mis à courir. Il riait d'abord, croyant à un jeu; quand il voulut pleurer, je le montai dans ma mansarde: je lui ôtai sa riche toilette, je l'enveloppai de haillons, et je gagnais la campagne.

« Je courus, je courus à perdre haleine; l'enfant avait fini par s'endormir dans ses pleurs; quand il s'éveilla, nous étions loin.

« Je le plaçai chez des paysans et je rentrai à la maison paternelle.

« On crut que j'avais fait une longue course aux environs et nul ne me questionna sur mon absence.

« Votre femme, folle de désespoir, vous écrivit, et quand vous revîntes, vous fîtes afficher une promesse de 25.000 fr. à qui vous rendrait votre fils. J'hésitai. Avec 25.000 fr., je pouvais acheter les *Huchettes;* cependant la réflexion m'arrêta, l'enlèvement était trop récent, j'aurais éveillé des soupçons; avant de me payer la prime, on m'aurait interrogée. Et pour vous avoir rendu votre fils j'aurais en des mois, des années de prison. Et puis, je vous l'ai dit, je voulais non seulement m'enrichir, mais encore venger Loïse. Et Roger ne rentra pas dans votre maison. Je me demandais souvent ce que j'en ferais, il m'était impossible de le laisser longtemps où il était, et je restais incertaine de l'avenir, quand un incident décida de ma vie.

« Une troupe de saltimbanques traversa le pays à l'occasion de la fête patronale.

« Elle avait une femme à deux têtes, un hercule du Nord, un veau à cinq pattes.

« Tous ces gens-là faisaient bon ménage, et comme attirée par leur charivari d'enfer, je me mêlais aux spectateurs regardant la parade.

« — Entrez donc, et sans payer, me dit la femme à deux têtes, entre confrères...

« J'entrai et, au moment où finissait le spectacle, le paillasse se glissa sous la toile rapiécée de la baraque et me fit un signe :

« — Voulez-vous parler au directeur? me dit-il.

« — Pourquoi faire?

« — Il veut vous proposer un engagement.

« Je ne comprenais pas encore très bien ce que cela voulait dire, mais je suivis le paillasse.

« Le directeur, un gros homme rougeaud, ventru, bon enfant, me regarda de ses yeux et rit de ses trente-deux dents :

« — Parbleu ! tu manques à ma collection de monstres, me dit-il ; combien veux-tu, par an, pour te montrer dans les foires ?

« — Combien je veux ? balbutiai-je.

« — Oui. Cent francs par an, ajouta Gondolfo, la défroque payée, une nourriture de princesse et de l'eau-de-vie à discrétion ?

« — Ça va pour moi ! répondis-je éblouie de cette perspective ; mais, l'enfant...

« — Tu as un enfant ?

« — J'en amène un, du moins.

« — Quel âge ?

« — Trois ans.

« — Joli, facile à dresser ?

« — Blond, rose et mince.

« — Vingt francs par an pour l'enfant, et tu signes un traité jusqu'à l'âge de sept ans.

« — Vous partez ?

« — Ce soir.

« — Vous serez demain ?

« — A Melun.

« — Attendez-moi à Melun, j'y serai avec l'enfant.

« Je frappai dans la main de Gondolfo et je regagnai la maison.

« A la pointe du jour, je me levai ; une voisine écrivit pour moi un bout de lettre par laquelle j'informai mes parents de mon départ, sans leur dire ce que j'avais l'intention de faire. Puis je passai à la Mairie, demander en votre nom l'acte de naissance du petit Roger. Le soir même, je pris la route de Melun, et dans la nuit, j'arrivais proche des voitures des saltimbanques.

« Je signai mon engagement et celui de l'enfant. les voilà.

— Misérable ! misérable ! fit André Niçois.

— Ah ! je me vengeais enfin ! reprit la Naine ; chaque jour j'assouvissais ma haine. Ce petit être sur lequel tu avais rassemblé toutes tes tendresses, toutes tes espérances, je le voyais dompter, battre, affamer à loisir. Il ne pouvait dire ce que je lui inspirais d'épouvante, mais parfois, il tordait ses petits bras en répétant.

« — Maman ! maman !

« Alors, je le frappais, en lui disant :

« — C'est moi qui suis ta mère.

« Et, d'horreur, il se cachait le visage.

La Naine s'arrêta un moment pour savourer l'horrible désespoir du banquier, puis elle reprit :

— Les souffrances physiques du petit malheureux n'étaient rien auprès de ses souffrances morales. Si l'on brisait ses membres, on empoisonnait sa mémoire, on infiltrait une corruption précoce dans son âme. Ses lèvres roses connaissaient le blasphème, et son langage était un monstrueux tissu d'horreurs naïves.

« Cependant le terme de mon contrat approchait. J'avais des économies. Mes voyages m'avaient mise à même d'apprendre plus d'un métier lucratif, je refusais de rester dans la troupe, et j'arrivai à Paris. J'allais enfin trouver ma vraie vengeance !

« Je découvris ton adresse. Je sus que le désespoir d'avoir perdu votre enfant vous avait jetés, ta femme et toi, dans le gaspillage et le bruit. Ta femme ne t'aimait plus ; ta tendresse pour elle gardait plus d'apparence que de sincérité ; tu en étais venu à n'avoir qu'un culte : l'or ! qu'un besoin : l'or ! qu'un amour : l'or ! toujours l'or !

« On parlait de l'audace de tes opérations à la Bourse, on vantait ton bonheur : là-dessus, je savais à quoi m'en tenir, et je ne te jalousais pas.

« Je plaçai Roger dans un pensionnat modeste, en lui recommandant le silence sur le passé ; la frayeur le rendit plus discret que je n'osais l'espérer ; et, chose inouïe, il travailla. Ses progrès furent rapides. Je subvins à ses dépenses, d'abord avec mes économies, puis en payant son éducation avec mes gages...

— Tu te repentais donc ? demanda le banquier.

— Moi ? tu vas voir ! Je remettais au maître de pension l'argent nécessaire pour Roger, et je ne le voyais plus ; j'aurais souhaité qu'il m'oubliât, cela aurait arrangé mes plans. A dix-huit ans, il était bachelier. C'était une nature futée, perverse, malsaine. Cet enfant n'avait pas eu d'innocence, cet adolescent n'eut pas de vertu. A l'âge où les autres jeunes hommes s'éveillent à la vie, il était mûr pour tous les vices. Assez hypocrite pour les dissimuler, assez fort pour attendre leur satisfaction complète, il voulait jouer dans le monde un double rôle : honnête homme le jour, flibustier le soir. Insolent avec les uns, souple avec les autres, il réussit à obtenir une situation enviée dans une maison honorable.

— Ah ! fit le banquier, avec une sorte de soulagement.

— Connais-tu la rue Gît-le-Cœur ? demanda brusquement la Naine.

— Elle se trouve, je crois, du côté de la préfecture de police, répondit, presque machinalement, le banquier.

— Justement. Je ne crois pas que tu y fasses souvent des acquisitions, et je pense que tu achètes plus de diamants chez Falize que de ferrailles chez Mathusalem. Si tu avais fait l'honneur à ce digne négociant de pénétrer dans sa boutique, tu m'y aurais trouvée démarquant le linge, grattant les armoiries, quand je ne travaillais pas à la confection de la cuisine. Mathusalem est un cumulard. Il fait argent de tout : vol, recel, fraude, table d'hôte, coucher à la nuit. A cette table d'hôte, je vis un jour apparaître Roger, ton petit Roger, devenu un beau garçon de dix-huit ans. Et il tutoyait un voleur.

— Mon Dieu! mon Dieu! s'écria le banquier, en cachant sa tête dans ses mains.

— De ce moment, le fruit était gâté ; mais le crime, le vrai crime manquait dans sa vie. Roger s'acheminait vers la police correctionnelle, il ne côtoyait pas encore le bagne. Il donnait cependant de grandes espérances à la bande, dont il devint bien vite l'affilié.

— Je deviens fou! murmura le banquier, je deviens fou.

— Pas encore, André Niçois. Nous touchons seulement au drame. Tu as eu pour ami, pour ami dévoué, M. Pomereul?

— Oui, pour ami! Et comment l'ai-je perdu!

— On accusa de sa mort son fils Xavier, que la loi a relâché depuis; mais, tes souvenirs te rappellent-ils que le commissaire de police chargé de dresser le procès-verbal de l'état des lieux, le matin qui suivit la nuit du meurtre, arracha de la main crispée de Lipp-Lapp, le chimpanzé, une boucle de cheveux d'un rouge ardent?

— En effet, balbutia le banquier.

— Il en concluait et, plus tard, aux débats, l'avocat avec lui, que Jean Machù, qui fit ensuite des aveux, avait un complice. Mais Jean Machù ne se crut pas le droit de trahir celui qui lui avait apporté une aide sanglante. Et, hier encore, le nom du second meurtrier était ignoré de la justice.

— Et aujourd'hui? aujourd'hui?

— M. Xavier, grâcié et rendu à la liberté, s'efforça de chasser ces lugubres souvenirs. Mais un être n'oublia pas! La justice s'endormit, la bête se réveilla. Lipp-Lapp, qui avait reçu un coup de couteau du complice de Jean Machù, se souvenait de son visage!

André Niçois ne semblait plus avoir la force de suivre le récit de la Naine ; sa face s'empourprait, ses yeux s'injectaient.

La Naine devait se hâter.

Elle lui jeta donc ces mots au visage, comme autant de blessures :

— Roger, sous le nom de Marc Mauduit, avait été le secrétaire d'Antonin Pomereul, et ses renseignements avaient donné à Machù, dit Rat-de-Cave, l'idée de piller la caisse du négociant. Surpris tous les deux par l'homme, harcelés par la bête, ils tuèrent le premier et laissèrent l'autre pour morte. Nul ne soupçonna Roger. Moi je savais, mais j'attendais encore. Je craignais de ne pouvoir prouver. La Commune vint, et Fleur-d'Echafaud y joua un rôle sanglant. Je pouvais le faire fusiller. ça me parut trop doux. J'attendais toujours. Mais, tout à l'heure, Roger passait rue de la Chaussée-d'Antin, travesti, méconnaissable pour tous, hors pour Lipp-Lapp. Avec son merveilleux instinct, celui-ci, sautant dans la rue, lui donna la chasse, et ce manège amenant des representants de la force, Fleur-d'Echafaud, reconnu subitement par Xavier, vient d'être arrêté sous la prévention de complicité de vol et d'assassinat.

Le banquier glissa sur son fauteuil et tomba lourdement à terre, frappé par une attaque d'apoplexie !

Alors, la Naine descendit l'escalier en courant, et cria au concierge :

— Un médecin ! vite, un médecin ! votre maître se meurt !

Puis elle disparut dans une allée, comme un fantôme s'effaçant dans la nuit.

Il tendit les bras en murmurant : — Sabine! (Voir page 238.)

Chapitre XX

L'IDOLE BRISÉE

Le fumoir s'ouvrant sur l'atelier de Bénédict Fougerais présentait l'aspect le plus animé.

Une dizaine de jeunes gens, qu'un déjeuner plantureux, arrosé de champagne, avait animés d'une double verve, faite de jeunesse et de gaieté, fêtaient l'envoi au salon du modèle de la fontaine commandée par le Gouvernement au jeune sculpteur, et représentant *Hylas et les Nymphes*.

Si la louange des amis de Bénédict empruntait une forme dont l'enthousiasme touchait à l'exagération, il faut cependant convenir que l'œuvre du statuaire méritait de grands éloges.

Tels que se trouvaient placés les jeunes gens, de la baie du fumoir, garnie de lourdes portières, ils voyaient se détacher, sur fond de velours rouge, le groupe magistralement tiré d'un bloc de Carare.

Rien ne manquait à cette œuvre, classique par la beauté des lignes, moderne par cette recherche de la forme, dont Coysevox avait rêvé la grâce et dont Clodion révéla le secret.

Certes, il fallait presque du génie pour avoir poli ce marbre vivant, pur et jeune, et celui qui venait de créer cette œuvre pouvait se dire :
— Ma place est faite !

Oui, faite au milieu de ceux qui trouvent le succès bon de quelque part qu'il vienne ; mais si changé que fût Bénédict Fougerais, il ne le savourait point sans remords.

A quelques pas du groupe d'*Hylas*, une statue de terre glaise, s'effritant sous le doigt, prête à tomber en poussière, formait un singulier contraste. Inachevée, voilée de toile grise, elle appelait cependant de temps en temps un regard de l'artiste.

C'était le projet d'une sainte Cécile, commencée d'après un souvenir.

— Vois-tu, mon bon, dit un peintre, en désignant la fontaine de marbre, vois-tu comme tu as eu raison de suivre nos conseils? Sans ce fameux souper, pendant lequel tu te convertis à la mythologie, tu retournais au moyen âge, ma parole d'honneur ; là, tu restais un imagier, voilà tout, tandis que je ne sais pas trop qui l'on pourrait t'opposer désormais parmi les jeunes? Carpaux a souvent trop d'emportement, Dubois touche à l'afféterie ; avant deux ans tu seras à la tête de la nouvelle école.

— Et quel succès à l'Exposition ! ajouta un autre ; te souviens-tu que l'on donna la grande médaille à Hiolle, pour son *Orion*, une figure classique? C'est bien le moins que tu l'obtiennes du premier coup.

— Quant à moi, ajouta un critique de beaux-arts, le commencement de ma série d'articles sur le *Salon* 1873 est fait, et je proclame hardiment *Hylas et les Nymphes* l'œuvre capitale de l'année. Dans mes promenades à travers les ateliers de Paris, je n'ai rien vu qui approchât de ce morceau.

— C'est la gloire ! Bénédict, ajouta le poète Gildas!

— C'est le bonheur ! conclut un romancier.

— A la santé de Bénédict ! à *Hylas!* à la grande médaille!

— Merci ! merci ! dit Bénédict, avec une joie expansive : vous me rassurez. On doute toujours de soi la veille d'une bataille. Tandis que l'on travaille, la fièvre de la production soutient; l'œuvre terminée, on e juge.

— Ce sera le plus beau succès que nous ayons eu depuis dix ans, s'écria le peintre.

— On ne l'appellera que le triomphe de Bénédict.

— Si on lui tressait une couronne? demanda Gildas.

— Oui, oui, une couronne!

Deux des jeunes fous s'élancèrent dans le jardin et y cueillirent des branches de fleurs, que le plus leste déposa dans les bras des *Nymphes*.

Un hourra général, une dernière libation de champagne saluèrent cette offrande; mais, quoiqu'il tâchât de se mettre à l'unisson de ses amis, Bénédict gardait une ombre sur le front.

Il en rougissait, il s'en irritait; il tentait de secouer, au vent joyeux du rire, ce lambeau de voile de deuil dont s'enveloppait son cœur, il ne pouvait pas. Il croyait à son succès, cependant! Ses amis ne le flattaient point en le lui prédisant; mais quand il regardait ses *Nymphes*, souriantes, il lui semblait que le sourire flottant sur leurs lèvres raillait la blessure qu'il portait au fond de son âme.

— Bénédict, demanda un aquafortiste, veux-tu venir demain à la Conciergerie?

— Quoi faire? Je connais le cachot de Marie-Antoinette, la chapelle...

— Ah! visiter un criminel, tout simplement.

— Qui donc?

— Mais un gredin d'une jolie force, Marc Mauduit, le complice de ce Jean Machû, qui eut la loyauté d'avouer son crime avant de mourir...

— Et de sauver ce malheureux Xavier Pomereul, ajouta Gildas.

— Un journal illustré m'a demandé le portrait de cet aimable joli garçon, affilié à la bande des *Casquettes Noires*. Ma parole d'honneur, je crois l'avoir tutoyé aux Bouffes, un soir que j'étais un peu trop gai. Où allons-nous, bon Dieu! si les employés des ministères les plus graves, les secrétaires les plus avenants sont tous prêts à se glisser dans notre intimité pour faire à la fois le mouchoir, l'amitié et la montre! On dit qu'il garde un imperturbable sang-froid dans sa prison, et que c'est un type fort curieux.

— Dites donc, Paul, demanda un romancier, si vous n'emmenez pas Bénédict, prenez-moi à sa place. Je cherche une figure pour mon prochain roman, et celle-là me semble tout à fait réussie.

— Eh! parbleu! mon cher, la chose la plus simple est de classer les notes et documents de Marc Mauduit, d'en faire un gros volume intitulé :

Mémoires de Fleur-d'Echafaud, et vous en vendrez cinquante mille exemplaires.

— Sans compter, ajouta Gildas, que vous n'aurez pas besoin de vous mettre en frais d'imagination, le drame est tout fait.

— Comment cela?

— Il paraît, ajouta le poète, que Fleur-d'Echafaud appartient à une excellente famille. Enlevé à sa mère par une sorte de Caliban femelle, qui vengeait la mort de sa sœur, cette mégère a jeté d'abord le petit Marc dans la baraque d'un saltimbanque; puis, par-dessus cette éducation de gymnase sur la corde, à coups de trique, on l'a fait frotter de latin et de grec pour le rendre méconnaissable. Quand il eut fait peau neuve, il se lança, comme vous savez, et finira comme vous pouvez le prévoir. La Naine a tout avoué, dit-on, aux parents de ce misérable.

— Et voilà ce qui m'explique la tentative d'évasion de Fleur-d'Echafaud, reprit le peintre; sa famille a fourni de l'argent, son habileté de saltimbanque a fait le reste; s'il ne s'était pas foulé le pied en franchissant le mur d'enceinte, il filait pour l'Amérique.

— Quand je vous disais que le drame est complet.

— Tiens! tiens! il faut que je parle de tout ceci à mon éditeur, dit le romancier, voilà vingt mille francs à gagner dans une quinzaine.

— Viendras-tu, Bénédict? demanda l'aquafortiste.

— Non! non, répondit celui-ci, en tressaillant.

Gildas se pencha vers le dessinateur.

— Ne parlez jamais de la famille Pomereul devant Fougerais, dit-il.

Le nuage de tristesse qui couvrait le visage de Bénédict venait de s'assombrir davantage.

Le jeune homme comprit qu'il allait devenir un hôte maussade et, par un effort de sa volonté, il se leva, remplit de champagne les coupes de cristal rose, et dit à haute voix:

— Faites-moi raison, mes amis! Une dernière fois, buvons à l'avenir, à la joie, à la gloire, au bonheur! à tout ce qui fait oublier! à tout ce qui fait vivre!

Et Bénédict vida son verre.

En ce moment, un jeune homme franchit le seuil de l'atelier.

Il s'arrêta surpris, presque interdit, avant d'entrer dans le fumoir.

Mais le sculpteur l'avait reconnu et, d'un mouvement plein d'élan, il lui saisit les deux mains:

— Toi! dit-il, toi, Xavier!

Les camarades du sculpteur qui, pour la plupart, connaissaient Pomereul, le saluèrent amicalement. Ils l'avaient rencontré jadis partout où se rend la jeunesse élégante: au bois, au théâtre, au cercle.

Ce fut alors une série de questions, se croisant en tous sens, et auxquelles il devenait difficile de répondre à la fois.

— Qu'êtes-vous devenu ?

— On ne vous voit nulle part !

— Faites-vous encore courir ?

— Arrivez-vous de voyage ?

— Mon Dieu ! mon Dieu ! répondit Xavier, procédons par ordre. Il y a un peu de vérité dans tout ce que vous venez de dire, et cependant vous allez être bien surpris.

— Ah ! tant mieux ! fit le journaliste, rien ne me surprend plus, et ça m'anime ; vous allez me rendre un peu de nerf.

— D'abord, mes amis, dit Xavier, j'ai payé mes dettes.

— Payé vos dettes ! dit le peintre ; êtes-vous sûr d'avoir votre raison ?

— Moi, je comprends, dit l'aquafortiste ; il a soldé ses créanciers pour bâtir son bilan futur sur les bases solides de la confiance.

— Eh bien ! vous n'y êtes pas, dit Xavier, en secouant la tête.

— Alors, expliquez-vous.

— J'ai payé mes dettes pour ne rien devoir aux honnêtes gens qui avaient confié leurs marchandises à ma bonne foi. Et ce qui va bien plus vous étonner, c'est qu'après avoir tout liquidé, ameublement, chevaux, voitures, bijoux, je me suis trouvé avec un capital de 30.000 fr.

— Et la succession de votre père ?

— En comprenant ma part de la succession paternelle. Ah ! l'on va vite dans le petit chemin couvert de fleurs qui s'appelle la vie parisienne. On achète au hasard, on copie les princes de passage, ou se lance à fond de train dans les excentricités coûteuses ! puis un matin, la débâcle, finissant ou par sa propre ruine, ou par la banqueroute des fournisseurs. J'ai préféré me ruiner.

— Mais les 30.000 fr. ?

— Qu'en auriez-vous fait ? demanda Xavier au journaliste.

— Moi ? J'aurais pris le chemin de fer et je serais allé les jouer à Monaco.

— Et vous, jeune aquafortiste ?

— Je me serais repris, pendant six mois, à la vie d'autrefois.

— Et après ? demanda Xavier.

— Après ? Eh bien ! après, je me serais fait chasseur d'Afrique.

— Je n'ai eu ni l'une ni l'autre de ces idées, reprit Xavier ; ayant 30.000 fr. de capital, j'ai prétendu vivre de mes rentes.

— Avec 1 500 fr. par an ?

— Je ne me suis pas interdit le travail.

— Mais, tu ne sais rien faire, Xavier !

— Je ne savais pas, j'ai appris.
— Quoi donc?
— La tenue des livres, et je tiens la caisse de mon usine!
— La bonne plaisanterie! dirent en chœur les jeunes gens.
— Crois-tu que je plaisante, toi? demanda Xavier à Bénédict.
— Non, répondit celui-ci, d'une voix émue.
— Voyez-vous, reprit Xavier, avec une sorte de bonhomie à laquelle se mêlait un peu d'humeur, nous avons l'habitude de dire de nous et des autres, pendant que nous semons l'argent à tort et à travers, que « nous menons joyeuse vie ». C'est faux, archi-faux ! Vrai! nous ne faisons pas nos frais de gaieté. On nous vend de la cuisine frelatée au piment et au cari, on nous verse du vin qui engendre les gastralgies, dont les médecins vivent à nos dépens. Nos chevaux n'arrivent pas toujours premiers. Les cartes nous sont infidèles. Nous passons les nuits à dire des choses idiotes ou à remuer de petits cartons ! Les joailliers se moquent de nous. A trente ans, nous n'avons plus ni fortune, ni cheveux, ni illusions! Il nous reste la chance de faire une fin, c'est-à-dire nous marier, nous, vieillis, désenchantés, à une honnête jeune fille, que nous ne pouvons comprendre, et qui nous mépriserait si nous lui racontions notre vie, et encore, cette prétendue « fin » est tout simplement un moyen de ressusciter sur le turf, dans les avant-scènes et au baccarat. Au bout d'un an on néglige sa compagne, et il y a dans le monde une femme malheureuse de plus! Eh bien! j'ai agi, moi, à la façon des sauvages de certaines parties de l'Océanie. Ils ont des idoles pour lesquelles nul sacrifice ne leur semble trop cher. On lui immole tout. On la comble de présents, tout en élevant vers elle des yeux empressés, mais si par hasard l'idole ne remplit pas les souhaits de son adorateur ; si elle reçoit l'encens sans le payer en plaisir, en gloire guerrière, en bonheur intime, le sauvage l'arrache de son autel, la couvre de crachats et d'insultes, la foule aux pieds, et finit par la jeter dans un brasier ou la précipiter dans la mer. J'ai fait comme eux : les idoles m'ont trompé, j'ai raillé et brisé mes idoles!

— Et tu te trouves heureux? demanda Bénédict.
— Complétement. J'ai reconquis le sommeil, la santé, la bonne humeur. Je m'intéresse à une foule de choses dont je ne soupçonnais pas la valeur. Je vivais jadis en fils de famille inutile, et maintenant je suis bon à quelque chose.

— Et qui a opéré ce miracle?
— Mon frère, répondit gravement Xavier ; puis une jeune fille.
— Une jeune fille!
— Je ne vous ai pas confié tout ce que j'ai à vous dire. Je me marie...
— Avec une héritière.

— Avec une orpheline pauvre. Je n'ai rien ; elle ne me le reprochera pas.

— Elle s'appelle?

— D'un nom obscur : Louise Dubois. Vous ne la connaissez point. Elle avait pour père un saint homme, qui fut quarante ans notre caissier.

Le sculpteur serra la main de Pomereul.

Les jeunes gens comprirent que le déjeuner si gai, la causerie si folle, allaient faire place à un entretien grave, et ils prirent congé de Bénédict, dont le cœur battait bien fort en se retrouvant seul avec Xavier.

Ces deux jeunes gens ne s'étaient pas revus depuis deux ans.

Pendant la guerre, Bénédict s'était battu ; lorsque la paix nous fut rendue, et que l'aveu de Jean Machû eut rendu l'honneur et la liberté à Xavier, Sabine supplia son frère de ne pas revoir Bénédict.

Ce nom lui causait toujours au cœur une sourde souffrance.

Elle savait qu'il avait tenté d'oublier ; que le talent si pur, dont elle était fière, avait changé de voie ; les journaux lui apprenaient le futur succès de son fiancé, et désormais entre eux s'était creusé un abîme. Trop affectueuse pour ne pas souffrir beaucoup, trop courageuse pour ne point lutter contre cette douleur, elle s'était efforcée de la cacher à tous. Mais Xavier ne fut pas dupe de la feinte tranquillité de Sabine, et, en dépit des recommandations de sa sœur, de ses promesses, il voulut savoir si, de son côté, le sculpteur ne cachait pas une secrète blessure au fond de son cœur.

Le premier regard, le premier mot du jeune homme le lui apprirent. La façon dont il lui prit les mains, l'élan avec lequel il lui cria : « Toi ! » suffirent pour prouver à Xavier que le souvenir de Sabine survivait à ses défaillances.

A peine les amis du sculpteur se furent-ils éloignés que Bénédict demanda, d'une voix émue :

— Pourquoi avoir tant tardé?

— Je te savais occupé, heureux, dit Pomereul.

— Heureux ! répéta Bénédict, en secouant la tête.

— Demain s'ouvre le *Salon*, demain tu exposes ta grande œuvre aux regards du jury, et d'avance on applaudit à ton succès. Serai-je donc le seul à ne pas voir en détail cette merveille de l'art moderne?

Bénédict étendit le bras vers le groupe de marbre :

— Va la voir, dit-il.

Et, tandis que Xavier examinait la fontaine, le sculpteur resta assis sur un divan, la tête plongée dans ses mains.

Xavier demeura longtemps devant l'œuvre de son ami. Quand il reprit sa place à côté de Bénédict, il se contenta de dire :

— C'est fort beau, en vérité, fort beau !

Mais il le dit sans enthousiasme, et l'accablement de sa pensée se trahissait dans le son de sa voix.

— Ne mens pas ! lui dit Bénédict, d'un accent troublé ; j'ai besoin d'apprendre de ta bouche une vérité terrible, mortelle peut-être, mais je veux la savoir quand même, dût-elle achever de me briser l'âme : Sabine ne m'aime plus...

— Sabine a renoncé à toi, du moins.

— Elle ne m'a jamais aimé ! dit Bénédict, avec explosion. Elle m'a sacrifié à tout : à ses rêves, à son orgueil surtout.

— Je ne te comprends pas ! dit Xavier.

— N'était-ce point l'orgueil qui la poussait à rompre les projets formés par son père ? Que lui demandais-je, à l'heure où le malheur et le deuil l'écrasaient, sinon de se montrer loyale et de tenir son serment ?

— Lui reprocherais-tu l'excès de sa générosité ?

— Oui, répondit Bénédict, avec éclat ; elle n'avait pas le droit de pleurer seule.

— Elle ne devait pas te déshonorer.

— Elle a fait pis, elle m'a perdu !

— Perdu, quand demain tu seras célèbre.

— Célèbre ! célèbre ! Ah ! toi comme les autres, vous n'aurez donc que ce mot sur les lèvres ! Et qu'en ferai-je de cette célébrité ? A qui offrir cette gloire ? Verrai-je un front se colorer de joie à la pensée de mon triomphe ? Non ! non ! j'ai travaillé, et l'on affirme que j'ai réussi, mais j'ai travaillé avec douleur, avec une sorte de rage. J'ai voulu de la gloire pour me venger, et je la ramasse n'importe où. Crois-tu que je m'absolve, Xavier ? Non pas ! Demain, cette statue ne sera plus à moi, dans six mois elle attirera, en plein soleil, la foule curieuse, et cette œuvre malsaine m'aura fait riche, sans réussir à me faire heureux ! Ah ! la gloire pure et chaste que je demandais jadis pour l'offrir à Sabine ! les pures couronnes décernées, non pas à la déesse païenne, mais à quelque divine madone, où sont-elles ? C'est fini ! J'ai voulu ce qui est ! et je ne puis plus reculer.

Bénédict se leva et arrachant la toile enveloppant la statue de la *sainte Cécile* :

— Regarde cette terre, dit-il, cela eût été digne de moi et d'elle. J'ai vu Sabine aussi belle que cette sainte Cécile, le soir où elle chanta l'*O Jesu* de Hadyn ! qu'elle ne me dira plus jamais ! jamais !

L'émotion étrangla les mots dans la gorge du sculpteur. Il essaya de lutter, de se roidir, ce fut en vain ; les sanglots le gagnèrent, et il se jeta dans les bras de Xavier, en s'écriant :

— Mon frère ! mon frère !

Le jeune homme avait lui-même les larmes aux yeux.

— Je te comprends bien, dit-il ; j'ai été trop faible pour garder le droit de te blâmer. Ici la *sainte*, à côté l'*idole*, et c'est aux pieds de l'idole que tu t'es prosterné...

— Xavier, demanda Bénédict, avec l'exaltation de la douleur, rien ne saurait donc fléchir Sabine, ni promesse, ni repentir, rien?.

— Peut-elle entrer ici? demanda Pomereul, en désignant les groupes, les statuettes peuplant l'atelier.

— Non, non, je le sais. Mais si je purifiais le sanctuaire où elle avait promis de vivre, si je chassais l'idole du temple, si je la brisais du même marteau qui la tira du néant, Sabine reviendrait-elle?

— Que vas-tu faire? s'écria Xavier, épouvanté, en voyant que son ami venait de saisir un lourd maillet.

— J'attends, dit Bénédict. Périsse ma fausse gloire! et que le succès de demain soit anéanti, s'il faut l'acheter au prix de tant de souffrances et de remords!

— Mais cette œuvre est une œuvre de génie! dit Xavier, tu regretterais l'exaltation d'une heure, tu ne me pardonnerais pas, et Sabine...

— Reviendrait-elle? demanda une dernière fois Bénédict.

— Oui, répondit Xavier Pomereul.

Alors, un fracas horrible retentit dans l'atelier; le marteau de Bénédict frappait le groupe, dont la veille encore il attendait tant de gloire et de joie; le jeune Hylas, les Nymphes volaient en éclats, en présence de Xavier, consterné, se demandant si Bénédict cédait à un accès de folie ou seulement à l'impérieuse voix de sa conscience.

Quelques minutes après, il ne restait plus de la fontaine de marbre de Carare que des débris informes, jonchant le sol de l'atelier.

Et, à côté des éclats de marbre, des restes mutilés de cette œuvre superbe, Bénédict tomba foudroyé à son tour.

Xavier courut chercher Beppo; on coucha le sculpteur sur le divan du fumoir, puis Pomereul ayant abaissé les rideaux qui séparaient le reste de l'atelier, jeté la brassée de fleurs offerte d'abord à Aphrodite aux pieds de la *sainte Cécile*, sortit ensuite de la maison n° 11 du boulevard de Clichy, sauta dans une voiture de place et jeta une adresse au cocher.

— Crève tes chevaux, dit-il, je les paie.

La voiture roula comme un orage.

Xavier monta à l'appartement de sa sœur, prit un voile de dentelle espagnole, l'entortilla de ses plis, lui saisit le bras sous le sien et l'entraîna.

— Où allons-nous? demanda-t-elle.

— Viens, répondit-il, d'une voix impérieuse et tendre à la fois.

Elle ne chercha pas à voir par quelles rues passait la voiture. Son cœur battait, et pourtant elle ne questionnait pas.

Lorsque le cocher s'arrêta boulevard de Clichy, lorsque Sabine, en pénétrant dans la cour, reconnut, à la disposition de la maison, qu'elle était spécialement occupée par des artistes, elle se troubla.

Alors, serrant craintivement la main de Xavier :

— Où me mènes-tu? demanda-t-elle encore.

— Viens! répéta-t-il, en l'entraînant plus vite.

La porte de l'atelier était restée entr'ouverte, Xavier la poussa sans bruit, et Sabine comprit enfin qu'elle se trouvait chez Bénédict Fougerais.

Alors, elle voulut s'enfuir.

— Reste! lui dit Xavier; ce ne serait plus orgueil, mais trahison; vertu, mais parjure.

Puis, relevant un débris de la fontaine, une ravissante tête d'enfant, modelée avec un art exquis, et qui aurait suffi pour créer un avenir à Fougerais :

— Ceci, lui dit-il, faisait partie d'un chef-d'œuvre que tes regards ne pouvaient rencontrer.

— Ah! fit Sabine, dont le visage rayonna.

— Et maintenant, poursuivit le jeune homme, en ouvrant l'orgue placé dans l'atelier, assieds-toi là, Sabine, et chante.

— Chanter, moi?

— L'*O Jesu* de Haydn.

— Ah! frère! frère! dit-elle, en suspendant ses deux bras au cou de Xavier, je comprends.

Sabine prit place sur le tabouret et, d'une voix que l'émotion rendait plus pénétrante encore, elle commença le chant dont le souvenir était si bien resté dans la mémoire de Bénédict.

Tandis que l'accent ému de Sabine remplissait l'atelier sonore, le sculpteur, que le jeune Beppo entourait de soins aussi intelligents qu'affectueux, reprenait avec lenteur le sentiment de la vie.

Les notes du motif exercèrent sur lui une influence étrange. Il semblait se demander de quelles hauteurs célestes ce chant descendait sur la terre, de grosses larmes coulaient sur ses joues, sans effort, sans souffrance et, les mains jointes, il murmura :

— Sainte Cécile!

Puis, faible, trébuchant, s'appuyant à la muraille, il gagna la baie du fumoir, devant laquelle étaient retombées les portières, et, pâle comme Lazare échappant à son sépulcre, il s'approcha, se pencha, regarda.

Alors, il tendit les bras, en murmurant :

— Sabine!

Xavier le reçut sur sa poitrine.

— Tu vois, dit il, l'idole renversée, la sainte est revenue.

Sabine n'acheva point l'air commencé; le trouble, la joie menaçaient d'avoir sur le sculpteur, encore si faible, une influence terrible.

Mais la joie finit par triompher de tous les autres sentiments qui l'oppressaient, et quand Bénédict serra la main de Sabine il semblait ressuscité.

— Me la donnez-vous ? lui dit-il.

Sabine rougit, en détournant la tête.

— Vous la demanderez à Sulpice.

— Non seulement je n'ai plus rien, reprit Bénédict, mais les morceaux de marbre que vous voyez là m'ont ruiné.

Sabine regarda Bénédict avec un sourire.

— Frère, dit-elle, en se tournant vers Xavier, dans quel mois épouses-tu Louise ?

— Pourquoi cette question? demanda le jeune homme.

— C'est que... il me semble... on pourrait ne faire qu'une cérémonie, et Sulpice nous bénirait tous deux le même jour.

Trois mois plus tard, dans la chapelle particulière de la fabrique de Charenton, un jeune prêtre, dont le front était traversé d'une large cicatrice, célébrait une messe de mariage et bénissait les anneaux de deux jeunes couples.

Tous les ouvriers, endimanchés, rayonnants de joie, se pressaient dans le sanctuaire. et quand les nouvelles mariées sortirent de l'église, deux jeunes filles leur offrirent de merveilleux bouquets blancs.

Les mains se serraient, les yeux étaient humides. Le discours de l'abbé Sulpice avait arraché des larmes; on ne comprenait pas bien pourquoi il avait pris pour texte de son discours un passage de l'Écriture, relatif aux *Idoles*, à qui l'homme sacrifie trop souvent son âme; mais le généreux prêtre avait si bien fait rayonner les saintes joies du sacrifice, l'efficacité du repentir offert aux pieds de la croix, les mystères du martyre enduré pour le devoir, que tous les cœurs vibrèrent de son émotion.

Au moment où les nouveaux époux quittaient la cour de la fabrique, la voix nasillarde de Pomme-d'Api, qui tenait à la main un paquet de gravures grossièrement enluminées, cria :

— Achetez la *Complainte* de Fleur-d'Échafaud, et les dernières paroles prononcées par le misérable ! Dix centimes, deux sous !

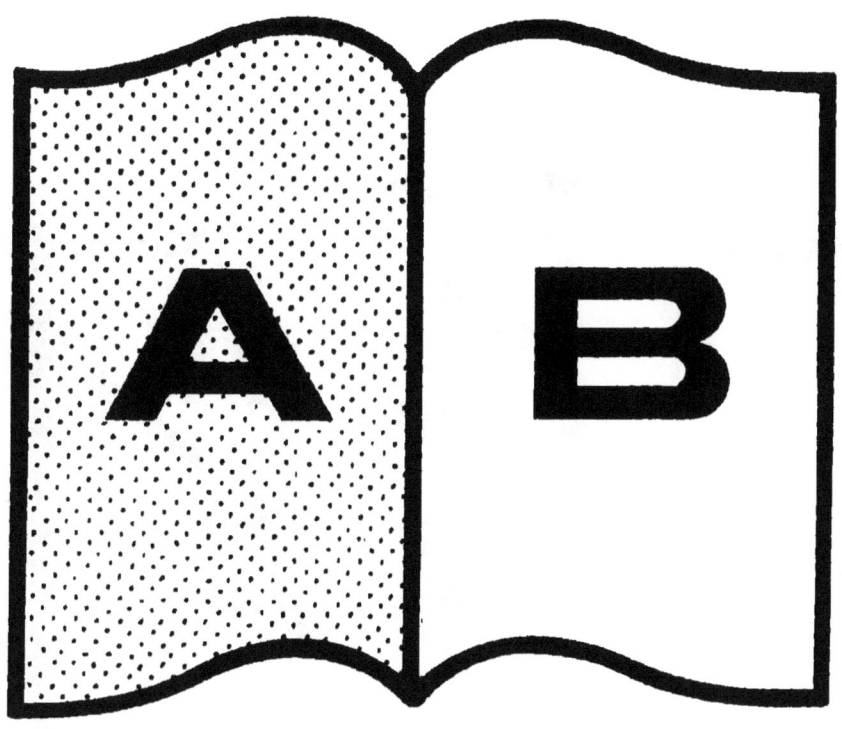

Contraste insuffisant

NF Z 43-120-14

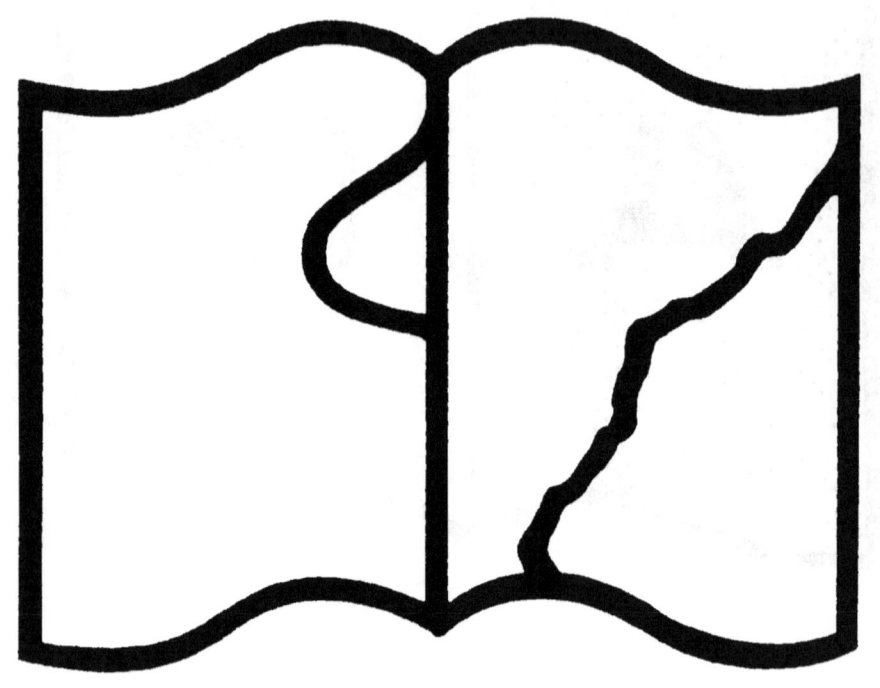

Texte détérioré — reliure défectueuse

NF Z 43-120-11

www.ingramcontent.com/pod-product-compliance
Lightning Source LLC
Chambersburg PA
CBHW070528170426
43200CB00011B/2362